国家出版基金项目

FENG SHAOLEI

冯绍雷

著

危机与秩序

全球转型下的俄罗斯对外关系

RUSSIAN FOREIGN RELATIONS
AMIDST GLOBAL TRANSFORMATION

CRISIS AND ORDER

下

上海人民出版社

走向大危机中的
结构重组

　　21世纪第2个10年的后半段开始，整个国际局势进入了一个在诸多关键领域都出现重大变化的转折时期。首先是，英国脱欧、美国脱群、移民危机、全球化受阻。同时，一系列带有标志性意义的国际多边、双边协定，诸如《巴黎协定》、伊朗核问题协议、《中导条约》等，都因美国退出而告中止。同时，随着2017年初特朗普就任美国总统，同年秋天中共十九大召开、习近平总书记连任，以及2018年春普京总统开始了他的第四个总统任期，包括欧盟、日本、印度等主要国家内部政治状况的变迁，加速了国际局势变化的节奏与方向。而在全球化推动下的社会经济领域，一方面，信息革命与新兴经济体成长伴生的巨大动能推动着经济发展，而另一方面，在政治经济不平衡条件作用下，社会分化和地区差别在日益扩大。

在此背景下，民族主义、民粹主义等诸多激进势力的崛起，加剧了总体性危机的形成。2020 年初，新冠肺炎疫情的暴发，把整个世界带入了一个疫情、国际经济和大国关系同时迸发的综合性危机之中。于是，在危机中探寻秩序重构的机会与路径，成为当代世界的重大课题。

本篇以新形势下两组双边关系，也即美俄关系与欧俄关系；亦以变动中的两组三边关系，也即中美俄关系与中俄欧关系来构画这一动荡时期俄罗斯与诸大国关系跌宕起伏中的脉络与逻辑。与此前相比，2017 年之后的大国三边关系已进入高度动荡和充满不确定性的时期。

第十章

"制裁案"闹剧：
漩涡中的美俄关系

当特朗普刚刚在美国总统大选中获胜、世界舆论为之一震,不少国际学者曾预言:美俄关系走向,将是 2017 年之后国际局势发展的热点。虽然,而后的美俄关系远不如某些预测那么乐观,但这一对双边关系确实成为此后国际事务中舆论热炒的焦点之一。不仅在美俄两国国内激起巨大反响,同时,也对整个西方和俄罗斯关系产生深刻影响。此后一年多来,在这一过程中被认为最耸动视听的关键性事件,乃是"通俄门""黑客干预",以及随之美国发起对俄罗斯的新一轮制裁和由此引发的纷争。

美俄"制裁"危机涉及国际国内相当复杂的原因与背景。这场危机所激发的各种严重后果有的已经暴露,有的还在不断繁衍发酵之中。但是,鉴于这场危机所蕴含的深层动因、非同寻常的危机处理过程,及其多方面广泛影响,本节试将这一波初显阶段特征、不断变动中的进程,作初步归纳和分析,揭示其所蕴含的机理和背景,梳理处于急剧变动中的各方意愿和选择,探讨这一危机影响下大国关系的路径与前景。

第一节　美俄"制裁"危机的过程、背景与缘由

美俄"制裁"危机的爆发，从外部来看，乃是迅速变换中的国际力量对比的一个鲜明体现。从内部来看，则是全球化背景下国内阶层结构和利益集团影响消长的一个总体反映。从稍长历史阶段作一回顾，可以看到，这依然是冷战式意识形态沉渣泛起、各国和各方地缘政治目标对峙、国际转型期的"帝国综合征"复发、国内事务和对外战略的错综交织、各国精英与民众的心态变迁等各方面因素相互交织之下的产物。问题在于，上述各类动因和背景，都已经存在很长时段，为什么所有这些因素都在 2016 年末以后的这一年时间中集中爆发？是什么因素促使它们之间互相影响、互相作用，接连不断地把美俄关系中的各类已有的问题推向风口浪尖，并不断加以扩散？

冷战终结后，美国对俄罗斯的制裁开始于 2014 年乌克兰危机。围绕着 2016 年美国总统大选的"黑客干预"，美国对俄罗斯发起一波又一波的制裁。其中，以 2017 年 7—8 月间美国参众两院通过，并由总统特朗普签署的"对俄制裁案"最为严厉。

可见，"对俄制裁案"既有长时段历史发展趋势、意识形态状

态和地缘政治利益，甚或思想范畴争议等方面的深刻背景。同时，事件发展的各个阶段变化多端，曲折复杂。笔者认为，如果能将这两者，即"对俄制裁案"事件过程和上述宏大背景的长时段叙述相互结合起来，或许有可能对当下扑朔迷离的事态描绘出一个更清晰的图景。从以上视角出发，本节尝试从以下几个侧面，展开对美俄"制裁"危机的背景与缘由的探讨。

一、"黑客干预""通俄门"和"对俄制裁案"的大体过程

早在 2015 年秋天，美国大选尚未正式开始之际，美国联邦调查局称，已经发现了民主党总部电子邮件系统被黑客入侵的迹象。当时，这一信息几经辗转，民主党负责部门直到几个月后才获得正式报告。2016 年 4 月，美国情报机构开始指责俄罗斯通过黑客干预美国大选。美俄双方、特朗普和民主党之间围绕此事展开激烈辩论，直至 11 月 8 日大选结束，特朗普当选总统。然而，关于黑客入侵一事的争论，非但没有停歇，反而波澜迭起。即将卸任的奥巴马总统于 2016 年 12 月 29 日发表声明：因大选期间"利用黑客手段入侵美国政治团体"，对俄罗斯国家情报总局和联邦安全局等两个机构实施制裁，宣布驱逐 35 名俄罗斯外交官，并收回俄罗斯在美国两处房产的使用权。奥巴马表示："我们是在对俄罗斯政府私下或公开多次发出警告后，才采取这些行动的。这是对违反国际行为规则、伤害美国利益的行为所做出的必要且适当的回应。"[1]一般认为，

---

[1]   "Donald Trump Praises 'Very Smart' Vladimir Putin for not Expelling US Diplomats in Response to Sanctions", *The Telegraph*, 30 Dec. 2016, https://www.telegraph.co.uk/news/2016/12/29/obama-expels-35-russian-diplomats-election-hacking-row/.

奥巴马的制裁令为此后事态的升级埋下深深的伏笔。其中的用意之一，通过对俄制裁法案来牵制新任总统特朗普对俄政策的可能的重大调整；之二，通过"通俄门"和"俄罗斯黑客干预案"为民主党希拉里·克林顿的败选挽回面子并留待未来的机会；之三，进一步全面打击普京政权，特别是为即将开始的俄罗斯总统大选打进楔子。

特朗普在美国国内建制派一片怀疑和批评声中正式就任后未到两周，刚刚上台的总统特别安全事务顾问迈克尔·弗林（Michael Flynn）"因私下会见俄罗斯大使，并误导副总统彭斯"而宣布辞职。围绕着特朗普竞选团队大选期间与俄方交往的种种事端，一时被冠以"通俄门"的流行语而激起轩然大波。不久，新上任的司法部长塞申斯因曾与俄方交往，被要求回避有关调查。2017 年 5 月 9 日，联邦调查局局长詹姆斯·科米（James Comey）也因所谓"通俄门"调查事件，被特朗普解除职务，成为当时的爆炸性新闻。直至特朗普团队的关键人物、一直大力主张发展对俄关系的史蒂夫·班农（Steve Bannon），被彻底清除出总统顾问班子，乃至于特朗普家族成员也接连遭到审查。这一连串人事变动，把有关"俄罗斯黑客干预美国大选"和"通俄门"的争议推向了美国国内乃至于国际舆论的漩涡中心。

7 月初汉堡峰会之际，美俄总统的首次会见吸引了全世界的关注。舆论尤为关注的是在 7 月 7 日，普京和特朗普在同日超出原定时间的两个多小时正式会见之后，又在招待各国元首的晚宴期间在宴会厅侧旁的会客室里举行了一个多小时的"会见"。这是各国参会政要都能看得到，但是听不见他们谈话内容的引人注目的会见。在这一次会谈期间，仅一名俄方翻译在场，并没有任何美方

的翻译、记录或官员参与。本来，美国舆论对特朗普和俄罗斯方
面的交往已充满疑虑，而汉堡会议的上述信息，更是大大地激怒
了美国建制派及相关媒体。

也正是在此期间，特朗普民意支持率大幅下跌。美国广播公司
和《华盛顿邮报》于 7 月 10—13 日所进行的民调显示：特朗普支持
率从 4 月份的 42% 降低到 36%，58% 的民众对特朗普表示不信任，
其中 48% 对其行为持极端负面评价；近 48% 认为，特朗普执政期间
美国的全球地位被削弱；60% 的受访者认为，俄罗斯曾企图干预美
国大选；三分之二的美国人不信任特朗普与普京会谈时的举动。①

上述一连串事态的变化，一步步地营造着要求进一步对俄施
压的舆论环境。事实上，两党议员早已开始联合行动，并于 6 月
12 日提交制裁法案，不光主张对俄罗斯与伊朗、朝鲜一同实行制
裁，而且力主法案被通过之前不得放松已有的因克里米亚争端的
对俄制裁。汉堡峰会上的事态更是为建制派做出强硬决定而火上
浇油。7 月 25 日，美国众议院以 419 票同意、3 票反对的压倒性多
数，批准了此前两党之间多时未能达成协议的一项法案，发起对
俄罗斯、伊朗和朝鲜进行新的制裁。紧接着，7 月 27 日参议院以
98 票同意、2 票反对的同样压倒性多数，通过了该制裁法案。②

---

① Сергей Строкань. Дональд Трамп отступает по всем фронтам//
Коммерсант. Daily. No.127. 17 июля 2017. С.6.

② "House Votes To Impose New Russia Sanctions — And Also Tie Trump's
Hands", July 25, 2017, https://www. npr. org/2017/07/25/539278237/house-votes-to-
impose-new-russia-sanctions-and-also-tie-trumps-hands; "In A Rare Show of Bipartisanship,
Senate Sends Russia Sanctions To Trump", July 27, 2017, https://www. npr. org/2017/
07/27/539864048/russia-sanctions-headed-to-trumps-desk-will-he-sign.

8月2日，实际上已没有太多其他选择的特朗普，不得不勉强签署这一法案，美俄关系又一次跌入冰点。

随着对俄制裁法案的逐步执行，9月底，特朗普签署法令延长向包括俄罗斯在内的一系列国家的文化教育交流提供资助的禁令。10月27日美国国务院宣布对39家俄军火企业进行制裁。11月28日制裁案生效后，美国财政部又进一步宣布冻结俄罗斯9家实体和21名个人的资产。直到2018年1月29日美国财政部发布"克里姆林宫报告"，提出一份至少涉及210人的名单，暗示美国可能会制裁这些"与普京总统关系密切的人"。2月中旬，负责调查俄罗斯干预大选问题的美国特别检察官米勒首次以"企图非法干扰美国的政治程序"为由，对13名俄罗斯公民及三家俄罗斯机构提出正式指控。对此，俄罗斯前财政部长、著名经济学家、俄罗斯战略研究中心主任库德林的看法是：鉴于当前事态发展，美国对俄制裁"可能延续十年"。①

而在此同时，美国"通俄门"调查不断升级，10月底特朗普竞选团队前主席保罗·马纳福特（Paul Manafort）被起诉，竞选外交顾问帕帕佐普洛斯（George Papadopoulos）宣布承认隐瞒与俄方人员联系的事实，包括特朗普的长子和女婿库什纳都成为媒体紧密跟踪和爆料的对象。特朗普的民意支持下降到30%左右的水平。面对"通俄门"调查的升级，特朗普多次反击，痛批"通俄门"调查是对他的政治迫害，表示相信普京所说没有干预美国大选是

---

① Андрей Резчиков. США навязывают России общение на языке санкций. ВЗГЛЯД. 30 сентября 2017. https://vz.ru/politics/2017/9/30/154260.html.

"真心话"。①

　　对人们所普遍关心的俄方是否确实参与黑客入侵问题，一直到 2017 年深秋，也即对俄制裁案确立之后几个月，美国媒体和政府并未对此作出公开和事实充分的说明。直至 2017 年 10 月底，美国社交媒体脸书、推特和谷歌才向参议院汇报"他们的平台是如何被俄用来干涉美国政治的"，公开所谓"俄罗斯渗透"的证据。然而，俄罗斯方面早在制裁法案被通过之前的 5 月 31 日，普京在接受法国《费加罗报》的采访时，曾就黑客干预大选问题做过说明。他指出："西方媒体提到了俄罗斯黑客。但他们的根据是什么？特朗普总统谈到时说的完全正确：可能这并非来自俄罗斯，而是有人插了一个有俄罗斯公司名字的 USB。如今在虚拟世界做什么都行。俄罗斯从未发动黑客袭击。我们不需要。没有好处。……那些输掉选举的人一心通过指责俄罗斯插手来补救对自身现状的绝望。"②在另一个场合，普京还曾说到，这可能是俄罗斯"爱国主义者"所为。③但是，并非如《华尔街日报》评论文章所认为的，这是间接地承认这一事项。相反，普京强调，这是当大选失败之时，类似于曾经出现过的把一切罪过都要嫁祸于犹太人的历史教训。④一年来，俄罗斯政府从议长、外交部长、总统新闻

---

　　①　Ray McGovern, "Mocking Trump Doesn't Prove Russia's Guilt", Consortium News, November 13, 2017, https://consortiumnews.com/2017/11/13/mocking-trump-doesnt-prove-russias-guilt/.

　　②　"Vladimir Putin's interview with Le Figaro", May 31, 2017, http://en.kremlin.ru/events/president/news/54638.

　　③④　Nathan Hodge, "Russia's Explanation for Bad Relations with the U.S.: 'Russophobia'", Wall Street Journal, June 8, 2017, https://www.wsj.com/articles/russias-explanation-for-bad-relations-with-the-u-s-russophobia-1496855544.

发言人等人所做的多项声明，断然排除任何俄罗斯官方参与黑客袭击的可能。

无论关于黑客入侵美国大选进程的调查会有怎样的结论，犹如在历史上的诸多重大疑案，很可能会是一场延续很长时间、难有共识和明确结论的控辩。问题在于，还容不得等到美方单边调查结果的最终公布，这项制裁法案就已仓促出台。这一迹象似乎说明：事实本身已不再那么重要；而有关黑客入侵所激起的激烈辩论过程、由此引起的舆论和政治压力，以及通过制裁等手段来确保美国现行体制安全无虞，这才是关键之所在。"后真相"的时代特征在"对俄制裁案"中倒是表露无遗。

二、"对俄制裁案"的背景与缘由

鉴于"黑客干预""通俄门"和"对俄制裁案"相关内容与过程异常复杂，尤其还包含着大量尚未被公开披露的内幕信息，因此，有必要从一个更为宽广的视野来审视深刻影响当下国际政治转型的这一重大事件。

（一）"黑客干预"和"对俄制裁"是转型期国际政治现象的独特反映

随着 21 世纪以来的世界形势变化，越来越多的舆论传递出这样的信息：国际政治的历史性转型正在到来。其一，原有国际规范以及维系该国际规范体系的国际权威正在遭受前所未有的全面挑战：伴随着"黑客袭击美国大选"这一罕见现象，一方面，出现了来自俄罗斯和相当部分国际力量对 21 世纪西方霸权现象的抵制和不满；另一方面，一直自以为能号令天下的西方政治体制居然脆弱到经不起网络黑客的砰然一击。其二，国际转型期重要特征之一——国内政治与对外关系的紧密关联性，首先体现于西方的头号大国美国。2016 年美国总统大选的过程中，共和党候选人唐纳德·特朗普和民主党候选人希拉里·克林顿曾围绕着俄罗斯问题展开激烈争论。前者主张改善对俄关系、放松对俄制裁、对普京持相当肯定的态度；而后者则主张对俄采取全面强硬立场。在这样不同政治理念的对垒中，"黑客袭击"和"对俄制裁"自然非常容易被推上前台。其三，"后真相"时代下，高速发展的网络信息条件使得国际转型期的主权、党争、意识形态和对外战略的博弈充满前所未见的戏剧性色彩。西方的传统媒体影响力大幅衰退，公众人物以一己偏好哗众取宠，传统政党政治和宪政体制面临巨大挑战，作为头号大国美国的国家治理体系出现重大裂痕，包括支撑着西方现代化进程数百年来的强劲意识形态传统走向式微。这一切都聚焦于"对俄制裁案"。其四，维系霸权的典型手段——结盟关系，也成为当下事态的一个重要推手：美国通过制裁，离间并防范欧洲与俄罗斯可能出现的接近，但遭到了欧洲主要大国的批评；以对俄制裁的方式，对紧密合作的中俄关系敲山震虎，但结果却是中俄战略伙伴关系不为所动地进一步深化。鉴于以上诸现象的相互叠加和相互交织，"黑客干预""通俄门"和"对俄制裁案"不失为国际范式转变中复杂情势的一次集中体现。

（二）美国国内政治的急剧分化是美俄"制裁"危机的重要缘由

2016 年 12 月 23 日，普京按惯例举行每年一次的大型记者招待会。招待会上，俄罗斯公共广播电视台的一位记者曾向普京提问道：奥巴马曾说，美国共和党的选民中对普京的支持率达到37%。所以，民主党阵营认为，普京甚至影响了美国大选。对于这一提问，普京当场就表示：逾三分之一的共和党选民支持俄罗斯总统并非他自己的功劳，"这一切都表明，美国现政府自身存在的制度性问题"。普京说："民主党不仅输掉了总统大选，还输掉了参议院和众议院的选举，这难道也是我干的吗？"①

无论我们对普京上述立场作何评论，毋可置疑的事实是，美国陷入了深刻的内部分化。至少，就对俄立场而言，美国至少大体分成了三派意见：第一派，特朗普及其亲信曾大力主张对俄调整关系，暗中赞赏普京治理国家的成效，但其支持者较少。第二派人数也不多，主张以美国国家利益为导向，同时也批评俄罗斯的外交内政，但主张以理智与合作态度对待俄罗斯。2017 年底之前的雷克斯·蒂勒森（Rex Tillerson）及其执行团队可以为其代表。某种程度上，它还包括基辛格和刚刚过世的布热津斯基等"前朝老臣"。在种种压力之下，这一派希望美国对俄关系有所建树，但难以成事。第三派拥有建制派精英、国家强力部门、相当部分传统媒体的支持。这一派别内部流派众多，但总的说来，不仅倾向于严厉惩处俄罗斯，而且更倾向于把美俄关系议题视为美国国内政治权力斗争的工具。②

———————

① Владимир Ардаев. Сигналы, которые Путин послал Америке. РИА Новости. 23.12.2016. https://ria.ru/politics/20161223/1484480354.html.

② 以笔者 2016 年和 2017 年两次对美国实地考察为据，同时参见 Михаил Ростовский. Конфликт России и Америки только начинается//Московский комсомолец. №.129. 21 июня 2017. С.1。

对俄立场的分野，从根本上说，反映的是特朗普和美国建制派之间的深刻矛盾。建制派阵营大将、曾是新保守主义派别"旗手"的罗伯特·卡根和一批前官员、学者、智库和媒体专家，于2017 年 2 月以布鲁金斯学会的名义发表研究报告，提出"二战以来美国外交政策建制派的两党合作外交政策，是历史上最成功的外交政策之一"。但现在建制派受到了"粗暴对待"，特朗普的做法可能使美国变为一个"超级流氓政权"。①而更为全面地对特朗普对俄立场展开理论上尖锐批评的，则是当代自由主义国际理论的代表性人物、普林斯顿大学教授约翰·伊肯伯里。在伊肯伯里看来，特朗普对普京的赞扬乃是"对自由民主的朋友和独裁的竞争对手"不加区分，他提出：特朗普修正主义思想非常危险，因为它攻击支撑美国全球地位的核心理念，包括国际主义、对外开放贸易、对多边规则和机构的支持、崇尚多元文化和开放性、坚持民主国家所具有的独特的协作精神。②伊肯伯里和卡根的尖锐批评表明，特朗普政权和建制派在观念和意识形态领域的高度对立，表明了支持美国国际地位的理论原则的核心力量已经受到挑战。

特朗普与建制派之间的深刻矛盾最直接的表现之一，是这位新任总统和美国议会之间争夺外交主导权的斗争。与 1973 年相似，当时的国会制定了《战争权力法》，以制止总统在没有得到议会法

---

①　Yuri Friedman, "The Foreign-Policy Establishment Defends Itself From Trump", Feb.22，2017，https://www.theatlantic.com/international/archive/2017/02/trump-brookings-international-order/517137/.

②　G. John Ikenberry, "The Plot Against American Foreign Policy. Can the Liberal Order Survive?" *Foreign Affairs*，May/June 2017，https://www.foreignaffairs.com/articles/united-states/2017-04-17/plot-against-american-foreign-policy.

律许可的情况下发动战争的权力。而这一次,参众两院通过的"对俄制裁案"实际上是要限制总统可能取消对俄制裁令的权力。"国会想减少总统自由行使权力的余地",这才是美俄制裁危机的关键之所在。①与此同时,共和民主两党围绕2016年选举结果的争论事关两党政治前途,总统与媒体、信息情报系统之间的尖锐分歧,则进一步反映出美国政治系统内部的深刻矛盾,所有这些纷争与角逐都会趋向于从一场树立外敌的博弈中寻找出路。

(三)"对俄制裁案"是美国本身的"帝国忧患综合征"的集中反映

为什么是"对俄制裁案",而不是任何其他国际事件才成为牵动全局的主线之一,值得对此作进一步的解释。

首先,俄罗斯不仅在乌克兰危机之后以强硬姿态直接回应美国的巨大压力,而且从21世纪开始的最初几年以来,就一直坚定并强劲地在各个领域抵制美国的霸权。虽然美俄之间综合国力差距巨大,但是,美国耿耿于怀的还是俄罗斯足以威胁美国的军事力量。自特朗普主张对俄调整关系以来,俄罗斯方面在有所呼应的同时,始终保持高度警惕,毫不放松国防力量建设。正当2017年6月美国两党议员联合提出对俄制裁的关键时刻,美国国防部情报局提交了一份题为《俄罗斯的军事力量:建立一支支持大国雄心的军队》的报告。该报告指出,俄罗斯国防开支出现惊

① Elizabeth Rosenberg, "The War Over Who Controls U. S. Foreign Policy Has Begun. Sanctions on Russia are just the Beginning", July 28, 2017, http://foreignpolicy.com/2017/07/28/the-war-over-who-controls-u-s-foreign-policy-has-begun/.

人增长，已达到后苏联时代的最高纪录。美国《外交政策》双月刊网站发表《五角大楼：俄罗斯对美国是一大威胁》的评论文章，认为这篇报告"描绘了一个视自己为与美国针锋相对、并且拥有强烈愿望令这个国家再度成为冷战时期的超级大国领导者的俄罗斯"。文章分析道："正当特朗普总统在盛赞俄罗斯总统普京，而且，据报道他正忙于与普京举行首次会晤前准备向莫斯科让步，此时国会却选择了一种截然不同的、更为强硬的方针。"①国防部情报局的这份报告目的明确，就是要在"对俄制裁案"和"通俄门"等事件的关键时刻，为建制派提供"炮弹"。一直到2017年底美国国家安全战略报告正式把俄罗斯视为"竞争对手"，其主要的背景就在于俄罗斯从不示弱的立场，加之拥有能与美国直接对抗的军事战略力量。就此来看，作为最大"国际反对派"的俄罗斯，被美国建制派看作最主要的打击对象，这是难以避免的。

其次，从竞选开始后特朗普团队所持政治立场正表现出从意识形态的保守派转向文明保守派的微妙变化。这一趋势为美国建制派中的新保守主义、传统自由主义等多种势力所难以容忍，这也直接导致了"对俄制裁案"的形成。美国新保守主义政治观，强调把美国与苏联（俄罗斯）之间的较量视为自由和集权两种意识形态之间的斗争。从共和党议员麦凯恩到前共和党总统候选人罗姆尼都持有此说。而特朗普在就任演说中所突出强调的"文明

① Paul McLeary, "Pentagon Outlines Russian Threat", June 30, 2017, http://foreignpolicy.com/2017/06/30/sitrep-pentagon-outlines-russian-threat-u-s-builds-new-raqqa-militia-trump-delivers-two-blows-to-china-beijing-building-new-military-sites-in-scs-army-general-says-running-out-of-bombs/.

世界"，而不是"自由世界"的提法，虽仍语焉不详，但其总体政策思路的变化——从坚持美墨边境筑墙，到夏洛茨维尔冲突表态中坚持不批评白人种族主义，从一再强调首要战略任务是"打击伊斯兰国"，到颁布反对接受穆斯林向美国移民的禁令等表现——特朗普"文明世界"范畴折射出其对种族问题的复杂态度。此外，对美国建制派而言，更难以接受的是，曾经是特朗普战略设计师的班农曾经明确提出：普京和欧盟的全球主义者不同，他重视"主权"，而这些使他成为美国的文明之战中的宝贵盟友。①一方面，班农虽已离职，但特朗普本人在没有班农辅佐的情况下，也未必会全然改变其立场，包括已经明确载入"就职演说"中的政治倾向。另一方面，尽管俄罗斯的政治精英明确把普京的政治立场与特朗普划清界限，卢基扬诺夫就曾经非常明确地断言，普京和特朗普是完全不同的两种类型的政治家。②但客观上，俄罗斯在欧洲各国的广泛影响依然存在。在美国建制派的眼里，特朗普与普京立场的"相互接近"、普京在欧洲盟国和新兴国家政治影响的扩展，将会削弱美国意识形态中新保守主义势力的政治影响，也会导致建制派阵营的进一步分化。意识形态、文明认同与残酷政治斗争的相互交织，是"通俄门"和"对俄制裁案"的一个深层背景。

第三，如果对冷战后国际关系演进的历史稍作回顾的话，可

---

① Peter Beinart, "Why Trump's Republican Party Is Embracing Russia", Dec 12, 2016, https://www.theatlantic.com/politics/archive/2016/12/the-conservative-split-on-russia/510317/.

② Федор Лукьянов. Конец не начавшегося романа// Российская газета. №.77. 12 апреля 2017. С.8.

以看到，尽管东西方冷战式对抗已经结束，奥巴马也曾经公开表示：冷战无胜负；但事实上，美国从未真正"从政治上接受俄罗斯"，这是美国出现"对俄制裁案"的又一深层动因。带有官方性质的《美国新闻与世界报道》周刊网站早在 2016 年年底苏联解体 25 周年之际，刊登了詹姆斯·戈德盖尔的一篇文章，题为"解体二十五年之后"。作为一篇对于当代重大历史问题的总结性文章，作者这样写道："四分之一世纪以后，曾在 1991 年圣诞节感受到的那种狂欢情绪早就烟消云散。冷战后的进程对美俄关系而言并不是以皆大欢喜的结局收场，这一关系目前处于 20 世纪 80 年代以来的最低点。但是，我们不应该表现得很吃惊，而应当认识到这种关系急转直下的种子，其实在更早时候就在双方萌芽了。"作者进一步明确地指出："尽管克林顿和叶利钦之间有过'熊抱'，但美国从未完全接纳过俄罗斯。美国从一开始就在防范俄罗斯的复仇。尽管在向叶利钦政权提供援助，但美国的决策者担心一旦民族主义者掌权，俄罗斯就有可能重新崛起为一个敌人；毕竟，苏联曾是美国长达 40 年的主要对手。目前俄罗斯最高层仍然涌动着强烈的反美情绪，特别是在军方、情报机构以及议会内部。美国官员提防着莫斯科可能朝着一种不同方向的转变。"[1]

　　当 2016—2017 年间出现一系列重大国际变化之际，包括英国脱欧、欧洲难民危机、乌克兰和叙利亚的冲突久拖未决、中俄合

---

[1]　James Goldgeier, "25 Years After the Fall: A Quarter-Century Later, the Collapse of the USSR Still Provides a Lesson for U.S.-Russia Relations," Dec.23, 2016, https://www.usnews.com/opinion/world-report/articles/2016-12-23/25-years-after-soviet-union-collapse-lessons-for-us-russia-relations.

作稳步推进，等等。这一切令美国建制派日益为其领导地位受到挑战而感到焦虑。此时加速并加大对俄罗斯施压，以儆效尤，看来是一个能够得到美国有关利益集团深层考量、予以支持的举措。

（四）"胜利者"的傲慢与偏见严重伤害了"失落者"的尊严

冷战终结以来，国际政治理论与大国关系实践中多少被忽略了的一个重要范畴，乃是"尊严"。特别是大国交往中的相互尊重和对于各自"尊严"的维护。美国国际关系理论学者理查德·内德·勒博近年在其所著《国际关系的文化理论》这部影响广泛的著作中提出：除了利益、财富、权力、安全等追求以外，与自尊、荣誉、美德、地位、荣耀、威望等范畴相关联的"精神"乃是国际行为体的重要动机。当时代的变迁使得财富、权力甚至安全等目标已不能完全和充分地作为衡量和体现个人和社会群体成就的标准的时候，对于自尊和荣誉的精神追求，就会不期而至。勒博认为："当精神居于主导地位时，且行为体借助荣誉、地位或自主权来寻求自尊，行为体为了实现某些目标，时常愿意冒险，甚至牺牲自身或其政治单位。"①无独有偶，在美国的俄罗斯学者出版的专著《俄罗斯与西方：从亚历山大一世到普京》，明确提出，在俄国对外关系史上起到极其巨大作用的一个范畴，就是"尊严"。无论是在 1812 年抗击法国拿破仑的入侵，还是第二次世界大战中顶住希特勒大军压境、力挽狂澜，最后打败了德国法西斯的光辉业绩，都是因为"尊严"这个范畴发挥了极其重要的作用。正是这

---

① ［美］理查德·内德·勒博：《国际关系的文化理论》，陈锴译，上海社会科学院出版社 2012 年版，第 7 页。

种出自独特历史环境的对于民族的、国家的乃至于人种的、个人的尊严和荣誉的追求，使得俄国人能够在难以想象的极其艰难的条件之下，绝地反击，战胜顽敌。①

俄罗斯前外长伊格尔·伊万诺夫在"对俄制裁案"被炒作得如火如荼之时，曾经发表了一篇值得关注的文章。他认为："华盛顿发起的最新反俄制裁是史无前例的。其内含的杀伤力可能造成的严重后果，将会远远超出美国—俄罗斯关系。"这位老外长依据其丰富的经验，尤其意味深长地指出："过去几年中，俄罗斯对欧洲进程的反应，更多的是出于情感而非实用主义态度。如果看一看俄罗斯是如何回应欧洲对它在乌克兰危机中所采取行动的谴责，这一点就更为明显。当最初的怨恨变成了一场激烈的运动，它使每个人相信，欧洲的价值观，以及与欧洲有关的一切，都与俄罗斯天生地格格不入。而俄罗斯则代表着一个独立的文明，应该标示出自己的道路。俄罗斯与欧洲的关系陷入僵局，若干重要领域的互利合作倒退了好几年"。②伊万诺夫清晰地挑明了："情感因素"乃是近年来俄罗斯处理乌克兰危机和与西方关系过程中的一个重要因素。

如果说，这位老外长的表述还是比较含蓄和留有余地的，那么俄罗斯瓦尔代论坛学术委员会主席卢基扬诺夫则更为直接地指出：特朗普上台以后，美俄关系"幻想破灭"的首要原因，在于

---

① ［俄］安德烈·P.齐甘科夫：《俄罗斯与西方：从亚历山大一世到普京》，关贵海、戴惟静译，上海人民出版社 2017 年版，第 63—74 页。

② Игорь Иванов. В поисках общего дома// Российская газета. №. 175. 09 августа 2017. C.10.

美国对俄罗斯的"轻视和不够尊重"。他评论道："特朗普完全按照自己的宗旨行事。无论竞选还是大选前，其政治言论的主旨都是——我们应当得到尊重（指美国）。如果有人不尊重我们，就强迫他们尊重。打击叙利亚基地意在向所有人表明，混乱和谦让的时代已经结束，美国也在参与博弈，俄罗斯和其他国家不能当其不存在。在这方面，特朗普和普京的心理如出一辙。"①卢基扬诺夫在其他场合也从相反的角度证明，围绕着民族和国家尊严的情感因素，始终在左右着乌克兰危机后俄罗斯的对外政策走向。早在美俄制裁案发生的一年多之前，他撰文指出："为使俄美关系进入另一个阶段，需要转变视角，克服冷战后出现的惯性。对美国来说，这个惯性是高高在上的傲慢观念，即俄罗斯无权'固执己见'，应当接受自己的区域性国家的地位。而且，其边界线不是由俄罗斯说了算，而是在更重要的玩家所允许的范围内。对俄罗斯而言，这个惯性是把一切不幸怪罪到美国头上，有些痛苦但几乎相信美国占据了统治地位。这种潜藏的情结也是根源于冷战的结束。"卢基扬诺夫更明确地补充道："俄罗斯应放下自卑情结，不要再力图证明自己。"②在卢基扬诺夫看来，俄罗斯人的"自卑情结"正好就是渴望"尊严"与"荣誉"的另一面。而且，这种卑怯和自傲相辅相成的心态在美国也有同样的表现。正如俄罗斯外长拉夫罗夫所指出的，对于美国而言，其高傲自大的另一面，就是在"黑客案""通俄门"直至"对俄制裁"中

---

①② Федор Лукьянов. Смена угла зрения// Российская газета. №.60. 23 марта 2016. C.8.

表现出来的"恐俄症"。拉夫罗夫说："俄美关系因'恐俄症'而在走下坡路。"①

其实，美国学者中也不乏头脑清醒者。哈佛大学谈判项目高级研究员布鲁斯·阿林曾在"对俄制裁案"的白热化阶段撰文指出：在美俄关系中，"我们从一个又一个案例中看出，不单单是利益，而且人类基本情感也扮演着至关重要的角色，并导致着一个又一个的行动和心理反应的循环。普京总统感到气愤的是，美国向来只想给予俄罗斯的不是盟国而仅是'附庸'的地位"。阿林还特别强调："亚伯拉罕·林肯有句名言：'我不喜欢那个人，但我必须要更好地了解他'。即使在我国内战最激烈最痛苦的时候，林肯自己也能人性化地善待南方人，称他们是'犯了错误的同胞'。"②

对国际关系中"尊严""荣誉"等一类范畴如何影响国际行为体的思想与行动作出严格科学判断，还需要进一步的论证，但是，围绕对俄制裁案问题，各方资深外交官和学者所提出的应该从"人类基本情感"着手分析原因的观点，具有重要意义，尤其在后冷战时期的特殊历史条件之下。既然，很难仅仅以武力争胜，那么围绕"尊严"和"荣誉"一类的精神需求就很容易成为日常国际交往中的重要内容。同时，处身于现代信息社会的环境中，巨

① Edith M. Lederer, "Russia: Relations With US Poor Over 'Russo-Phobic Hysteria'", *Associated Press*, Sept.22, 2017, https://www.usnews.com/news/world/articles/2017-09-22/russia-relations-with-us-poor-over-russo-phobic-hysteria.

② Bruce Allyn, "To Deal with the Russians, America Must Think Like the Russians", June 22, 2017, http://nationalinterest.org/feature/deal-the-russians-america-must-think-the-russians-21280.

量而异常迅速的媒体传播，使得"尊严""荣誉"，包括"颜面""形象"等这样一类通常未必被充分重视的问题，也成为国际竞争中的一个重要方面。因此，美俄双方在新老媒体上事关双方颜面和形象尊严的口舌之争，就不由自主地代替了当年战场上的殊死博弈。

第二节 美俄"制裁"危机的若干特点

与 2014 年乌克兰危机爆发后美国和西方对俄罗斯的多次制裁相比，2017 年 7—8 月间启动的这一轮制裁反映了当下美俄双方以及国际政治变化的若干新态势。

一、前所未有的严厉制裁

2017 年度新一轮对俄制裁法案①，较之前所有对俄制裁措施的政治态度更为明确，涉及范围更为广泛，执行措施要严厉得多，具体的程序性规定也要周详得多。

第一，该法案强调，2017 年对俄制裁案是对自乌克兰危机爆发后的 2014 年 3 月 6 日、2014 年 12 月 18 日、2015 年 4 月 1 日、2016 年 7 月 26 日等奥巴马时期发起的一系列对俄制裁案的延续，

---

① H.R.3364. An Act To provide congressional review and to counter aggression by the Governments of Iran, the Russian Federation, and North Korea, and for other purposes. http://docs.house.gov/billsthisweek/20170724/HR3364.pdf.

当然也包括特朗普已胜选之后民主党政府于 2016 年 12 月 29 日对俄实行的最近一轮制裁案的所有内容。

第二，该法案明确表明，是按照美国情报部门的报告中所指明的"针对俄罗斯总统普京于 2016 年命令发起的旨在干预美国总统大选的有影响力的行动"，才决定采取相应的一系列制裁措施。作为美国国会正式通过的单边制裁法案，指名道姓地把俄罗斯总统普京作为"罪魁祸首"，可见其积怨之深。

第三，该法案特别明确地规定了一系列针对可能发生的美国总统旨在改变制裁法案内容的限制。其中包括，美国总统在任何拟议行动之前，须向合宜的国会相关委员会详细报告所有行动的内容、目的和原因等事项，并具体规定：如果总统的行动涉及美国对俄罗斯联邦外交政策的任何重大改变，以及改变对俄制裁法案中对俄罗斯有关人员和机构的制裁内容，必须首先向参众两院的各外交委员会报告，举行听证，并需经过相应程序的同意。而美国国会可以在 30—60 天的时间内拒绝总统的上述任何改变。实际上这是对美国总统的外交权力，特别是对俄决策的权力做了重大限制。

第四，该法案针对所有具有以下行为的人员和机构进行制裁，其中包括，代表俄罗斯政府破坏美国网络安全；对俄罗斯能源出口管道进行一定程度的投资；与俄罗斯国防和情报机构进行"重大"交易；承诺或协助严重侵犯人权的行为；"重大"腐败行为；为叙利亚政府提供武器支持。另在提出制裁法案的美国两党议员看来，俄罗斯政府任何国有资产私有化可能不公平地给政府官员或合作人带来好处，因此，在一年内对此类私有化进程投资或促进投资 1 000 万美元以上的个人或者机构，实行制裁。由此看来，美国对于俄罗斯国内私有化进程的立场也出现了根本性的转变。

第五，新制裁法案还提出，要求按照美国国务卿和美国国家情报总监的指令，由财政部长提交有关年度报告，针对接近普京本人和执政精英的俄罗斯关键政治人物和寡头，将其年度收入水平，包括夫人、子女、家长等亲属状况，以及所有这些人士的公司股份、投资、商业利益、资产、创收、连带海外开设企业的状况一一查明上报。同时，对俄制裁法案呼吁限制俄罗斯在欧洲和欧亚地区的影响，要求美国总统必须提交关于"受俄罗斯政府监控和资助的媒体"报告，说明有关这些媒体如何在未来在欧洲和欧亚地区国家政治选举中发挥影响，包括支持政治政党、候选人、游说集团及非政府组织的信息。此外，国会还通过了 2018—2019 年度的名为"反俄罗斯影响基金"的 2.5 亿美元专用预算。①

就对俄制裁法案的内容来看，其一，该法案的严厉程度大大超过以往；其二，该法案几乎首先是一个专门针对美国总统本身的明确而周详的权力限制；其三，该法案不光是针对某一事件，而是对于俄罗斯的整个体制的系统性打击。

二、俄罗斯在高压之下的克制和隐忍

2017 年 7 月盛夏，一个罕见的对比是，正当华盛顿哥伦比亚

---

① H.R.3364. An Act To provide congressional review and to counter aggression by the Governments of Iran, the Russian Federation, and North Korea, and for other purposes. http://docs.house.gov/billsthisweek/20170724/HR3364.pdf.

特区连日摄氏 30 多度难忍高温之际，而莫斯科的气温却反常地下降到摄氏十多度，清凉宜人。俄美两国首府的夏日气温反差与两大国当时政治温度相比较的话，恰好成为一组有趣的对比。

自从有关俄罗斯干预大选的信息被披露以来，美国政界和媒体的口诛笔伐接连升温。尤其在 2017 年春"通俄门"事发后，美国朝野舆论不断"发烧"。7 月两院通过对俄制裁法案，美国反俄舆论升温达到了一个全新高度。但相形之下的一个鲜明反差是俄方的冷静态度。实际上，自特朗普参选并提出调整对俄政策的意向以来，无论是俄罗斯政府官员，还是民众；无论议会党团，还是媒体学界，反应都比较稳健谨慎。俄罗斯受压多年，对一度可能出现的美俄关系缓转，未必真会无动于衷。但自特朗普参选总统这幕大戏一开场，不光俄罗斯主流精英一再告诫舆论，美国大选的不定因素殊多，美俄关系调整的前程艰难，不容乐观；甚至议会党团中的弗拉基米尔·日里诺夫斯基、根纳季·久加诺夫等非执政党领导人都一再表示，不要美国人一有表示，我们马上就跟着转，显得俄罗斯无足轻重。①

2016 年底，奥巴马宣布对俄制裁之时，俄罗斯不仅没有做对应的回击，相反普京邀请美国外交官和家人到克里姆林宫作客共迎元旦。2017 年 7 月参议院通过制裁案的当天，普京表示："如你们所知，我们已足够地耐心和克制。但我们需要作出回应，不能无休止地容忍（美国）对俄罗斯蛮横无理的行为。"他说："我们一直等待了很长时间，也许事情会朝向好的方向发展，我们希望

---

① 有关这一方面的表达，可见 2016 年底至 2017 年初，俄罗斯杜马几次会议以后有关党团领袖的媒体采访。

这种情况会发生，但是看起来好像不会在不久的将来发生变化——我决定，现在是表明我们不会无动于衷的时候了。"①尽管俄方充分意识到："这早已不仅仅是新一轮制裁，而是对整个普京政权的更为严厉的态度。"②但普京所使用的词语，从"等待"到"无动于衷"，从"也许"到"向好发展"，似乎都不像在遭受无端打击下的激烈反应，而是力图把反应烈度控制在有限范围之内。舆论注意到：俄罗斯的反制措施，实际上是半年之前本该对奥巴马的制裁做出的一个迟到的反应而已。尽管，俄罗斯的失望不言而喻，但是，俄方舆论始终还寄希望于未来的转机。正如俄罗斯联邦议会外事委员会主席科萨切夫所表示的："继续恶化不可避免，但是，并非没有出路。"俄罗斯评论家斯塔诺瓦亚认为，在这一时刻，克里姆林还是希望在美俄之间，"不要烧断（保持交往的）桥梁"③。

直到8月2日特朗普正式签署对俄制裁法案之后，梅德韦杰夫总理通过脸书发表了措辞尖锐激烈的评论："与美国新政府改善关系的希望已经完全破灭"，"一场全面贸易战将被引发。"他特别强调："特朗普政府以最丢脸的方式将其行政权力拱手让给国会，表现出了完全的无能"；还警告：由于"制裁法案经整个法律程序而形成，除非奇迹发生，这一法案将在今后几十年中发挥作用，因此，……俄罗斯和美国的关系将会非常紧张。"虽然，梅德韦杰夫

① Совместная пресс-конференция с Президентом Финляндии Саули Ниинистё. 27 июля 2017 года. http://www.kremlin.ru/events/president/news/55175.

②③ Татьяна Становая. Американский закон о санкциях-новая веха геополитического кризиса. 31.07.2017. http://politcom.ru/22636.html.

的声明措辞强硬，但还是可以观察到，俄罗斯总理是以个人脸书信息的形式，而非任何正式的官方文件发表自己的观点。同时，梅德韦杰夫"脸书"声明发表后，俄罗斯总统的新闻发言人佩斯科夫明确做了补充说明，除了已有的反制裁措施，俄方将不会有任何新的反制裁举措推出。外长拉夫罗夫则又进一步声明："我们还是要对俄美两国在所有互利和有利于国际安全，包括地区冲突领域的合作，持开放态度。"①这包括在 2017 年秋后美国宣布有关限制和制裁俄罗斯在美使领馆和外交人员的活动，以及对《今日俄罗斯》等俄罗斯媒体作出处罚决定之后，俄罗斯的对应举措相对还是不那么激烈，仅限于就事论事。总体上看来，在美国异常严厉的制裁措施之下，俄罗斯的克制和隐忍，成为本次制裁危机的一个特点。同时值得指出的是，一旦对美国执意推出"对俄制裁案"不抱幻想，俄罗斯对包括战略武装力量在内的全面重新部署，同样也显示出强硬对抗到底的决心。

三、"对俄制裁案"引发进一步的国际分化

鉴于"对俄制裁案"不光针对俄罗斯一家，而且广泛涉及亚洲、中东、欧洲地区的相关国家，因此，法案公布之后，其他许多国家反应强烈。

首先，这一对俄制裁法案，把俄罗斯与伊朗和朝鲜置于同一层面，比之奥巴马曾把俄罗斯形容为"三害之一"，有过之而无不

---

① Mike Eckel, "Russia's Medvedev Says U.S. Sanctions Bill Ends Hope For Better Ties", August 3, 2017, https://www.rferl.org/a/trump-signs-russia-sanctions-bill/28655189. html.

及。俄罗斯评论家苏斯洛夫提出：最新的对俄制裁法案，"事实上，把俄罗斯捆绑在一个与朝鲜和伊朗在一起的新的'邪恶轴心'之内，这是一个华盛顿和莫斯科之间新冷战格局的提升。虽然，新的制裁不会对俄罗斯经济造成比早先的一揽子计划更大的损害，但是，这一举动标志着美国国内外政策和整个国际体系的一个分水岭"。为什么对俄制裁法案会成为"美国国内外政策和整个国际体系的分水岭呢?"①当美国新制裁法案把俄罗斯、伊朗、朝鲜归为同一类惩处对象，大大强化了人为地进行敌我划线的恶劣倾向，从而成为提升"新冷战"现象的一个突出标识。

其次，"对俄制裁案"出台前后，欧洲盟国表达出对这一法案的强烈不满之声。欧盟委员会主席容克（Jean-Claude Juncker）在一个措辞严厉的声明中抨击华盛顿，他说："美国优先并不意味着欧洲的利益无关紧要。（欧盟委员会）今天得出结论，如果我们的关切没有得到充分考虑，我们随时准备在几天之内采取适当行动。"德国外交部发言人马丁·舍费尔（Martin Schaefer）星期三（26日）在新闻发布会上表示："（制裁）不仅事关德国工业……对俄制裁不应成为美国维护产业政策利益的工具。"法国外交部也发表声明表示，对俄新制裁是"治外法权"，"违反国际法"。声明说："这项法案如果生效，无论美国是否受到影响，都有权采取措施针对欧洲自然人或法人。为了保护自己免受美国立法（或任何其他立法）跨境影响，我们需要修改国家立法和完善欧

---

① Dmitri Suslov, "America Is Becoming Increasingly Dangerous for the World and Trump Has Nothing to Do with It", 04.08.2017, http://valdaiclub.com/a/highlights/america-increasingly-dangerous/.

盟的应对措施。"①苏斯洛夫指出："这是又一个前所未见的变化。此前，反对多边主义的口号，对俄实行制裁的要求主要来自与美国传统体制并无太多关系的'麻烦制造者——特朗普'。但是，现在局面又一次倒转了过来，国会山的建制派成为颠覆传统大西洋盟友关系的祸首，而特朗普反倒变成为一个'传统的'总统——关心美国公司和美国盟友的利益。这再一次的颠倒说明：几十年来，华盛顿和布鲁塞尔在实施国际制裁方面一向有着严格协调其政策的传统，包括2014年以后在乌克兰危机问题上的对俄罗斯制裁；但是，这一次，美国和欧盟之间几十年来第一次因国际制裁问题而出现分裂。这是大西洋关系崩裂的又一个清晰证明。"②苏斯洛夫指出的美国传统伙伴关系领域出现的混乱迹象，预示着人心向背的重大变化。

事实上，"多中心世界"被加速形成，其直接原因就在于"美国传统的建制派完全没有准备好接受这一事实，也完全不准备去认真反思2016年11月大选失败的真正原因，当然，也不会允许对国内和国际议程中的任何过失有任何反悔和体察之心"③。

四、对俄制裁直接关系到美国的宪政之争

8月2日，特朗普正式签署对俄制裁法令之前，观察家们曾有不少分析：其一，特朗普如果断然否决新的制裁法，会是一个严

---

① 廖志鸿：《美国这次制裁俄罗斯，把欧盟都惹毛了》，观察者网，2017年7月27日，http://www.guancha.cn/america/2017_07_27_420210.shtml。

②③ Dmitri Suslov, "America Is Becoming Increasingly Dangerous for the World and Trump Has Nothing to Do with It".

重的失误。因为，这是绝大多数两党议员投票支持的国会制裁法案，特朗普的否决毫无疑问会被推翻。一般情况下，美国总统不会想以破坏自己权威的方式升级美国的政治危机。其二，这是新一轮的"通俄门"。但是，特朗普的最亲密盟友和其家庭成员，当被指控与俄罗斯"勾结"的情况下，他们不想成为"俄罗斯保卫者"，也不试图修改法案或彻底将其埋葬。这只会使特朗普处于困境，甚至遭弹劾的可能性更大。①其三，另有人建议：让制裁法生效然而不附加总统的签名——但这又会给人造成印象，似乎特朗普显得软弱，并且是束手无策。

因此，对特朗普来说，目前的做法可能是一个别无出路的选择：也即一方面签署法律，不至于因此而与整个国会系统的两党议员闹翻；另一方面，通过发表一份总统声明，明确而理性地表明特朗普自己的立场。尽管，此举也会激怒对手，但是与任何其他选择相比，这都可能显得较为有利、体面、平衡和留有余地。人们发现，不光这份总统声明经过了律师的精心制作，而且，相当接近于国务卿蒂勒森有关对俄制裁问题的经过深思熟虑的表态。

特朗普在声明中明确表示："我也支持，美国不会容忍干涉我们的民主进程，我们将支持我们的盟友和朋友反对俄罗斯的颠覆和不稳定。"他说："这就是为什么，自上任以来，我已经颁布了对伊朗和朝鲜的新的严厉制裁，并支持现有的对俄罗斯的制裁。"同时，特朗普话锋一转："由于这是首次推出这一法案，我担心国会的许多方法，正在不恰当地侵害行政权力，使美国企业处于不

---

① Dmitri Suslov, "America Is Becoming Increasingly Dangerous for the World and Trump Has Nothing to Do with It".

利地位，并伤害了我们欧洲盟友的利益。"①

特朗普特别强调："该法案仍存在严重缺陷，特别是因为它侵犯了行政部门进行谈判的权力。经过七年的讨论，国会甚至无法就医疗保健法案进行谈判。通过限制行政执行权的灵活性，这项法案将使得有利于美国的交易难以推进……我们的宪法制定者们把外交事务交到了总统手中。这项法案将证明，这是一个智慧的选择。"特朗普表示："尽管有这些问题，我还是出于民族团结的考量而签署了这项法案。因为，它代表了美国人民所希望看到的俄罗斯采取措施改善与美国关系的意愿。我们希望两国在重大全球性问题上进行合作，以使这些制裁不再必要。"②

特朗普相当自信、然而又不无揶揄地表示："我确实建立了一个价值连城的真正伟大的公司。这是我当选的很大一部分原因。因而，作为总统，我可以比国会做得更好。"看来，面对漫无节制的尖锐批评，这位新任美国总统还是交出了一张比较能够应付国内各方挑战的答卷。这是因为，第一，特朗普的这一声明并没有直接和具体地批评俄罗斯，这意味着，这份声明暗含的意思是：俄罗斯并没有足以值得被制裁的行动。同时，这份声明明确把俄罗斯区别于朝鲜和伊朗。特朗普显然认为，后两者应该被处罚，而俄罗斯则不然。第二，该声明字里行间地暗示，特朗普政府将寻求避免过度严格执法的措施，以免损害美国公司的利益和美国

①② Statement by President Donald J. Trump on Signing the "Countering America's Adversaries Through Sanctions Act", August 2, 2017, https://www.whitehouse.gov/briefings-statements/statement-president-donald-j-trump-signing-countering-americas-adversaries-sanctions-act/.

的欧洲盟友的利益。面对美国国内企业和欧洲企业对于制裁的一片反对，显然，特朗普的表述与美国国会通过的制裁案相比较，更在于挽回人心。第三，美国总统声明中最重要之点，乃是明确表示制裁法侵犯了宪法赋予美国总统的特权——也即，美国总统才是美国外交政策的领导者。不少评论认为：特朗普签署法案完全不意味着放弃与国会的长期较量。其一，有关国会和总统之间的外交决策权力之争，始终会伴随整个"制裁案"而发生作用；一旦府院之争难以休止，最高法院出面干预是非常可能的局面。甚至有学者认为：美国宪政制度也难料会发生怎样的变化。其二，特朗普不会甘心于这场府院之争中所受到的牵制，不会放弃一切可能进行反击。而同时"通俄门"的黑箱依然是特朗普头上的悬剑，特朗普团队和家族成员一个又一个被调查出局和限制自由，并非好兆头，至少预示着 2018 年中期选举的血腥搏杀在拉开帷幕。

从特朗普对制裁案所做的正式反应来看，行政当局和国会之间的一场宪法大战实际上拉开了序幕：问题已经远不只限于是否需要对俄罗斯继续进行制裁，甚至也不仅仅关涉是美国总统、还是国会具有更大的外交决策权，还在于美国大选的结果是否导致已经延续了几个世纪的美国决策模式的改变。

第三节 "制裁"危机对未来俄与西方关系走向的影响

在探讨"对俄制裁案"将会对未来俄罗斯与西方关系，以及对国际转型带来何种影响这一问题之前，首先需要讨论的问题，乃是国际制裁的合宜性问题，而后才是这类制裁的效用问题，包括对俄罗斯和对今后大国关系的影响。

一、关于"对俄制裁案"合宜性问题的思考

关于国际制裁问题，国际学术界有不少研究和争议。与本节内容相关的主要是以下三个问题。

第一，关于国际制裁的目的性。学界大体上有以下两种观点：一种认为："制裁是针对一个或多个国家采取的强制性措施，试图强迫目标国改变政策或者至少表达制裁国对目标国政策的一种观点。"[1]另一种观点认为："制裁是一种通过威胁或处罚影响不法行为者的消极措施。"[2]这两种观点的区别在于，后者针对的是"不法行为者"，而前者并没有强调受制裁国家的行为是否"非法"，而只是"试图强迫目标国改变政策"或者"表达制裁国对目标国政策的一种观点"。18 世纪中叶以来，制裁更多地被认为是一种通过惩罚来改变一种行为的手段，被制裁者是否违反法律，不再是制裁的前提条件。[3]换言之，一般而言，无论受制裁对象国的行为

---

[1]　Barry E. Carter, "International Economic Sanctions：Improving the Haphazard U.S. Legal Regime", 75 Cal.L. Rev.1987, 1166. 转引自简基松等：《美国对俄罗斯经济制裁之国际法分析及对中国的启示》，《法学评论》2014 年第 5 期，第 148—155 页。

[2]　Doxey Margaret, "International Sanctions：A Framework for Analysis with Special Reference to the UN and Southern Africa," 26 Int. Org.（1972），527. 转引自简基松等：《美国对俄罗斯经济制裁之国际法分析及对中国的启示》。

[3]　Kim Richard Nossal, "Economic Sanctions in the League of Nations and the United Nations", in David Leyton-Brown（ed.）, *The Utility of International Economic Sanctions*, St Martin's Press, 1986, p.11. 转引自简基松等：《美国对俄罗斯经济制裁之国际法分析及对中国的启示》。

是否合法，并不妨碍实行国际制裁。国际法领域的现状在国际制裁问题上留下了一个巨大的争议空间。

第二，国际制裁的功能性问题。相当长时期内在西方制裁研究领域居于主流地位的"实力政治路径"理论，基于现实主义政治原则，持有这样的见解：制裁越有力、对制裁目标国须施加足够有杀伤力的惩罚，才能促使对象或者自己实行自我约束，或者在民众压力之下要么改变现行政策、要么被民众推翻，以实现制裁的目的。"公共选择路径"下的国际制裁理论认为：鉴于被制裁的对象一般为复杂结构的行为体，因此，需要精准选择制裁对象；而选择的依据是以民主还是集权体制这样的意识形态划分方式。第三种"决策分析路径"，对制裁国，侧重于分析决策者和决策集团策动、制定、中止、结束制裁的动因；而对被制裁国，侧重于研究受制裁国的抗拒意志、对策和潜能。[①]总体而言，传统的制裁研究把侧重点放在制裁目的、制裁有效性、制裁时长、制裁后果等功能性问题之上。换言之，对国际制裁在复杂的国际形势之下是否合宜的问题，也并没有形成多少共识。

第三，从国家行为实践的历史来看，在国家间的交往中，采用强制性经济制裁或行政制裁的做法，已经是作为发起制裁国认为受到不公或非法待遇时所使用的相当惯用的手段。迄今为止，还没有任何新颁行的国际法能够对此加以禁止。问题在于，冷战结束之后的现状是美国等西方国家大量使用经济强制制裁以惩罚对手，似乎制裁已经成为一种公认的各国都可以接

---

① 刘建伟：《国际制裁研究：路径、议题及不足》，《世界经济与政治论坛》2011 年第 5 期，第 1—14 页。

受的国际规则。①但实际上，制裁措施的运用，还存有大量争议。

　　国际制裁的具体功能问题的研究虽需要具体而实证的考察；一国对于另一国实行制裁或者反制裁，国际法的规范也的确没有提供普遍接受的共识。但是，如果忽略了首先需要关注国际制裁的合宜性问题，那么，在冷战后国际局势和大国国内局势异常复杂的条件下，其后果是难以估量的。

　　"对俄制裁案"过程中的合宜性考量尤其不容忽视。当一国内部政治进程，特别是在大选或政治更替这样的关键时刻，一旦受到外来干预，无疑有必要严肃而坚决地加以反对。但是从现有处理来看，在俄罗斯政府是否参与"黑客干预大选"问题上双方还存有尖锐分歧，包括美国总统特朗普都公开表示相信俄方辩驳理由的情况下，都不分青红皂白地以前所未有的"全面制裁"＋"精准制裁"方式对俄施压。这说明，这一类制裁一定程度上表现出更在意于国内政治斗争的需要，或是显现西方国家居高临下，以制裁作为当然合法工具维护其霸权和优势地位的未曾言明的动机。圣彼得堡大学康斯坦丁·库德雷教授认为："对俄制裁法案，在国际制裁方面创造了一个非常罕见的先例。首先，由美国行政部门实施的国际制裁现在具有了法律效力。此外，该法还规定了一种扩大制裁的机制，现在可以对第三国的法人和个人实施制裁，事实上这些国家的个人与俄罗斯的关系并不适用于美国法律。但该法律规定：

----

　　①　Sarah P. Schuette，"U.S. Economic Sanctions Regarding the Proliferation of Nuclear Weapons：A Call for Reform of the Arms Export Control Act Sanctions"，35 Cornell Int'l L.J.（2001），p.231. 转引自简基松等：《美国对俄罗斯经济制裁之国际法分析及对中国的启示》。

不迟于这一法律颁布之日起 180 天内，此后每年美国政府各部门和机构将向国会提交报告，提出对俄罗斯著名政治家、官员、商人和某些家庭成员实施个人制裁的理由。法律并没有说这些报告中提到的所有人都会自动得到制裁，但实施制裁的机制是显而易见的。毫无疑问，报告中提到的所有人的国际活动都会遇到一些困难，而对他们实施的制裁可能是很长期的，甚至是终生的。"①

这里的另一个问题在于制裁的公正性问题，也即是否有必要对类似的对一国内部政治进程的外来干预，都要实施一视同仁的制裁？专门研究谈判问题的哈佛大学教授布鲁斯·阿林曾坦言："过去苏联人从未指责华盛顿干预他们的选举活动，因为，那时候苏联不存在认真严肃的选举。现在，俄罗斯人指责美国 1996 年侵犯了他们的主权，当时，美国人确实帮助叶利钦转败为胜，最终登上总统宝座。"这位教授补充道："华盛顿在格鲁吉亚、吉尔吉斯斯坦和乌克兰的'颜色革命'中继续支持他们看中的反对派。俄罗斯人认为：乌克兰发生的'颜色革命'是美国支持的异常'政变'。"②这位哈佛大学教授至少提出了一个难以规避的问题：如果俄罗斯黑客干预了美国总统大选，当受处罚，那么，如此之多主权国家最高层的政治更替都确凿无误地受到了美国的干预，那么，究竟该如何处置？应该基于所谓现实主义"实力政治"的原则，谁更强大，谁就有权利对他者实施制裁？或者应该基于"公共选择路径"的原则，通过划分"民主"和"集权"体制来

---

① Konstantin Khudoley, "Russia and the U.S.: The Way Forward", 26, December, 2017, http://eng.globalaffairs.ru/number/Russia-and-the-US-The-Way-Forward-19263.

② Bruce Allyn, "To Deal with the Russians, America Must Think Like the Russians".

解决纷争呢？显然，在国际法领域对于国际制裁还存有大量争议，在"黑客干预""通俄门"等一类案件还有大量事实有待廓清，特别是在国际转型期如此复杂的国际国内多种利益背景下，制裁措施的合宜性问题，事关重大而不容忽视。

二、"对俄制裁案"将如何影响俄罗斯内外进程？

2017 年夏天美国通过的对俄制裁法案，标志着美国在最高层次上以最为集中的方式，并在一个很长的时期内，对俄持有对立和压制的态度。

首先承受压力的是俄罗斯经济部门，尤其是能源部门。一个非常实质性的变化是，冷战结束以后，美欧一直把俄罗斯能源部门视为合作伙伴，而不是竞争对手。争议只是集中在俄罗斯天然气价格问题，甚至乌克兰危机之后，西方制裁只是集中于限制俄能源企业的设备进口。但是，页岩气革命之后，美国已经开始出口自己的液化天然气，俄罗斯能源公司正成为它的直接竞争对手。现在的争议问题已经不是价格问题，而是通过制裁，整个地取代俄罗斯能源的出口。

来自西方的第二个打击是阻断俄罗斯的海外资金链。乌克兰危机开始实行时，制裁主要是对俄罗斯海外融资能力的限制，据估算大约是 600 多亿欧元筹资来源在当时被切断。2017 年美国的对俄制裁法案不仅出于经济原因，而且出于安全考量，对所有进入国际市场的俄罗斯企业，不分国有、私有一律都采取限制措施，冻结银行账号、封锁贷款机会，进一步加深了俄投融资的困难。俄罗斯科学院经济研究所发布了关于 1991—2015 年俄产能下滑的报告，透露在这 25 年里俄罗斯全国固定资产损失幅度堪比第二次世界大战期间的损失，为了弥补这些损失，需要投资的总额达 27—28 万亿卢布（合 4 000 多亿美元）。"对俄制裁案"在金融领域对俄罗斯的打击，至少使得俄罗斯在今后一个相当长的阶段难以摆脱危机。[①]

对俄制裁的经济后果显然受到政治影响的推波助澜。从较长趋势来看，"对俄制裁法"改变的是冷战结束以来美俄双方再也不把对方视为敌人的基本原则。在库德雷教授看来，"不再敌对"这一原则是 1989 年美苏马耳他会晤、1992 年戴维营会晤所多次强调的，也是 1997 年俄罗斯与北约基本文件中所规定的立场。但是，而今"对俄制裁法"则把俄罗斯视为与伊朗和朝鲜一样的敌人。[②]

从外交和战略方面而言，对俄制裁法案不仅承担责任保护北约和欧盟盟友，而且法案确认将帮助所有希望加入北约的国家：西巴尔干国家、格鲁吉亚、摩尔多瓦和乌克兰。库德雷认为，文件尽管没有直说，但是，很显然，美国会把这些国家发展成为虽然不是北约正式成员的共同体的一分子。美国国会宣布，将永远不承认俄罗斯合并克里米亚，并要求莫斯科撤出阿布哈兹和承认南奥塞梯为独立国家，改变对乌克兰东部和德涅斯特河沿岸的政策，并停止对叙利亚的军事干预。这一清单比早先要求俄罗斯执行《明斯克协定》作为规范和解除制裁的条件要长得多。[③]

纵然，俄罗斯经济的巨大潜能、普京继续主政后的持续政治

①②③ Ольга Соловьева. Для выхода из кризиса России потребуется 15 лет// Независимая газета. №30. 13 февраля 2018. C.1.

稳定能力，包括俄罗斯强劲的军事战略实力和外交领域的丰厚积累都会有力抵御美国的制裁，但在一个较长时期内，俄罗斯内外环境都处于外部沉重压力之下，不利于俄罗斯复兴和国际地位的恢复。诚如普京的新闻发言人佩斯科夫所言，俄美关系是 2017 年俄罗斯最大的失望。①俄罗斯人——从精英到平民——的尊严和心理所受的打击，也都会在一个较长的时期中影响其对美国和西方的基本态度。

　　总起来说，"对俄制裁案"还在推进和实施的过程中。这一事件无论是对于美国宪政体制沿革，还是尔后俄罗斯总统大选带来何种影响；也无论怎样左右大国关系的合纵连横，以及作用于未来国际秩序的重构，都是 21 世纪国际变化中值得深入观察的一个重要领域。因为，这一事件进程中聚合着国际国内复杂演变中许多新因素，比如，网络空间的作用，"后真相"时代的政治行为特征，国际政治中久违了的"尊严""荣誉"这一类被遗忘的人类情感因素。而且，在这样的崭新背景之下，原来行之有效的国际机制的功能都或者处于式微，或者几乎归零。比如，国际制裁、传统价值观念形态、传统的结盟关系，其中还包括传统的战争形态都发生了变异。所有这一切都指向了一个面目全非的、难以辨认方向的新时期的渐渐来临。②

---

① "Russia Calls Ongoing Strain with US a Major Disappointment"，December 30th，2017，http://www.foxnews.com/us/2017/12/29/russia-calls-ongoing-strain-with-us-major-disappointment.html.

② 本节内容曾以《"对俄制裁案"和俄罗斯与西方关系的未来》为题发表于《欧洲研究》2018 年第 1 期，第 1—25 页。经修改补充载入本书。

第十一章

惯性与变局下的俄欧关系

美俄制裁案发生之后，俄罗斯与西方关系受到全面的影响。在美俄关系下降到冷战后历史最低水平的同时，备受关注的欧俄关系将如何走向呢？"对俄制裁案"在对俄打击的同时，对俄罗斯与欧洲，特别是与德国的能源合作给予限制，这将在多大程度上，给欧俄关系带来调整的机会呢？

第一节 制裁案后俄欧反响

　　直至 2018 年初，都不乏欧洲人士对美制裁俄罗斯的批评之声。建立于 1952 年的德国东方经济委员会的领导人沃尔夫冈·比歇勒（Wolfgang Bücheler）认为："自 2014 年对俄实行制裁以来，俄罗斯与欧盟方面共损失了超过 1 000 亿欧元的资产。其中俄罗斯承担了 60%，而欧盟承担了 40% 的损失。"在美国财政部"克里姆林宫报告"提出可能遭受制裁的 200 人名单之后，这位商界领导人进一步表示："希望冲突能够降级；只通过外交，而不是制裁来解决分歧。"[1]俄罗斯前外长伊万诺夫也曾有明确的评论："欧洲主要国家的政客们对美国宣布新一轮制裁并没有保持沉默，他们对这件事的看法很清楚。实际上，这和俄罗斯并没有太多关系。相反，倒是特朗普政府凸显并加剧了美国及其欧洲盟国的根本利益分歧。"[2]

---

[1] Германия оценила взаимные убытки России и ЕС от экономических санкций. Ведомости. 30 января 2018. https://www. vedomosti. ru/economics/news/2018/01/30/749454-germaniya-otsenila.

[2] Игорь Иванов. В поисках общего дома// Российская газета. №. 175. 09 августа 2017. C.10.

但另一方面，从乌克兰危机到"对俄制裁案"，一直有看法认为，美国对俄制裁伤及欧洲利益。因此，欧洲国家，特别是与俄罗斯共建北方管道的德国，会带头对美国的制裁提出挑战。然而，事实进程较之这样的简单推理要复杂得多。多年以来，欧洲与美国虽然相互间猜忌并批评不断，大西洋盟友关系纽带也确实在衰减过程中，但毕竟还得以维持。而问题的另一面，欧洲国家在经历内部深刻动荡之际，仍然对俄罗斯在欧洲政治影响扩展保持警惕，也维持实施着乌克兰危机后对俄罗斯的一系列制裁措施。俄欧关系并没有因"对俄制裁案"而发生戏剧性的改变。俄罗斯资深战略家曾经断言：欧洲与俄罗斯的关系调整不太可能在最近的三四年中发生。①

但与此同时，俄罗斯与欧洲出于相互之间错综复杂的利益交织，依然处于斗而不破的状态。从 2017 年开始，随着双方经济逐渐复苏，俄欧双边贸易增长了四分之一，俄罗斯贸易流转的一半份额是面向欧洲。俄罗斯提交和获得申根签证的人数，依然处于第一位。来自俄罗斯的赴欧洲留学生依然超过世界上任何地区。尽管欧俄双边关系僵持，但文化、教育、科技合作还是开展得有声有色。总之，美国"对俄制裁案"既没有阻止大西洋联盟的传统合作的渐趋松弛，也没有能遏制住欧洲希望发展与俄罗斯合作的总趋势。

---

① 这是一位非常资深的俄罗斯战略研究专家在 2018 年 2 月首尔的瓦尔代论坛——首尔分会提出的一项判断，笔者有幸应邀与会。

第二节　美国"退群"中的俄欧关系双重性

从历史上看，欧俄关系历来是世界进程中牵动全局的一个重要方面。自从俄罗斯以大国身份介入欧洲事务以来，可以看到一个反复出现的现象：每一次俄罗斯与欧洲国家关系的重大调整，几乎都导致了国际体系的重新构建。19 世纪之初，俄与法、英、奥、普等国敌友关系的变换，导致了拿破仑帝国垮台和维也纳体系的确立。19 世纪晚期，俄德关系蜕变、俄转而接近英、法，在列强关系变幻的背景下，酿成第一次世界大战的发生。第二次世界大战中苏联参加反法西斯联盟，更是成为战争胜利和雅尔塔体系确立的关键因素。而 20 世纪 90 年代初，苏联主动放弃在欧洲与西方对抗，乃是国际社会进入后冷战历史阶段的决定性前提。

事过境迁，历史上由于欧俄关系变化所导致的国际格局更替不会再简单地重演。但是，后冷战时期的俄欧关系将如何参与世界秩序的重塑，仍需拭目以待。

人们可以获得的清晰印象是：一方面，随着国际力量对比的深刻变化，2008 年以来，特别是乌克兰冲突发生后俄欧关系的危机丛生；而另一方面，欧俄间互利互补的特性并没有消失，历史地理的深刻关联性依然一而再、再而三地使得欧俄合作难以被彻底颠覆。当今俄欧关系既抗争又合作的两重性状态的反复交替出现，以及这种两重性将如何作用于全球进程，值得给以专门的关注。

当代欧俄关系转入危机与合作并存，甚而危机多于合作的状态，有一个历史演变的过程。2008年格鲁吉亚战争、2011年叙利亚战争、2013年末乌克兰冲突和2014年克里米亚回归俄罗斯，一步一步将当代俄欧关系引入了更多的危机状态。而2018年初伦敦斯克里帕尔毒杀案所引发，以及随后的欧洲多国追随美国参与对叙利亚空中袭击和联合制裁的集体行动，标志着俄欧关系的进一步全面恶化。但是这只是事情的一个方面，2007年欧债危机、2008年国际金融危机给跨大西洋关系造成的巨大冲击，特别是特朗普上任之后宣布退出《巴黎协定》、伊朗核问题协议等一系列多边机制，既给俄欧关系带来挑战，同时也提供了新的合作空间。在这一连串变故之下，当代俄欧关系的双重性质体现在多个领域。

其一，模糊不清的敌友关系。

冷战时代，国际社会有相对比较清晰的敌友关系分野。冷战结束之后将近20年的时间里，欧俄间合作总体而言代替了以往的敌友认知。但是，到2008年几乎与国际金融危机同时出现的格鲁吉亚战争，又使得潜隐中的意识形态和地缘政治较量重新浮上水面。但是，这时发生在欧俄间的大国纷争，既不是当年王朝争霸，也不是社会主义和资本主义的意识形态争胜，而是掺杂着现代化进程中的不同观念的冲撞、不同地缘政治与地缘经济利益的竞争、不同文明传统之间角逐的相当复杂的博弈过程。也正因此，一直被用来推动结盟搏杀的敌友关系，此刻呈现出前所未见的模糊不清的局面。

经验证明，强调东西方关系的敌对性，历来是用来动员进行对抗竞争的有效工具。尤其当这一类抗争被意识形态加以包装，以及在北约、欧盟一类战略与政治经济联盟名号下被沿用的时候。在美、欧、俄的政界、学界都颇具影响的乔治敦大学欧亚项目主任安琪拉·斯登特教授多次说过：当前面临巨大挑战的情况下，唯有加强西方联盟，强化意识形态对抗的程度，这才是西方能够避免衰落的唯一出路。①与此相应，从前欧盟高官、各国重要智库，一直到大学教授和媒体代表也都有类似的表述：俄罗斯的"虚假强大"是缘于西方的软弱，因此加强西方联盟与之抗衡，势在必行。

然而，虽然加强西方联盟、打压俄罗斯的呼声不绝，但实际行动则表现不一。2018 年 3 月下旬，欧盟就伦敦间谍毒杀案、叙利亚化武事件联合驱逐俄罗斯外交官的联合行动当中，28 个成员国中仅有 16 国采取驱逐行动，比利时、奥地利、希腊、保加利亚等 12 国拒不参与。德国等国就参与攻击叙利亚联合行动在国内展开了激烈争论。根据英国《每日电讯报》网站 4 月 16 日报道：伦敦毒杀案后，特蕾莎·梅（Theresa May）尽管立场强硬，但是最终驱逐俄外交官的数目限制在 23 名，法国和德国各自仅仅驱逐 4 名，相形之下，美国反倒一下子驱逐俄外交官多达 60 名。为此特朗普曾深感后悔。②事实上，在欧洲的舆论中，"西方不该把俄罗斯当成替罪羊"的呼声相当普遍。尤其在 5 月间，特朗普宣布退

① 引自 2017 年 7 月于华盛顿 D.C.举行的中美俄三边关系国际研讨会上斯登特教授的发言。

② Ben Riley-Smith，"Donald Trump 'felt misled over expulsion of 60 Russian diplomats for Salisbury attack'"，2018-04-16，https://www.telegraph.co.uk/news/2018/04/16/donald-trump-felt-misled-expulsion-60-russian-diplomats-salisbury/.

出伊朗核问题协议、向欧洲征收贸易关税之时，欧盟理事会主席唐纳德·图斯克（Donarld Tusk）愤怒地公开抨击特朗普的"反复无常和独断专行"，认为他更像是敌人，而不是朋友。①

其二，心猿意马的军事抗衡。

有学者用"冷和平"一词，来描述当下东西方关系。但原则上说，从 1999 年美国轰炸南联盟的那一刻起，欧洲的和平格局实际已遭严重破坏。人们也还普遍使用"新冷战"这一术语来描绘目前欧洲的抗争态势。但是，当下欧洲地区俄罗斯与西方的冲突，与冷战时期相比甚至有过之而无不及：冷战时期，虽有包括原子武器在内的东西方全面对峙，但是在欧洲正面战场上，则基本没有发生热战。而如今，处于东西方前沿的乌克兰东部地区战场上硝烟弥漫，局部热战乃是事实。

西方与俄罗斯在欧洲的对抗升级，欧洲国家并没有置身事外。其最突出的表现就是北约"三位一体"式的东扩进程：首先，是自 20 世纪 90 年代中期开始的东扩；其次，乌克兰危机以后北约首次建立了专门针对俄罗斯的新军事指挥系统，并在与俄罗斯相互战略关系的敏感地带，包括波罗的海地区，以前所未有的规模部署武装力量；最后，美国主导的、在北约成员国罗马尼亚等地直接部署反导系统，打破了美俄间在战略武器领域本来已经摇摇欲坠的平衡，成为俄罗斯与西方之间战略博弈的关键问题。

尽管上述在战略抗衡过程中，欧洲爬上了美国的战车，但是，

---

① 法新社索菲亚 2018 年 5 月 16 日电。

欧洲参与东西方军事抗衡，始终心猿意马。早在 2008 年峰会上，虽然在美国的压力下北约确认了将乌克兰等国最终纳入这一冷战式战略组织的目标，但因德法的阻拦，终于没有在当时就把乌克兰纳入北约，从而激起更大规模的抗争。事至 2017 年底，美国决定对乌克兰提供致命性武器的军事援助。对此，里根时期的总统特别顾问、凯托学会高级研究员道格·班多坦率地承认："提供致命武器会分裂美国与欧洲国家，因为许多欧洲国家反对进一步与俄罗斯对抗，尤其是在乌克兰问题上的对抗。"①2018 年 5 月，伴随着默克尔、马克龙相继访问莫斯科，欧洲舆论呼吁打造新的对俄战略的声音又一次趋于高涨。其关注的焦点在于：在全球局势处于高度不确定性的时刻，把克里米亚作为对俄政策的全部，究竟是否有意义？鉴于俄罗斯已经拥有的新战略武器，而美国战略防御能力依然有限的背景下，是否需要对战略防御技术制定新的规范，实行新的有效监督？一旦如人们预言，在俄罗斯、美国、中国参与之下构建新雅尔塔体系，欧洲将扮演什么样的角色？归根到底，欧洲国家既担心俄罗斯的影响力过于扩展，希望美国能够出手遏制；又担心美国的过度干预会导致俄罗斯的强劲反弹，使欧洲始终处于东西军事抗争的水深火热之中。

其三，错综交织的经济关系。

欧洲与俄罗斯的经济能源关系，虽然在政治与安全争端中，受到美国和大大小小寻租者的威逼利诱，但始终难以被彻底抛弃。

---

① Doug Bandow, "Donald Trump Prepares to Escalate Confrontation with Russia over Ukraine", *The National Interests*, 2017-12-23, https://nationalinterest. org/blog/the-skeptics/donald-trump-prepares-escalate-confrontation-russia-over-23790.

这里有着非常现实的利害关系。

一方面看，欧美之间保持着互为最重要的商品和投资市场的紧密关系。跨大西洋经济体每年提供 55 万亿商业销售额，每年有 1 500 万工作岗位为双边经济服务。世界上这一最富裕、也是最大的经济体按购买力平价计算提供了全球国内生产总值中的约三分之一。世界上没有任何一个地方像欧洲那样吸引着美国的直接投资。2010 年以来，欧洲吸引了 58.5% 的美国直接投资。这一数额超过以往任何一个十年。2016 年美国在全球外国直接投资（FDI）中的 70% 前往欧洲，相比之下，仅 21% 前往亚太地区。同年，欧洲在全球 FDI 中的 72% 前往美国，总计为 3 850 亿美元。欧美相互之间互为最大贸易伙伴，2016 年贸易总额为 6 870 亿美元，2017 年达 7 000 亿美元。与 21 世纪之初相比，翻了一番。同时，欧美之间也是相互间最为重要的服务业伙伴国。仅从以上数据表明，不光欧美之间投资贸易关系始终互为最重要国家的行列，而且近年来美国对欧盟贸易逆差的猛增，美国对欧洲的贸易赤字从 2016 年起由原来的 90 亿猛增到 1 460 亿，2017 年达 1 510 亿美元。据 2017 年统计，欧盟最主要的顺差来源国是美国。就此而言，美国对欧盟施压势在必行。相比之下，2017 年欧盟自俄罗斯的进口为 1 478 亿美元，在欧盟进口国中排第三，同年向俄罗斯的出口仅为 967 亿美元，在欧盟出口国中位居第四，与美欧之间的投资贸易关系相比，尚有差距。①但是，2013 年乌克兰危机爆发之前，欧俄

---

① Daniel S. Hamilton and ect.，"The Transatlantic Economy 2017"，Center for Transatlantic Relations，2017，https://archive. transatlanticrelations. org/publication/transat-lantic-economy-2017/.

之间贸易总额在 4 000 亿美元之上，只是对俄实行制裁之后，才大幅下降。这表明，俄欧之间的经济关系虽不如跨大西洋关系联系紧密，但同样具有巨大规模和潜能而不可小看。苏联解体之后的20 多年来，欧洲国家，特别是德国在俄罗斯的深耕细作，建立了广泛的经济合作关系。经济纽带对于欧俄关系的总体发展具有重大影响。

如果从能源经济角度来看，欧盟与俄罗斯之间的相互关系更难解难分。总体上说，其一，乌克兰危机以后，欧洲大力推行绿色能源，但是，对俄罗斯的传统能源合作依然有着巨大需求。其二，"北溪-1"建立以来，大体运行顺利，这为眼下正在紧锣密鼓推出的"北溪-2"项目做了重要的铺垫。其三，尽管，欧俄能源合作受到美国页岩气出口的巨大压力，2017 年六家欧洲公司一度放弃参与"北溪-2"项目建设；波兰、乌克兰等国出于过境国家的利益，也大力游说施压，但是，毕竟俄罗斯所提供的天然气无论价格还是运输便利，远较远道而来的美国页岩气来得合算；再加上能源地缘政治的考量，欧盟难以舍近就远。默克尔 5 月的莫斯科之行，目的之一显然意在大力推进"北溪-2"项目。

总体来看，欧洲与俄罗斯之间在经济能源领域的合作，如安全战略领域那样，既受制于欧洲安全力量的孱弱，又直接受到来自美国的巨大牵制。

其四，顾盼权衡中的危机处理。

2008 年以来在欧洲和俄罗斯之间的地域空间所发生的一系列冲突和危机，几乎可以发现一种明显的惯性：作为"战斗民族"

的俄罗斯坚决抵制西方意识形态和地缘政治的压力，美国出于维系霸权考量一再使用强权企图威逼俄罗斯就范，而欧洲则处于美俄两端之间，左右斡旋，力图在道义和强权之间维持均衡。虽然特朗普当政之后，不屑于眷顾跨大西洋关系，激起欧美关系的很大波动，但是，后冷战阶段的俄、美、欧三家各自定位基本上得以延续。

从当前的趋势来看，当美国在经济上企图以单边的贸易保护主义向欧洲施压，在政治和安全问题上加大对俄罗斯制裁力度的背景下，在叙利亚战场、乌克兰危机、伊朗核问题和一系列突发事件的危机处理过程中，欧洲与俄罗斯之间明显有了较前更宽广的交流与合作空间。

叙利亚战争七年艰难历程，虽还很难说已经见到了走出困境的曙光。但是马克龙尽管追随美国参与了对于叙利亚的新一轮空袭，但是，他又明确宣布已经不对阿萨德政权去留问题持有立场，显然这是在叙利亚问题上欧俄趋近的一大迹象。乌克兰危机历时七年的跌宕起伏，欧洲越来越表示出期待通过谈判，而非军事施压解决问题的立场；明斯克进程虽然还前景不明，但这是欧洲和俄罗斯自己来合作解决争端的平台，美国并不占有主导地位。伊朗核问题的演进趋势更加清晰地表明，包括英国在内的所有欧洲主要国家和俄罗斯持有接近的立场。因此，总的来看，特朗普治下的美国自动退出多边进程，确实给欧俄关系发展提供了一个难得的机遇。

第三节 影响俄欧关系的关键因素：
文明消长、认同与地缘政治

西方文明处于相对衰落、但远非终结的历史阶段，民族国家和后民族国家的不同认同，地缘政治因素重上前台——这是影响当下欧俄关系特征的重要背景。

（一）西方总体衰落所导致的俄欧关系曲折起落

当代欧俄关系之所以如此的曲折起落，不仅仅是任何单一领域的变故，也不仅仅是个别国家发展周期所致，看起来更像是一个历史长周期临近重大转折的征兆所示：晚近四五百年来一直是支持和推动西方文明，尤其是欧洲文明引领世界和创造奇迹的各种观念要素，却发生了前所未见的内在冲撞：自由迁徙变成了难以遏制的难民大潮；自由选举选出了民粹式领袖纷纷登台执政；自由贸易被视为洪水猛兽而欲置之于死地；自由言论被转化成网络空间上不光影响民意和选票、也被视为对民主制度具有巨大冲击力的怪物——网络信息大战。"西方的衰落"这一早先较多见诸非西方世界的话语，如今则成为风行于西方一流政治学家、历史学家之口的命题。犹如美国威滕伯格大学（Wittenberg University）教授于滨所言，与其说西方衰落，还不如说"西方的衰落"的认知广为传播所造成的杀伤力更加来得深刻。毫不夸张地说，当今的俄罗斯与欧洲关系所处的曲折起落，说明这一关系早已成为了"西方的衰落"这一命题的人质。

（二）俄欧关系背后的认同危机

在新一波的国际周期中，当年戈尔巴乔夫曾追求的从里斯本到乌拉尔的"大欧洲"梦想早已成为泡影；21世纪初普京一度希望努力实现的"回归欧洲"构想也杳无踪影。这一周期中，俄罗斯与欧洲之间的关系一直若即若离：直到2010年的俄罗斯瓦尔代论坛上，俄欧关系互相示爱尚未结束，当时还曾以"与欧洲结盟"作为论坛的冠名标题。但是，时隔一年后的瓦尔代论坛上，潮流翻转。"与欧洲结盟"的话题因其不合时宜成为笑柄，而反倒是"走向亚洲"成了当时论坛的主要议题。从俄罗斯的视角来看，为什么它所追求的旨在接近欧洲的战略目标是那么无情地一而再、再而三地被拒绝？而从欧洲的视角来看，为什么学习欧洲已有四百年历史的俄罗斯，始终难以像一个"正常国家"那样，加入欧洲大家庭的行列？

瓦尔代论坛的前主席谢尔盖·卡拉加诺夫、学术委员会主席费奥多尔·卢基扬诺夫都曾提出这样的假设：问题的根源在于，俄罗斯和欧洲的认知状态处于不同类型的历史阶段。对俄罗斯而言，苏联解体之后的当务之急，乃是加强包括主权、领土、边界在内的作为民族国家的基础性建构，以及引导俄罗斯作为一个民族国家身份重新走向复兴。而对于冷战终结之后绝大多数欧洲国家来说，超越民族国家藩篱，组建超国家的一体化区域组织，乃是冷战终结之后的欧洲的核心战略。通过欧洲一体化的构建，不光欧洲国家能够抱团对付来自外部的巨大挑战，尤其是能够实现"看住德国、留住美国、挡住俄国"这一有利于欧洲稳定与发展的结构状态。就这样两种认同的巨大差异而言，默克尔曾经讥笑普京"来自另一个世界"①。

　　道不同，则不相为谋。俄罗斯与欧洲政治认知的深刻差异，显然成为俄欧矛盾的重要背景。如果，俄欧上述两种观念仅仅是各自为政、各得其所而不相往来，似乎也并非不可能共存。但是，在苏联解体与冷战后流行观念支配之下，作为"胜利者"的欧美，无法遏制自己希望通过政治空间扩张实现意识形态抱负的奢望。随之而来的北约与欧盟的接连不断的东扩进程中，欧洲身不由己地站到了与作为"失败者"俄罗斯直接较量的第一线。直到国际金融危机已经来临之际，欧盟于 2009 年还固执地坚持推出"东部伙伴关系"计划，旨在把原苏联境内的乌克兰、格鲁吉亚、摩尔多瓦都逐步纳入欧盟东扩的框架之中。2013 年秋冬之交，乌克兰危机爆发的直接背景，就在于欧盟按此计划执意要把乌克兰纳入其中，而俄罗斯出于乌克兰东部地区与俄紧密联系的传统背景，则坚决地加以抵制，最终导致延绵七年的这场悲剧。当欧洲与美国一起推动"东扩"，策动"革命"，自以为得计之时，全球化大潮推动之下的新兴国家的群体崛起，已呈现出日益不可阻挡之势。俄罗斯作为既是老牌大国、又是新兴力量群体中的一员，励精图治，在各类挑战面前表现出强劲的战斗和动员能力。而与此形成鲜明对照的是，欧盟自身的弊端在 2008 年国际金融危机以来的困

---

① Фёдор Лукьянов，"ЕВРОПА БЕЗ АМЕРИКИ？"，*Russian in Global Affairs*，2018-05-16，https://globalaffairs.ru/articles/evropa-bez-ameriki/.

顿中暴露无遗。正是在这样的背景下，欧俄之间爱恨交加、情仇难断。

（三）重上前台的地缘政治

英国著名俄罗斯问题研究专家萨科瓦在他最近出版的新著《独立特行的俄罗斯》（*Russia against the Rest*）一书中，重新引用美国学者戴维·卡莱欧 15 年前曾提出过的欧洲、俄罗斯、美国从来就是互相独立的三个地缘政治主体的见解。在他看来，甚至东西方冷战对抗时期，这种一分为三的局面从来都是不争的事实。萨科瓦的这段引用，深刻地揭示出俄罗斯与欧洲地缘政治关系中的深层结构。

在这一地缘政治诠释的图景之下，可以进一步发现：其一，英国脱欧之后，欧盟的一体化进程虽遭重创，但法德努力探索合作，通过改革——特别是财政金融改革——推进欧盟一体化合作的可能依然存在。植根于欧洲大陆合作传统的主权国家联盟，还没有那么容易地被草根和民粹之风所击倒。马克龙在叙利亚化武问题上与美国的联合军事行动的鲜明态度，并没有改变他在伊朗核问题和多边贸易问题上对美国展开坚定游说的公开立场。而德国联合政府对于法德合作所展示的开放性态度，也使得人们提升了对欧盟合作前景的期待。其二，俄罗斯作为横跨欧亚的大国，不甘于被边缘化的命运，正在通过欧亚经济联盟等一系列机制和手段，维持周边地区的传统影响。叙利亚战争中俄罗斯的出色表现，体现出俄罗斯完全有能力不光捍卫一个原苏联时期的海外军事基地，而且，有能力在域外枢纽地带投射力量，以较小代价和有限目标，换取地缘政治影响。其三，特朗普上台之后，英美两国在一度疑虑之后重新紧密合作，率先联手连续制裁俄罗斯，离间俄罗斯与欧洲大陆国家之间的天然联系，海洋性地缘政治与大陆性地缘政治的互相对峙似乎又在重新浮现。国际变局之下的英美重新联手，表明了这分明就是重拾分化大陆地缘政治格局的海外玩家故技。

上述的欧洲大陆、俄罗斯、英美三方地缘政治立场和战略的不断清晰化，是相当长一个时期中的欧俄关系背后的一个很值得考量的方面。犹如普京在 2016 年瓦尔代论坛所言：地缘政治较量比以往的意识形态斗争还要来得深刻。看来，当代欧俄关系正在应验这一值得深思的判断。

第四节　俄欧关系：重塑前景还是遵循惯性？

首先，从欧洲视角来看，一方面，早在新冠肺炎疫情之前欧洲精英已经逐渐明确地意识到，美国已经不可能再像过去一样来维持和建设跨大西洋关系，这是一个关键的变数。因此，在加强自身凝聚力和寻求合理发展目标的前提下，尊重现实，重构与俄罗斯的相互关系已迫在眉睫。但是另一方面，依然有相当一部分的欧洲精英认为：俄罗斯的强劲立场缘于欧洲的软弱，因此只有稳固欧洲合作，强化美欧同盟，坚决遏制俄罗斯的扩张冲动，才能走出困境。这两种立场的较量还难见分晓。

　　无论如何，欧盟新的领导班子已经形成，欧洲议会选举也以维持相对稳健力量的影响力而告结束。欧洲主要国家，特别是德法两国有望维持国内稳定和实现稳妥过渡。包括英国脱欧过程，终于在 2020 年底双方同意签署协议，从而避免了无协议脱欧的令人担忧的局面。无论疫情前后、欧盟一体化进程受到多大打击，但这一进程不会中止，这已是一个明确的信息。所有这些说明，令欧盟风雨飘摇的内部动荡如能逐渐趋于稳定，就有可能成为推动欧洲与俄罗斯关系的理性发展的一个重要前提。相反，如若欧洲自身一直动荡不定，就难以与俄罗斯和谐相处。

　　未来有关伊朗核武器、多边贸易体制、《巴黎协定》等问题逐渐被推上前台，有助于俄罗斯与欧洲诸国之间有更多交流与形成更多共识。尽管在乌克兰问题上美国出售重型反击武器有着意在打击东部反对派和俄罗斯，以及离间欧俄的双重目的，但是来自各方对乌克兰问题的建设性建议还是在不断出现。包括叙利亚和平前景虽被推迟，但是，其总体趋势是政府军影响范围扩大、恐怖主义势力受到了严重打击、国内局势趋于稳定。虽然，牵制俄欧接近的因素始终存在，但就欧盟而言，进一步与俄罗斯展开合作对话的环境在缓慢地得以改善。

　　从俄罗斯的视角来看，普京在 2018 年总统大选中的高票当选，聚敛了人气。虽然，俄罗斯国内经济状况还远待改进，但是，这恰恰是俄欧合作的理由，而不是阻力。俄罗斯高官苏尔科夫有关"百年孤独"的文章，透露了俄罗斯精英的深层心态，表达出多年来与东西方交往而无法得到应有承认的悲凉之感。但是，这篇文章更多的还是意味着俄罗斯愿以自力更生，同时，还是争取与各方合作的态度走一条自己道路的信念。在卡拉加诺夫提出、也被普京所接受的"大欧亚伙伴关系"理念中，虽然主要侧重于面向周边和亚洲，但是，发展与欧洲关系，从来就是一个被寄予希望的重大选择。

在这样的总体背景下，人们还是有理由期待欧俄关系能够在未来的某一时刻——也许要在若干年之后——更新观念、转危为机，逐渐走出困境，至少达到合作强于纷争的状态。当然，毫无疑问的是，这将是一个相当艰难而充满变数的过程。

第五节　科尔图诺夫的预测

未来的俄罗斯与欧洲关系将会出现怎样的具体前景呢？虽然，对欧俄关系预测的文献不在少数，但是相形之下，俄罗斯国际事务理事会主任安德烈·科尔图诺夫教授最近提出以四种场景为基础的预测，较为全面地勾画了在 2018—2024 年这 6 年之中的未来事态发展的线索和路径，也较富创意地描画了多种取向的未来前景。这四种趋向虽然都不是实际的进程，却在过去和未来的内外事务的对接中，在不同外部环境和各自主观意志驱动下，存在着可以被转化成为现实的可能性。同时，未来欧俄关系很难会是这四种模式的纯粹搬演，而是会在四种模式提出的事态发展的机理之下的各种变异和转型。

科尔图诺夫教授提出的第一种预测是"无人主导的空间"，其内涵为：在今后6年当中，俄欧有可能都不准备对所面临挑战作出任何具有历史意义的回应。欧盟依然虚弱、涣散，各成员间互相矛盾，无力推进真正具有结构性意义的改革。欧盟最主要国家——德国将会更多聚焦于内部事务，而不是欧洲共同事务。俄罗斯将尽一切可能避免冒险，而把艰难的结构性改革推迟到2018—2024年这一政治周期的交替阶段。至于期待出现良好的能源行情、力求适应全球经济变化、优化进口替代政策和大部分居民支持继续实施社会政治稳定政策，这些目标，很可能会是整整下一个10年的俄罗斯的努力方向。在这样的条件下，推动欧俄合作的志趣受到限制，在较长时段内，会是俄欧这两家"各自短拙之处的互相平衡"。当然，俄罗斯希望软化来自欧洲的制裁，但2018年难有起色。因为，制裁——这还是推动欧盟政治统一的为数不多的象征。欧俄共同的邻居——乌克兰将会"遭殃"，甚至即使是顿巴斯获得暂时的停火，欧俄关系也没有多大的发展空间。欧盟方面没有多少资源可用来投入乌克兰的"马歇尔计划"，而乌克兰加入欧盟的计划几乎不可能实现。俄罗斯也是尽量与这位难以预测并怀有敌意的邻居保持距离。欧盟实际上还是不想在欧洲安全问题上发挥显著的影响。因为在这方面，还是美国发挥关键的作用。倒是在与中国合作这方面，欧洲和俄罗斯可以走得更近。

科尔图诺夫提出的第二种预测："新冷战：强大的欧洲 vs.惰性的俄罗斯。"这一预测包含着这样的场景，双边关系权重自然会偏向欧洲。前提是，欧盟领导人能够扭转欧盟分化的颓势；英国能够顺利完成与欧盟的谈判，并依然是欧盟良好的伙伴；先前的平民主义者和分裂主义者会遭受失败；欧洲政党政治体系能够有所起色；欧盟能从美国获得部分"战略自治"；欧盟经济将更富于创新和竞争力。而俄罗斯如果依然按照上述第一种情景演进，那么，欧洲将会采取"遏制"战略来对待俄罗斯，欧洲会加大与乌克兰、外高加索、中亚等地的合作，甚至会在叙利亚、伊朗乃至朝鲜半岛事务中进一步发挥影响。而俄罗斯居民处于欧洲边缘地带的心态就此会继续上升，欧洲在全球和地区事务中的上升和俄罗斯的衰退将不可避免。

科尔图诺夫提出的第三种可能前景："分裂的欧盟 vs.改革的俄罗斯。"在这一模拟前景下，欧盟依然处于优柔寡断、分裂涣散的局面。而俄罗斯改革则取得突破性进展：公共管理大幅改善；腐败降低；企业活跃，每年经济以 4%—5% 的幅度增长，在某些方面俄罗斯成为世界经济与科技创新的带头人。俄罗斯实力的恢复大大拓展了它在欧亚空间的影响、欧亚经济联盟得到巩固，并向欧洲地区扩展，乌克兰与俄罗斯的双边关系能得到稳定，欧洲对俄制裁得到减轻。同时，俄罗斯将稳步向东方转移，中俄间的不平衡发展将会逐渐缩小，"大欧亚"与"一带一路"框架下的合作会深化，中俄的发展对欧盟内部离心倾向的刺激会增大。俄罗斯在区域和全球事务中的力量上升。这时，平衡的权重倒向俄罗斯。俄罗斯的增长和欧盟的下滑将会同步发生。

科尔图诺夫所描绘的第四种场景是指："两个大欧洲的同时并存：稳固的欧盟 vs.改革的俄罗斯。"这一组预测指的是可能出现一个克服自身困难、增加了自信的稳固欧洲，同时面临着一个经过改革焕发了力量、雄心勃勃谋求发展的俄罗斯。实际上，这一情况在 21 世纪短暂的时间里，并非没有出现过。那就是在 21 世纪之初，获得了地缘空间急剧扩展的欧盟与在世界能源价格行情暴涨中获利的俄罗斯，曾迎头相撞。历史表明，这种情况并非不可能重演。但是，当下的欧盟经历了内外危机，已经没有了早年地缘空间和普适价值扩张时的志得意满，而俄罗斯历经打击，丧失了支持高速经济发展的能力。这种相同的境遇反而会推动这两家在经济领域的合作。因此，不能够撤销这样一种可能性：一个重新得到稳固的欧盟，和一个经过改革焕发活力的俄罗斯（与欧亚经济联盟成员一起），成为大欧洲相互联系和支撑的两根支柱。尽管，俄罗斯与欧盟之间有着诸种结构上的不均衡，但是，随着改革的推进，这种不均衡会逐渐缩小；俄罗斯会充满自信地承认一个强大而稳定的欧盟；而欧盟则会把欧亚经济联盟作为自己的天然的伙伴。到这个时候，乌克兰也会在欧洲两大巨人之间发挥真正的桥梁作用。当然，这一前景不会在 2024 年前到来，也许需要好几个十年的时间。无论进展快慢，欧盟和俄罗斯将不光在地区事务，而且会在全球事务中发挥重要影响。①

　　虽然，科尔图诺夫的预测带有大胆想象的成分，但是，四种预测的推演逻辑，并非毫无根据。关键问题之一，还是取决于欧俄关系实施的内外环境。一方面，美俄关系依然是一个左右欧俄关系走向的十分重要的因素。不太乐观的判断是，在以"对俄制裁案"为路标的美俄关系相当长一个阶段内难以有所恢复的情况之下，欧俄关系难有令人感到欣慰的推进。另一方面，犹如哈佛

---

① Андрей Кортунов. Россия и Европейский союз：четыре сценария на будущее. 18 января 2018. http://russiancouncil.ru/analytics-and-comments/analytics/rossiya-i-evropeyskiy-coyuz-chetyre-stsenariya-na-budushchee/.

大学教授、美国前副国务卿，但已是拜登团队中对欧、俄事务的关键角色的尼古拉斯·伯恩斯所指出：当"欧洲依然是美国在全世界最大的贸易伙伴、最大的投资者和最大的盟友群"的时候，"88%的德国人说，德国的首要防御伙伴应该是欧盟而不是美国"；"62%的德国人对美国持负面看法"。①显然，这样一种局面还会给俄罗斯与欧、美整个西方的关系产生非常复杂的影响。

① Nicholas Burns, "America is on the Brink of a Historic Break with Europe, Thanks to Trump", Dec.26, 2017, https://www.usatoday.com/story/opinion/2017/12/26/donald-trump-leading-america-brink-historic-break-europe-nicholas-burns-column/973290001/.

第十二章

特朗普参选以来的
中、美、俄三边互动

从 2016 年特朗普竞选美国总统开始,有关中、美、俄三方关系将发生戏剧性变动的预言,一直是国际舆论的时髦。这一预判不仅耸动视听,而且也的确在三方关系的实际进程中,得到一些呼应。多年来,在国际政治学界一直存在着一种所谓"基辛格三角"的说法,也即,对美国而言,寄希望于美国分别与中国、俄罗斯的这两对双边关系,都要好于中俄之间的相互关系,而不是相反。基辛格本人未必承认或同意这样一种说法。态度严肃的学者至少认为,与基辛格本人多年著述所表达的理念相比较,以上说法至少是有差别的。①但不可否认,按这样一种思路在运作中、美、俄三方关系的,的确大有人在。特朗普的出现,似乎给这些人带来了一个极大的机会。此后屡试不爽的战略图谋,目标就是一个:颠覆 20 世纪 70 年代初中美关系改善后的大国关系走向,联俄制华,以维护更为持久的美国霸权。

　　围绕着上述问题,中、美、俄三边关系是否已经出现了这样的戏剧性变化? 如果发生若干变化,其原因何在? 当代条件下,联手一方、而打压另一方的传统地缘政治套路能否如愿以偿? 究竟应该如何来经营中、美、俄三边关系? 换言之,从特朗普上台以来大国关系,特别是中、美、俄三边关系的戏剧性变化中,人们可以得到怎样的重要启示,以为借鉴?

---

　　①　傅莹:《对话基辛格》四篇,载《看世界》,中信出版集团 2018 年版,第 134—166 页。

第一节　高度不确定性挑战下的中、美、俄互动

大体上，可以分三个阶段来观察特朗普执政后的中、美、俄三方之间的复杂互动。第一阶段，从 2016 年美国大选开始到 2017 年底，这是美俄关系开始寻求再次"重启"，同时，中俄、中美关系仍有所推进的阶段。第二阶段，从 2017 年底到 2020 年初，美国将中、俄同时定位为最主要竞争对手，美国启动对华贸易战，俄罗斯深陷"通俄门"。这是一个美国对俄、对华关系两方面都严重恶化、美俄关系的缓转受美国国内局势深重牵制、而中国开始受到全面压制的时期。第三阶段，2020 年初春新冠肺炎疫情暴发，特朗普政权和美国的部分极端政治势力侧重于全方位地严厉打压中国；同时，特朗普所期待的美俄关系再次"重启"未成现实，依然处于历史低水平；而中俄关系在经受考验中稳步推进，在调整中显现强劲的定力。这是对这一关键时段中、美、俄三方互动轨迹的一个大体概述。

第一阶段：戏剧性的开端。

先从美俄关系和中美关系这两个侧面，来观察三边的互动。

一方面，2016 年美国大选中，令人颇感意外之一的是作为共

和党总统候选人的特朗普，在对欧洲和亚洲的传统盟友施加压力、要求他们更多地承担防务责任的同时，对于美国传统对手的俄罗斯则表现出了极大好感。早在竞选过程中，特朗普亲口声明，克里米亚本来就该是俄罗斯的领土。他反对以"谋杀罪"为理由来妖魔化俄罗斯，一度曾经否认俄罗斯在美国总统竞选期间对美国发动的网络战。特朗普对普京总统本人的治国能力几乎毫不掩饰地一再吐露出由衷的赞赏。

但是，另一方面，迁延时日的乌克兰危机、叙利亚战争的不时激化，乃至于拥有最大核武器库的美俄又出现层出不穷新式武器的军备竞赛，使冲突可能一触即发，而且，存在着酿成全局危机的风险。在这样背景之下，如果特朗普真正希望调整和改善对俄关系，这对于包括中国在内的整个世界来说，并非坏事。美俄间一旦冲突激化，容易酿成世界性、至少是地区性的危机。这不光使得包括中国在内的国家在具有复杂历史经纬的争端中受到影响，而且，其本身也会遭受大规模冲突的波及。

特朗普当选总统后，人们一度所预期的美俄关系的改善并没有出现。特别是2017年1月20日的美国总统就职典礼之后，先是特朗普亲自任命的国家安全事务特别顾问弗林在国内巨大政治争议之下被迫辞职，特朗普班子成员竞选期间与俄罗斯的私下交往成为敏感政治问题。然后，对俄罗斯在大选期间通过网络而"干扰大选"一事，美国建制派阵营、各主要情报部门谴责俄方的不妥协立场，迫使特朗普不得不予以让步。再后，总统战略问题特别顾问班农在压力下退出了国家安全部门领导成员会议。尤其是4月7日特朗普亲自下令，以叙利亚政府军使用化学武器为由，对叙利亚空军基地发射 59 枚导弹进行空袭，从而导致一度有可能出现的美俄合作态势，顿时改变。这不仅使得 2016 年大选后美俄间互相示好的合作氛围消失，而且，特朗普和普京两人就导弹袭击问题，直接发表针对对方的尖锐批评。美俄关系再次重回到冷战终结以来的"历史低点"。

再看三方互动的另一侧面——中美关系。

特朗普在竞选期间的对华政策一度要价颇高，不仅把中国称为"汇率操纵者"，大幅提高关税拟打压中国进口商品，甚至在极其敏感的"一个中国"政策立场上一度倒退。这使得中美关系蒙上了极大阴影。

从三方关系的结构形态上来看，似乎特朗普要逆转 20 世纪 70 年代以来中美合作的态势，至少在客观上，要使美俄关系的接近对中国形成压力。犹如多年来一直持"超现实主义"立场的美国学者米尔斯海默多年来的公开声明：实现美俄联手，遏制中国的崛起。[①]

然而，当时的一个鲜明反差在于，与美俄关系一度恶化的情况正相反，新一任总统就职之后，经过双方努力，中美关系却一度趋于逐渐地改善。无论在双边经贸问题，还是在地区安全问题上，特朗普本人和其执政团队在施压的同时，也逐渐地释放改善对华关系的迹象。中美关系所出现的一个热点，是 4 月初的元首峰会。

2017 年 4 月 6—7 日，中国国家主席习近平和美国总统特朗普

---

① 作为美国"超现实主义"国际政治理论的信奉者米尔斯海默，不仅自世纪初以来一直认为大国竞争的归宿是必有一战，而且在 2016 年索契瓦尔代论坛上公开提出美国联俄制华的主张。

在佛罗里达州海湖庄园会见的前后，中、美、俄之间的三边互动成了全世界舆论关注的焦点。4月7日，海湖庄园中美元首的首次会见之际，一个出人意料的细节是，特朗普总统临时突然地告知习近平主席关于美国刚刚对叙利亚进行空中打击的消息。本来，习近平主席远道前往这次非同寻常的会晤，是通过政治领导人之间的个人交往，深化沟通，为解决中美双边、地区和全球问题提供良好基础，然而，特朗普的这一举动，显然又为这次举世关注的会见带来耐人寻味的戏剧性影响。

在叙利亚战场发生扑朔迷离的"化武案"背景下，中国坚决反对使用化学武器，支持联合国机构对此进行独立、全面的调查，主张以确凿证据为据，寻求经得起检验的结论的稳健主张，受到各方首肯。中国对安理会当时有关叙利亚提案所投下的弃权票，缓和了剑拔弩张的国际气氛。中国与俄罗斯保持密切协调和沟通，为维护叙利亚主权领土统一，推动叙利亚问题的和平、稳妥和公正解决，提供了必要的政治空间。

包括在令人关切的朝鲜半岛问题上，2017年2月，中俄公布了关于朝鲜核问题的"三阶段"政策主张，双方坚持推动美朝间和相关六方间的两种谈判进程，坚持朝鲜停止核试验和美韩也同步停止军事演习，坚持以和平方式解决半岛事务。在半岛敏感形势一触即发背景下，中方协同各方，为以理性和稳妥方式解决朝鲜半岛冲突留下空间。总之，无论是试探，还是施压，并没有改变中俄关系的既定方向。

此外，美俄双方努力寻求改善关系的契机，又受到美国国内建制派阵营的全力阻止。2017年7月在举世关注的德国汉堡二十国集团峰会上，特朗普和普京以非常规方式、引人注目地举行了闭门会晤。这一非同寻常的会见，成为美国国内进一步推动对特朗普不信任案的重要由头。

总之，这是一个美俄寻求"重启"，而中俄、中美关系在起伏中依然继续推进的阶段。

第二阶段：美国对中、俄的同时出手。

2017 年 12 月，特朗普政府发表上台以来第一份《国家安全战略报告》，将中国和俄罗斯定位为美国的对手国家（rival powers）。①2018 年初的总统国情咨文同时将中俄称为"挑战我们的利益、我们的经济和我们的价值观"的"对手"。②如此气氛下开始的2018 年，是中、俄、美三方关系演变进程中第一个具有特殊意义的年份：这是普京第四任总统任期的第一年，也是中共十九大召开后谋篇布局的第一年。同时，这还是美国官方把中俄确定为主要竞争对手，并把中国置于俄罗斯之前的这一定位后的第一年。自 90 年代中期中俄间战略伙伴关系建立，而中美关系自 70 年代初后大体上一直以"非敌非友"的定位发展以来，这还是中国第一次面临比较具有实质性含义的重大战略变化。

从美俄关系的发展来看，这一阶段有两条重要线索。其一，是围绕对俄制裁和而后"乌克兰门"的对特朗普本人弹劾案，美国国内政治斗争进入白热化状态。其二，是特朗普为改善对俄关系做出一连串努力，力图实现以俄制华的战略目标。这内外两个

---

①② The White House, "National Security Strategy of the United States of America", 2017, 2017-12-18. https://www. whitehouse. gov/wp-content /uploads /2017/12/NSS-Final-12-18-2017-0905.pdf.

进程紧密交织、相互博弈，尽显美国国内政治与大国关系之间的扑朔迷离的相互关系。在这两年多的过程中，颇有几处非常值得回味的历史性场景。

首先，关于特朗普与俄罗斯外长拉夫罗夫的会见。2017 年 5 月的特朗普首次会晤拉夫罗夫，正好就发生在因对俄制裁案，特朗普刚刚解雇联邦调查局局长科米之时。而 2019 年 12 月 10 日，时隔两年半之后特朗普与拉夫罗夫的第二次会见，也选择了一个戏剧性时刻——众议院民主党人就在这一天宣布了因"乌克兰门"而弹劾特朗普的条款。可见内政与外交之间的紧密纠缠。无论是对俄制裁案，还是对特朗普总统本人的弹劾案，最终都以特朗普被判定无罪，并由参议院投票通过否决对特朗普弹劾案而告终。这一关键事件的结果，宣告围绕着俄罗斯与乌克兰问题而打压对手的美国国内政治角逐告一段落，以特朗普胜出而结束。这一结果看似为特朗普推进对俄关系提供了国内政治支持，但实际进程依然扑朔迷离。

特朗普与普京本人的几次会见，透露出重重障碍下双边进程的戏剧性效应。2018 年 7 月 16 日，普京与特朗普在赫尔辛基首次正式会晤。时隔一个月不到，令国际舆论唏嘘不已的是，双方称本次会晤极其成功的热情洋溢的氛围还未消散，特朗普马上签署因俄特工中毒案而实施的第二轮制裁令。这说明美国国内形势依然对特朗普有着巨大牵制。但是，2018 年 11 月与 12 月在巴黎举行第一次世界大战结束百年纪念活动庆典上，特朗普与普京几乎是冲破东道主故意阻隔而进行了交谈；稍后的 12 月 1 日，两人在阿根廷二十国集团峰会上的简短交谈之后不到三周，特朗普突然宣布美军撤出叙利亚。这与一年半以前特朗普同样突然对叙利亚发起空袭与出兵的部署相比较，无论美方的主观动机如何，这次是给俄罗斯一个极大的利好消息。几周以后，俄罗斯《观点报》网站发表了题为《特朗普政策符合俄罗斯国家利益》的文章，认为："12 月 19 日，特朗普又完成了自己的一项承诺——宣布美军撤离叙利亚，……他扩大了自己本来就不错的连任机会。……尽管重新进行力量部署……他可能失败，但他目前的所作所为，完全符合俄罗斯的国家利益。"①

与美俄关系的戏剧性变化相比，中美关系开始经历一个更为复杂激烈而跌宕起伏的大国较量的时期。

2018 年 3 月 23 日特朗普宣布，将对从中国进口的 600 亿美元商品加征关税，并限制中国企业对美投资并购。一直要到 2020 年 1 月 16 日中美贸易第一阶段协议的签订，标志着中美两国经历将近两年十多个回合激荡起伏的争议与谈判，终于使得有史以来最大规模的中美双边贸易争端，有了一个阶段性结果。毫无疑问，协议的签订不过是一个阶段性的和解。中美两国的经济关系从此开始一个前所未有的艰难复杂的博弈过程。

也正是在中美贸易争端交锋最为激烈的时刻，美国要求加拿大将于 2018 年 12 月 1 日晚在加拿大逮捕的华为副总裁引渡到美国。美国全面打压中国骨干企业的活剧由此全面拉开序幕。

对于中美关系的急剧变化，国际舆论还有着不同评价。来自美国国防部负责政策事务的副部长约翰·鲁德（John Rood）的评

---

① Взгляд. Политика Трампа полностью отвечает национальным интересам России. 2018.12.21. https://yandex.ru/turbo/vz.ru/s/politics/2018/12/21/956628.html.

论认为："虽然中国是美国的长期战略挑战，但鉴于俄罗斯掌握的致命核武器库及其在全球各地对美国采取的动作，俄罗斯才是近期的更大威胁。"英国皇家国际事务研究所（the Royal Institute of International Affairs）所长罗宾·尼布利特（Robin Niblett）也明确表示："我不认为美国把中国看作是其国际安全上最直接的威胁。而且，中国也不可能在亚太地区替代美国，中国现在可能也不希望美国退出。"①但是长期驻北京的老资格俄罗斯记者斯科瑟列夫在《独立报》著文认为：虽然美国战略重点转向并不意味着俄美关系将有所改善，但"中国已成为美国的主要对手"②。华盛顿战略与国际问题研究中心中国问题专家葛来仪（Bonnie S. Glaser）称："我认为本届政府一致认为中国是竞争对手，因此美国的努力其实聚焦的是我们如何拥有相对于中国而言更有效的竞争战略。"③

而这一阶段的中俄关系同样引人注目：一方面，中俄间依然大张旗鼓地展示军事战略合作的决心。2018 年 8 月至 9 月，中俄之间规模最大的联合军演"东方-2018"，及上海合作组织成立以来新型作战力量运用最多的"和平使命军事演习"震撼了世界舆论；另一方面，面临变局的俄罗斯朝野，十分明确地表示，不会

① 姚锦洋：《世界能否走出新型安全治理之路》，鲁德与尼布利特在 2018 年 8 月由清华大学主办、中国人民外交学会协办的第七届世界和平论坛的国际安全与共同规则分论坛上的发言，原文载《参考消息》2018 年 8 月 21 日第 11 版。
② Владимир Скосырев. Основным противником США стал Китай. 2018-08-20. https://www.ng.ru/world/2018-08-19/1_7291_china.html.
③ David Nakamura，"After Detente with North Korea：Trump Increasingly Takes Aim at a New Foe—China"，2018-08-19，https://www.washingtonpost.com/politics/after-detente-with-north-korea-trump-increasingly-takes-aim-at-a-new-foe- china/2018/08/18/077ca942-a2ef-11e8-83d2-70203b8d7b44_story.html.

容许美国打俄罗斯牌对付中国。著名战略家卡拉加诺夫提出了关于中俄合作的新主张：两国应该成为欧亚轴心，推动全方位合作。知名评论家阿科波夫著文认为："普京不会放弃与中国接近，也不会抛却构建后美国世界秩序的共同路线。"2019 年 6 月，中俄两国元首发表重要的联合声明，强调中俄关系发展具有强劲的内生动力，重申发展双边关系的坚定决心，并宣布了在一系列重要领域继续推进合作的部署。①

　　对于这一阶段微妙而深刻的变化来说，到底哪些台前台后的关键因素在推动呢？值得加以关注。其一，2017 年底美国宣布中俄为"对手国家"这一刻的前后，国际舆论正在经历重要的变化。按照格雷厄姆·艾利森的说法："整个美国为中国崛起的强劲势头而感到震惊。"②其二，2018 年美国政治高层的一连串人事变化，特别是担任国家安全事务顾问的退役将军赫伯特·麦克马斯特（Herbert McMaster）、颇具威望的国防部长马蒂斯、阅历广泛的国务卿蒂勒森、国家经济委员会主席加里·科恩（Gary Cohn）在2018 年底前后的先后辞职，意味着能够在政府内部对特朗普施加重要影响的所谓"成人轴心"的消失，也意味着一批更激进的政治势力已经替代了这批老任重臣。这预示着一个更不确定的国际与国内政治前景。其三，无论对于中、美、俄相互关系有多少不同的看法，关键问题在于，特朗普本人对于中、美、俄三方关系

---

　　①　《中华人民共和国和俄罗斯联邦关于发展新时代全面战略协作伙伴关系的联合声明》，2019-06-06，https://www.gov.cn/xinwen/2019-06/06/content_5397865.htm。
　　②　2019 年 12 月 8—11 日清华大学战略与安全研究中心：《中俄战略合作研讨会》，引自傅莹的开场发言。

的态度有了新的表达。值得注意的是 2018 年 8 月 18 日特朗普本人
的一条推文："那帮只知道盯着俄罗斯的傻瓜，应该也看看别的方
向，中国。"①

2017 年末至 2020 年初的中、美、俄三方关系的变化，并非仅
仅是由偶然性变化所造成，而是有着上述复杂多样、但依然脉络
可寻的各种主客观动因所推动的一个前所未见的急剧变化的过程。

第三阶段：中美关系滑坡与美俄关系的难以"重启"。

2020 年初到 2020 年 11 月 3 日美国大选投票日的到来，中、
美、俄三方关系又进入了一个新阶段。这一阶段的中、美、俄三
方关系既是前两个阶段的自然延续，又表现出自己的特征。

其一，2020 年 3 月以后，中美关系的急速下滑，俄美关系有
所调整但仍难以全面重启，乃是这一阶段的基本面。

面对突如其来的疫情而施政不力的特朗普政府，在经济下滑、
国内形势动荡及大选形势不利的局面下，急于甩锅，嫁祸于人，
把中国作为转嫁矛盾的主要打击对象，发动了一场包含贸易战、
技术封锁、国家形象抹黑、拉帮结派地推行军事与战略恐吓、趁
《香港特别行政区维护国家安全法》颁行之际蛮横实施制裁，甚至
意在挑起文明和种族冲突的全面攻击。虽然，作为中美双方交往
唯一纽带的第一阶段中美贸易协定尚在维持，但是双边关系面临
着全面倒退的严重威胁。

其二，就美俄关系而言，在弹劾案终结之后，以特朗普与普
京两位国家元首在疫情期间的多次电话沟通为标志，美俄关系的

---

① David Nakamura, "After Detente with North Korea, Trump Increasingly Takes
Aim at a New Foe — China".

调整出现转机。作为美俄战略核武器领域唯一的现存重要协议，眼看就要在 2021 年到期，终于在艰苦努力之后重开谈判。虽然，未能达成关于该协议延期的任何正式决定，但是，仍存机会。特朗普一再邀请普京回到七国集团峰会的建议，及美俄在疫苗领域开展合作，这对缓转两国剑拔弩张的气氛有所作用。然而，无论在乌克兰危机等一系列地区冲突问题，还是北约东扩、反导系统对峙、新型武器装备竞赛等重大战略问题上，一无进展。难怪俄罗斯资深学者科尔图诺夫认为：美国大选结果对俄罗斯没有多大意义，只有获得国内广泛稳定支持的"强总统"，而不是像特朗普和拜登这样的"弱总统"，才能带来希望，而尤其值得注意的是，美国精英阶层的反俄情绪依然十分稳定。①

其三，中俄合作尽管经受着各种挑战与压力，但依然坚定不移地向前推进。面临美国单边霸凌政策，中俄之间加强协调，互相策应。对于美国在疫情问题上的无端甩锅、肆意打压中国企业，或拿香港问题围堵中国，都能够在第一时间听到俄罗斯官方，特别是普京总统、外长拉夫罗夫本人，以及朝野知名人士对美国无理表现的严正而及时的公开批评。同时 2020 年虽然疫情泛滥，但俄罗斯国际政治领域的专家们依然提供了一系列重要的研究报告。2020 年早春，以卡拉加诺夫为首的高等经济大学团队所写的《俄罗斯外交政策的新思想》、瓦尔代专家的瓦尔代论坛 2020 年度报告等一批文献，批评美国的单边主义霸权政策，警告当代国际政治的无序状态，提倡重新发挥联合国的重要作用，表明了俄罗斯

---

① РСМД. Андрей Кортунов. Президент Джо Байден и Россия. 2020-06-20. https://russiancouncil.ru/analytics-and-comments/analytics/prezident-dzho-bayden-i-rossiya.

对华合作优先，同时无意在中美对抗中选边的重要立场。正当美国竭尽全力打压华为、Tik Tok 等企业的背景下，2020 年 8 月 22 日俄外长拉夫罗夫宣布，俄罗斯将与华为就 5G 展开技术合作。

中、美、俄三方关系的戏剧性变化还在继续，三方关系的阶段性特征的演变还会层出不穷。但贯穿整个过程的，还是在其中引领全局的如下的若干问题。

第二节　当今中、美、俄三边关系的主要问题

关于"中、美、俄三方关系"这个提法，实际上，学界一直存有争议。首先，当下的中、美、俄三方关系，是不是就是冷战时期的中美苏三角对抗？笔者认为大不相同。无论是主观意愿、还是客观的环境结构都有了根本性的变化。这也可能是为什么大家比较倾向于使用"三边关系"或"三方关系"，而不是更多带有战略对抗性含义的"三角关系"的原因。关键问题，就是希望有所区别。其次，中、美、俄三方关系是否具有一些通常国际关系中流行的具体表现形式呢？比如，有"三边官方论坛"吗？有三方独具的经贸关系吗？有互相制约的专有国际协定吗？没有。但是，无可否认的事实是，中、美、俄三方既相当微妙、同时也引人关注地在发生相互作用。无论中、美、俄之间的互动是那么若即若离、时深时浅、有厌有喜，但都对当下和今后国际大局产生着深刻影响。"三边关系"或"三方关系"，实际上是国际史上的

一个相当基本的范畴。任何双边或多边关系的背后，都还有着作为"第三者"的一国或数国的影子。由此，谈三个相关的问题。

第一个问题，中、美、俄三边关系是否会重回冷战、抑或"新冷战"？

20世纪的冷战有特定的三大要素。

意识形态高度对立，是冷战的一大特点。但是，这是不是能被后人仿效的国际模式呢？至少可以从两个方面来加以观察。其一，苏联体制无论优劣，是否就是"标准的社会主义"？换言之，尽管冷战期间充斥着意识形态的竞争，但是不是资本主义与真正体现马克思主义精神实质的社会主义的这两种意识形态之间的竞争呢？在笔者看来，冷战期间西方所面对的，只是在特定历史条件下产生的，从列宁、斯大林时期延续下来但又发生很大变形的制度模式。至少从今天的眼光来看，特别是到60年代之后的苏联模式，是否还是人们所普遍追求的社会制度模式呢？回答应该是大有疑问的。其二，美欧所代表的资本主义模式是否就是可以不问条件、到处搬用的终极目标呢？同样不是。所以，意识形态对抗，在当年就是一个被大大夸张而又简单化了的用于划分阵营的观念模式。今天人们更难接受继续沿用这样简单划线的意识形态，来形塑当今已经大大变化了的国际现实。

两极化的军事政治集团，组成联盟，画地为牢，这是冷战的另一特点。比如，当年的华约、北约。不光政治、经济、军事、意识形态必须保持高度一致，而且"非我族类""党同伐异"。但是，今天国际社会的结构已经发生了很大的变异。尽管有人认为，当今世界在各项实力指标都遥遥领先的中美两大强国的对抗，使得国际社会呈现两极对峙的状态。但是，笔者认为，当今世界更多地处于多极化—多样化—多元化的状态。也即，多个而不只是两个力量中心，多种多样的社会生活方式，多种文明形态为背景的国家政治建构。这才是更接近于实际的世界图景，而并不仅仅是所谓"中美两极对抗"。比如，俄罗斯的军事实力，特别是战略武器的数量和质量不光在中国之上，甚至在一些领域还胜于美国。再比如，作为一个政治经济共同体的欧盟，虽经历着"脱欧"的挑战，但无论如何都是在政治、经济，包括文化传统上具有全球影响力的越来越独立的一方。这里，还没有更多涉及犹如东盟、印度、日本等富有特色、雄踞各方的多个力量中心。即使北约存在，也早已没有了当年美国可以号令天下的那种力量结构与合法性。尽管中美对峙是当今国际格局的突出特点，但中美这一对矛盾并不能替代或涵盖总体的多极化—多样化—多元化的国际社会结构。

以核恐怖平衡为特征的全球战略对抗，是冷战格局的第三特点。当年情境之骇人听闻，古巴导弹危机可为其一例。1962 年 10 月下旬，白宫接到中央情报局报告称，苏联已经连续几个月暗中在古巴部署一批导弹，美国各大城市早已在导弹射程之内，毁灭性大战一触即发。这 13 天的危机虽然最后以互相妥协而告终，尔后，1986 年切尔诺贝利核电站的爆炸，又让世人领教了一场核威胁随时可能降临于世的活剧。从古巴导弹危机到切尔诺贝利事件给世人留下的教训是，如果核战争发生，带来的将是全人类的毁灭。冷战期间同样不该忘却的是，中苏两大国曾经经历的从 60 年代初紧密结盟，到 1969 年迅速滑向珍宝岛战争。当时中苏边境陈兵百万，且以战略核武器为后盾，一旦酿成大战，将会何等惨烈。更遑论中国的改革开放进程，将不知会被推迟多少年。

2020 年新冠肺炎疫情暴发、中美关系急剧下滑的形势下，中国稳健应对美国霸凌与挑衅的基本立场，彰显今日大国关系与冷战时期美苏对抗有着重要区别。习近平主席重申当今时代特征依然是"和平与发展"，中方一再表示不随美国节拍表现出中国维护世界和平、保障自己的和平发展权益的坚定决心。同时，在当今世界依然还是"多极化"阶段，中国依然还是发展中国家定位的前提下，若重新回到美苏超级大国式的冷战对抗，有悖于时代发展的要求，也不符合国际力量结构的基本特点。值得关注的是，来自俄方一系列权威智库的最新文献，很多都提出：当今流行的"新两极化"观点论据不足；①同时，将"避免世界重新两极化"列为各方应该努力的方向。②

上述分析旨在强调："新冷战"之所以不得人心，是由于一系列基本的主客观条件已经发生了根本变化。但是，这不等于说，引发当年冷战的所有因素都已经完全消失。人们也不能对较大规模的对抗性国际冲突视而不见。

在冷战爆发之前 100 多年，法国历史学家托克维尔于 1835 年就曾预言：当其他国家受到限制或者无所作为之时，唯有美俄两家，一个自东向西，一个自西向东，迅速扩张。两个版图急剧拓展而"似受天意密令指派"的新兴大国，总有一天会成为各占一

---

① РСМД. Алексей Громыко. Об иллюзиях новой биполярности. 2020-5-5. https://russiancouncil.ru/analytics-and-comments/analytics/ob-illyuziyakh-novoy-bipolyarnosti/.

② Иван Тимофеев. Олег Барабанов. и т. д. Не одичать в «осыпающемся мире». 2020-05-14. https://ru. valdaiclub. com/a/reports/ne-odichat-v-osypayushchemsya-mire/.

半世界的两大霸主。从托克维尔这一段极具远见的叙述中，可以体察到美苏在 20 世纪中叶之所以称霸，还有着若干特殊历史条件。第一，不光要有实力和抱负，还要有扩张的可能空间与时代条件。经过第二次世界大战考验所造就的美苏两家相对接近的综合实力和对各自阵营的掌控能力，是全球化的条件下大大被分散化了的权力结构完全不能比拟的。第二，处于"高山之巅"的美国，和自诩"第三罗马"的俄国（苏联），异曲同工但都有高度的救世情怀，一神教与帝国传统的相互交织大大促成了后来对抗性意识形态的格局。第三，除了意识形态之外，作为海洋性地缘政治代表的美国，和作为大陆性地缘政治大国的俄国（苏联），前者所独具的空间阻隔性与后者所拥有的空间连续性，形成鲜明反差，成为深刻影响美苏争霸的自然地理动因。第四，20 世纪中期，美苏首先拥有了当时世界上还无人拥有的核武库——无论是核威慑还是核恐怖平衡——这一独特的技术与武器因素又极大地推动美苏争霸的全球对抗。

今天，早已不像托克维尔所言，仅仅是俄罗斯抑或是美国对争霸情有独钟，也并不仅仅是意识形态或者地缘政治等单一因素促成了大国间对抗。冷战乃长时间内形成的上述多种因素相互聚合而形成的复杂历史格局，确是一种前无古人、后难有相似来者的历史模式。所以，历史确实难以简单重复这样的故事。这并不是说，人们可以对突发性冲突所造成的重大危机高枕无忧。第一次世界大战，就是在人们毫无准备的情况下突然发生的。但是，毕竟和平与发展依然是时代的基本诉求，多极化的力量格局的客观趋势、新兴国家群体崛起、信息技术突飞猛进下的军事技术条件的根本性改观，包括人们观念形态的巨大变化，使得未来的国际冲突很难再复制 20 世纪的冷战局面。

第二个问题："基辛格三角"会发生逆转吗？

从 2016 年特朗普参选开始就一直存在的所谓"基辛格三角"将被重新逆转，也即所谓美国将"联俄制华"的预言并没有成为现实。这是有一系列原因的。

首先，普京远不是特朗普能随意摆布的棋子。中美俄关系的变化，首先与普京内政外交的转型有着密切关系。而在俄罗斯所发生的这一深刻转型，并不容许做出重新向美国一边倒的选择。

普京是以自由派身份进入政坛的。从 20 世纪 80 年代到 21 世纪的最初几年，中俄不同程度上强调学习西方、合作西方。但是，像普京那样亲身经历 20 世纪 90 年代俄罗斯的艰难转型，又亲自深入考察比较中俄发展模式的大国政治家的确不可多得。普京在 2000 年执政后，在不放弃与西方合作前提下，"转向东方"，这是一个非常合乎逻辑、完全可以理解的过程。

普京执政后的 2001—2002 年，曾多次试探能否有条件地加入北约，无果。相反，北约、欧盟此后接连大规模东扩。普京多次说过，2002 年美国单边退出《限制反弹道导弹系统条约》，这是 21 世纪后美俄关系恶化的源头。2003 年普京开始加强联邦中央权力，抓捕了掌控国家能源命脉，而又准备在政治上施展身手的最大私营企业家霍多尔科夫斯基。这被西方视为对自由化、民主和市场经济体制的倒退。此后，除了高级幕僚苏尔科夫所提出的"主权民主论"（普京本人对此有所保留），普京并没有站在自主性立场上作过多的辩解。在此过程中，出现了 2003—2005 年俄罗斯周边地区的一系列"颜色革命"。2008 年春，美国企图将格鲁吉亚和乌克兰拉入北约，此乃格鲁吉亚战争爆发的深层原因。从 2013 年底乌克兰危机发生至今，乌克兰加入欧盟或北约的要求，一直是悬在俄罗斯头上的"达摩克利斯之剑"。早先，欧美还用对付伊朗作为部署反导系统的掩饰；晚近美国对于在波兰和罗马尼亚的反导部署，则几乎不加掩饰、毫不含糊地坚决加以推进。2018 年底，特朗普公开表示准备退出《中导条约》。美国国家安全事务顾问博尔顿访俄时，称此举不是针对俄罗斯，而是针对中国。但更多分析表明，美国还是更多地希望通过在俄罗斯周边部署中短程导弹，特别用于防卫"新欧洲"国家，以应对俄罗斯的强有力威慑。在 2007 年慕尼黑安全政策会议上普京发表公开而尖锐地批评西方讲话 10 多年之后，俄罗斯专家们告诉我："看来，还是普京的警告富有远见。"

总之，意识形态转换后的俄罗斯，并没能避免来自西方地缘政治的无情挤压。正因此，普京在 2017 年瓦尔代论坛讲演中曾这样坦率地表示："我们对西方最主要的错误是，我们太相信美国；而美国的错误是把这视为弱点并滥用信任。"①

其次，普京基于亲身体验形成难以撼动的对中俄关系的深刻认知。

中俄战略伙伴关系在 20 世纪末以来的发展并非偶然。其中包

---

① 这是笔者当场聆听的普京 2017 年 10 月 19 日在俄罗斯瓦尔代论坛的讲演，载《俄罗斯报》2017 年 10 月 19 日。Российская газета. Видео：Владимир Путин выступает на сессии дискуссионного клуба "Валдай". 2017-10-19. https://rg.ru/2017/10/19/video-vladimir-putin-vystupaet-na-valdajskom-forume.html.

括了普京本人对于中俄关系的深入观察与考量。1989 年中苏关系恢复，首先来自双方对冷战期间交恶的历史所进行的相当深刻的反思。睦邻友好、合作发展、确保安全的愿望，促成了 90 年代中期中俄战略伙伴关系建立。当时双方确认互不对抗，互不以意识形态立场处理双边关系。尤其值得一提的是，经过了 40 年的协商，中俄在 21 世纪初彻底解决了边界问题，使两国从此能专心于国内建设。2001 年上海合作组织的建立，为中俄在周边地区的合作提供了坚实的基础。笔者当时参加过不少国际会议，西方专家对中俄关系的稳定发展，都还曾给予相当不错的正面评价。

值得特别说明的是，普京本人在中俄关系发展进程中发挥了十分重要的作用。笔者有幸多次参与普京总统亲自发起组织的瓦尔代论坛，听到他本人对于发展中俄关系的看法。2006 年笔者第一次在瓦尔代论坛见到普京时，询问他对于上海合作组织前景的看法，普京却故意稍稍离开这个话题，大谈他对于中国发展的看法。他说："我要向大家透露一个秘密。90 年代在我担任圣彼得堡市副市长时，我分管外经贸。当时我每两年一次访问姐妹城市——上海。每隔两年，我乘坐飞机在上海降落时，总要为这个城市在两年中所发生的惊人变化而感到震撼。当时的世界上，有哪个城市能有这样高速的发展。"这大概是普京第一次公开透露他对中国发展的个人印象。然后，普京提到中俄已经彻底地解决相互间的领土边界问题，他说："既然连这样的问题我们都能够解决，那么，我们还有什么问题不能够解决和面对呢？"

在次年的瓦尔代论坛上，当日本专家跨田茂树向普京询问他对正在出现转机的日俄关系的看法。普京回答道："让我们回想一下著名的 1956 年的宣言吧。这可不是我们俄罗斯，而是苏联签署的《日苏联合宣言》，那时商定了一些原则，在这些原则基础上可以签订和平条约。……我们对此十分珍视，不过正像我多次说过的那样，我们更想扫除所有的障碍。这不是一个简单的问题，现在我们不想争论。双方总是各执一词，永远不会有结果。"①根据笔者的记录，就在这段表达之后，还有一段没有被载入正式会议文本的普京发言。他说道："请看看我们与中国伙伴之间是怎么处理领土问题的。我们整整谈了四十年。最后，我们彻底地解决了我们所有的领土边界问题。为什么我们与日本朋友就不能达成这样的协议呢？"普京多次说过，正是因为中俄两国彻底地解决了相互间的领土边界问题，才可以放手专注于国内的经济建设。根据多年来在瓦尔代论坛所获的一个深刻印象，笔者认为，普京高度重视解决双边领土边界问题的这一前提，对于之后整个中俄战略伙伴关系的发展具有重大意义。

换言之，普京本人对于中俄关系的理解，是来自他所亲身经历的一个又一个重大问题的妥善解决所提供的两国关系的广阔前景。这样的认知和信念不是任何挑拨离间所能轻易动摇的。

第三，中美俄关系格局是世纪之交以来国际进程所客观铸就，难以轻易逆转。如果回顾一下，世纪之交以来中美俄三方格局的形成和演进，可以发现，这是在一次又一次共同经历的危机之中，形成了中俄战略伙伴关系自身的禀赋；也是通过一次又一次联合反霸的行动，形成了中俄对于美国的相互接近的认知和立场。

---

① 《普京文集（2002—2008）》，张树华等译，中国社会科学出版社 2008 年版，第 560—561 页。

1999 年发生的科索沃危机，对俄罗斯来说，是美俄关系从冷战终结和解后急转直下的第一个重大转折点，刻骨铭心。而对于中国来说，则有在这场危机期间中国驻南联盟大使馆被美国导弹轰炸的切肤之痛。同期相似的压力拉近了中俄的距离。2003 年的伊拉克战争，中俄联手反对美国不经联合国安理会授权，以单边主义发动伊拉克战争。同一年，曾经将冷战结束视为"历史的终结"的美国学者福山，也认识到 90 年代前社会主义国家转型的艰难，于 2003 年提出了加强国家建构是保证成功转型的关键的重要观点。①事实上，福山的观点只不过是印证了当时正同步推进的中俄加强国家建构的实践而已。2008 年 8 月 8 日晚，一方面是北京奥运会开幕式震撼了世界舆论。而恰恰在同一天当晚，格鲁吉亚总统萨卡什维利连美国大使的劝阻都不听，首先向境内俄罗斯军事基地发动进攻，导致格鲁吉亚危机的爆发。虽然，这两件事毫不相干，但美国新保守主义者罗伯特·卡根当即就发表了一篇评论，称这两件事的同时发生，表明"中俄威权主义轴心已经形成"。中俄两国当时同时承受的这一贬斥，只不过是而后更疯狂的抹黑中俄的一个阶段性标志而已。2014 年以后，本身毫不相干的乌克兰事件与南海冲突这两件事，被美国高官描绘成中俄的"联手行动"，一直到 2017 年底，美国国家安全事务报告把中俄同时列为美国的"对手"。相当程度上，正是在美国一再打压、又是在美国人为将中俄同时列为"对手"的推动之下，中俄战略伙伴关系才一步一步自然而然地发展而形成。

---

① ［美］弗朗西斯·福山：《国家建构：21 世纪的国家治理与世界秩序》，黄胜强等译，中国社会科学出版社 2007 年版，第 5 页。

综上所言，世纪之交以来中美俄三方关系现有格局，不光来自国际实践中的一个个重要事件的自然积累，来自像普京这样的政治家的深入体察与考量，而且，也来自像基辛格、布热津斯基等老一辈战略家有关避免冲突、加强合作的告诫。因此，当笔者在 2016 年瓦尔代论坛上向普京问道，什么才是他所期待的中美俄三方关系时，普京答道："中美俄三方关系应该是互相尊重、互利互惠的相互关系。"①普京的阐述，应该是"基辛格三角"还难以被逆转的一个理性务实的回答。

第三个问题，中、美、俄三方关系的未来态势。

中、美、俄三国是当代综合实力相对最强大的三个大国，也是能独立自主地决定内外事务的三个大国。因此，中、美、俄这三国关系的亲疏远近、潮起潮落是当代国际政治的风向标，也深刻地体现了国际力量对比变化和未来国际发展的基本走向。事实证明，若通过及时的沟通与协调，中、美、俄三方能够得到一定程度的相互尊重和改善关系，但是，基本战略利益的差异和分歧，决定了三方之间的协调和共处是一个相当长期的艰苦过程。

首先，未来的中、美、俄三方关系具有以下的特点与背景。

第一，与以往的每次国际变化不同，冷战终结不是以战争，而是以和平方式结束。这给中、美、俄三方关系带来了特殊的影响。这样的好处是不打仗，但是，也留下了一个不太清晰的大国力量分布的状况。为大国之间既是博弈又是合作的不确定前景留下了极大空间。这种博弈与合作不仅发生在欧亚、欧洲、亚太，

----

① 2016 年 10 月瓦尔代论坛上笔者与普京的问答。

包括中东、拉美、非洲、北极等地区，而且发生在政治、经济、战略、文化等各个领域。

第二，与此同时的一个显著变化是，中、美、俄三方都保持着或者展开了全球规模的影响力部署。毫无疑问的是，虽然面临衰落的挑战，美国依然保持着最为强大的全球影响力。后起者中国顺应全球化的机遇，着力于构建全球范围内的经济合作网络，"一带一路"是这一全球部署的最新体现。摆脱了"苏联解体综合征"的噩梦，正在寻求稳定和恢复实力的俄罗斯，重新在全球范围展开其外交战略部署：以有限目标、有限投入、有节制的合作与干预，重构全球网络，以发挥传统影响力。无论是全球的政治经济、军事战略、信息文化等各个领域，几乎都可以看到中、美、俄三方的存在。中、美、俄三方的全球部署显然带有很不相同的内容与目标、能级和水平。但是，三国力量的伸展在客观上预示着，人们必须从全球维度，才能够真正理解中、美、俄相互关系——无论是竞争还是合作——所涉及的宽广程度。

第三，中、美、俄三大国之间，实力非对称，但不排斥观念各不相同而各有建构的格局将会长期存在，并作用于三方关系。无论是实力地位，还是潜在影响，中、美、俄三者间在诸多方面的差距和鸿沟难以泯灭，但三方之间存在着广泛的互补性。理想状态下，中、美、俄三方经济的广阔领域存在着巨大的合作潜能。观念与价值标准的差异，导致三方的社会政治结构各不相同，但是完全有理由和平共存，同时可以通过竞争各显千秋。遗憾的是，21世纪以来，仅"9·11"事件后呈现一段较为短暂的反恐合作。较长时期当中，中、美、俄三方关系的基本面，一是中俄的趋近，两者在构建双边合作同时，背靠背互相策应以应对来自西方的压力；二是间歇地出现过若干次美俄关系的"重启"，但每次都在内外影响作用下而告中止，甚至出现重大反复；三是中美关系在艰难挑战中得以较长时间维持之后，终于不幸在新冠肺炎疫情暴发之后急速下滑。有学者认为，三方之间相互担心被另外两家之间的合作所遏制；但更为经常的现象是，这三大国又受到其余各种力量中心的扰动与牵制，以及大大小小的诸多外部力量的寻租和掣肘。这又反过来告诫人们：必须首先关注中、美、俄三大国相互关系的稳定。

第四，另一重要事实：中、美、俄三方关系经常地被理解为地缘政治的范式，并非没有一定的道理。地缘政治范畴，历来是国际关系研究中被人言说和运用得最多的一个范畴。但是，这一范畴由于种种历史原因又最容易被片面化理解。其实，这一来自西方的学术范畴的中文翻译很巧妙地表达出了地缘政治的题中应有之义：也即，因地理条件而缘起的政治变化。地缘政治这一知识门类侧重于描绘地理条件对国际关系的巨大影响，但是，又没有把地理条件的作用绝对化，而是在地理条件与政治、经济、文化等各种因素的相互作用之中，来观察国际关系的种种复杂变化。国际政治历史上，最为重要的地缘政治，是指大陆与海洋的地缘政治。大陆地缘政治关注大陆各方之间的协作与稳定，而海洋地缘政治则因地理空间的阻断性，更加侧重于通过平衡对手、打进楔子进行分化而取得优势。这样的地缘政治法则，显然在中、美、俄三边互动中打下了深刻烙印。普京在经历了多次"重启—倒退"的切肤之痛后的体认是，即使放弃了原有的意识形态，西方的打压依然不会停止。普京多次说过："地缘政治的博弈，比意识形态的竞争还要深刻得多。"

在上述背景之下，未来的中、美、俄三边互动，会出现以下态势。

第一，中、美、俄三边关系的互动是一个较长期的学习过程。无论对于历史积累丰厚的文明古国，还是对于历史较为年轻的后起国家，也无论对于久经沙场的政治家，还是对于改换门庭、刚刚投身于政治的新手来说，当代崭新历史条件之下的中、美、俄三大国关系，都不是一个轻而易举、容易把握的进程。举例言之，根据最新披露的有关历史档案和专业学术著作的证明，当年基辛格博士在决心打破中美关系的冰封之前，曾经首先找苏联领导人探问，是否有可能美苏联手，共同打击他们眼中的"异端"——中国，当时因为苏联领导人反应太过于迟缓，使基辛格不得不放弃了美苏首先联手的这一选择，转而向中国领导人伸出橄榄枝。①可见，即使是被传颂多时、精通国际政治历史的基辛格博士当年对于中美关系的"破冰之旅"，也还是要经过"试错"，才能摸对路子，找到解决重大外交问题的真正关键。当年尚且如此，而形势要比当年复杂得多的今天，要恰如其分地运筹中、美、俄三边关系，谈何容易。尝试以"学习过程"这一词语来描述未来三方关系的前景，是要强调：不应以三方中的任何一方的未经深思熟虑和在复杂状况下的草率行动而应对失当，或者反应过度；更不能老是借用国际史上常见的"联合两家"夹攻"第三者"的做法，来谋取三方关系中的于己有利地位。国际关系历史上很少

---

① 于滨：《基辛格与美国"现实派"之殇》，观察者网，2018-08-15，https://user.guancha.cn/main/content?id=32367。

有总是由一方获利，而余者总是失手的先例。

　　第二，尽管中、美、俄三方存在诸多分歧，但三大国势必被介入各种重大区域与全球问题的处理，因此，从中探索三方的可能合作与互动，共同为未来国际制度和国际秩序的构建做出铺垫，始终应该是三方关系刻意求进的目标。这里至少有三种可能的前景：其一，三方利益完全相悖，无法合作；其二，两方联手削弱第三方。比如，中方明智而坚决地拒绝参加《中导条约》谈判，避免可能的于己不利后果。中方立场得到俄方支持。但从长远看，随着中方战略武器数量、质量增加，美俄越来越担心第三方战略武器不受限制，会进一步施压拉中方参加协议。俄方军控权威专家小阿尔巴托夫最近提出，目前，俄罗斯无条件支持中国立场，同意先由美俄双边会谈；但从形势变化以后的长远看，有必要创造条件吸引中国参与《中导条约》谈判。他认为，这是对任何一方都有利的安排。值得观察在这一领域的未来发展，尤其是来自美国的纠缠。①其三，在未来条件许可的情况下，主动介入紧迫问题的解决。比如，朝鲜半岛问题的推进尽管困难重重。但是，一旦有机会摆脱目前困境和形成谈判机制，中、美、俄作为三个核大国的特殊身份，从逻辑上说，有可能、也有必要来为整个半岛安全共同提供其所特有的某种保障。包括从一个相当长的时段来看，冷战时期在欧洲东西方之间实际上存在的"中立地带"（比如奥地利、芬兰），为大国间的缓和提供屏障的先例，是否可能为解决半岛事务提供借鉴。也是可以探讨的前景之一。最近出现了一

---

① А.Г. Арбатов. Китай и ограничение вооружений: Не утопия. а возможность. полис. Политические исследования. 2020. №.4. С.36—54.

些建议，呼吁在三方力量与意愿较为近似的领域展开对话。比如，中美俄冷战当年在防疫领域开展过合作，当今能否再现；美国前助理国务卿弗兰克·罗斯（Frank Rose）最近提出，中美俄三方核力量差距太大，无法谈判，但可以就太空领域寻找机会对话合作。①包括兰德公司专家建议：在十年内超高音速武器还无法严重危害人类之前，仅有资格的三国——中美俄必须抓紧合作，以阻止其蔓延。②另有学者提出，即使不从追求"逆转基辛格三角"的红利，而从互为邻国的角度，美俄关系的改善也势在必然。至少从这一前景，探寻中美俄三方对话合作路径，可作为中方未雨绸缪的研究领域。从一个较长时段看，中国人有能力和有责任与国际社会一起来探讨处理这些紧迫而复杂问题的可能性，为地区安全逐步地提供更多公共产品，也为中、美、俄三边关系的理性重构做出贡献。

第三，面对所谓"联俄制华"战略以及特朗普的亲俄姿态，从普京本人、政治精英，乃至大众层面的反应来看，俄罗斯总体表现成熟慎重。这预示了在国际激变情势下，中、美、俄三方关系并非没有可能稳健推进。普京除了强调"中、美、俄之间应是一种互相尊重、互利互惠的相互关系"，同时还明确说道："当今条件下，我们应该非常珍惜中俄关系。"普京在公众场合下的这一表达，简洁明了，很有针对性和导向性。笔者认为，这是他近

---

① РИА Новости. Диалог США. России и Китая лучше начать с темы космоса. считает эксперт. 2020-07-11. https://ria.ru/20200711/1574201583.html.

② Zachary Keck，"These 3 Nations Can Stop a Hypersonic Missile Arms Race"，2017-10-6，https://nationalinterest.org/blog/the-buzz/these-3-nations-can-stop-haypersonic-missile-arms-race-22635.

10 多年来一贯立场的延续。即使在俄美关系一度有可能得到改善的乐观局面下，普京本人和俄罗斯政治家总体上依然非常坚定地维护和推动中俄关系发展的这一现象表明：任何三方都有必要调整观念，以追求三方关系的和谐互动为宗旨。从长趋势来看，美俄关系的调整并非不符合国际局势总体稳定的大局。即使是从互为邻国的美国与俄罗斯这两大国之间的关系来看，寻找机会发展合作，也将是势所必然。

第四，中、美、俄互动的四大特征：长期影响和制约各自内政外交。

中美俄之间互动的总体特征是什么？笔者认为："能级不对称、冲突易发生、力量需均衡、合作有可能"的结构性特征，将有可能在一个长时期内影响和制约各自的对外战略和内部发展态势。

"能级不对称"包含各个方面。经济上能级不对称，首先是指美国的科技和经济力量总体上还是超过中俄。特别是高端技术、基础研究、产学研转化能力等方面。从中、美、俄之间每一组双边关系来看，中俄、中美之间相对地较为接近与互补，而美俄之间的经济关系过于薄弱、差距较大，贸易额仅为 1% 左右。中俄 2018 年双边贸易突破 1 000 亿美元，一定程度上还得益于能源价格的一度提升。此外，中俄经贸关系还是没有摆脱较多依赖能源资源的结构惯性。

政治上所呈不均等的状态，并不是指中美俄之间不同的社会制度和意识形态依然使三方各据鼎足之势；而主要是指两方面，其一，几十年来，中俄都在不断改革传统体制，探索适合于自己的发展道路与制度模式，但美国自己却固步自封，墨守成规，也没有摆脱对中俄的政治偏见。其二，中俄主张，意识形态不妨碍双边关系，但美国主流观点是强化固有意识形态和结盟关系，以此来抗衡中俄。

安全领域来说，中俄坚持"背靠背"的睦邻友好与战略伙伴关系，地缘政治上比较接近。但俄罗斯与美国各自所依据的海陆地缘政治存在深刻的差异。从"颜色革命"、格鲁吉亚战争，一直到乌克兰危机，居住在"安全岛"环境下的美国，总体上否定俄罗斯在周边地区的"势力范围"，推行高度意识形态化的"自由议程"计划；而周边地缘政治态势远较美国复杂的俄罗斯，则坚持有选择地维护在原苏联国家的传统影响力。两相对立之下，地缘政治推动美俄高度敌对。在美俄的对比之下，一半面向海洋、一半面向内陆，兼具海陆地缘政治特性是否预示着中国可以在内政外交上走一条既跟纯粹的海洋性国家不一样，同时，又和纯粹内陆大国也不一样的道路，在并不均衡的海陆地缘政治对峙中起到某种调节作用呢？这是一个值得思考的问题。

"能级不对称、冲突易发生"的含义不难理解。在"能级不对称"的前提下，虽然美国还会较长时期保持超级大国地位，但其自身发展还呈现高度不确定性，特别是当美国还滥用制裁、霸凌弱者的背景下，国力相对不如美国的中俄相互接近、抱团取暖，就应该不是出人意料的事情。"力量需均衡、合作有可能"当然是指：在全球复杂转型和不同利益、认知的时空落差所造成的不确定形势下，矛盾与摩擦、冲突与对峙难以避免，甚至会伴随整个全球范式转型的始终。在这个阶段，中、美、俄关系也难以在短时期内获得重大突破，一劳永逸地变得太平无事。但是，21世纪以来的国际变化，尤其是新冠肺炎疫情暴发以来的进程表明：事在人为，关键取决于中、美、俄三方都能否高屋建瓴、理性务实地调处全球转型带来的种种不安与焦虑，力求力量的均衡与可控。当今时代还是以"和平与发展"为主题，国际力量格局还处于一个多极化—多样化—多元化的阶段，中国成长迅速，但还是一个发展中国家。因此，无论中、美、俄三边之间，还是各组双边关系之间，合作还是大有希望。只要中、美、俄能够有效调处它们之间的相互关系，全球转型过程尽管矛盾百出，但其稳定持续是可以期待的。

总之，当前中、美、俄三方互动受到了举世关注。一方面，这是世界多样化发展的长远趋势所致，中、美、俄三边互动是未来国际政治的重大结构性存在。另一方面，中、美、俄三方关系缺乏专属工作框架的规范与制约，同时，兼具意识形态与地缘政治博弈的影响，因此，具有较大的不确定性。中、美、俄三方关系能够通过及时沟通得到一定调整和改善，但中、美、俄之间的战略利益的差异和分歧，若不经过长期艰苦努力，无从得以协调和共存。因此，对未来中、美、俄关系的高度动态性的运筹帷幄、应对变化，是一个长期学习过程。中、美、俄三大国间无论就力量与潜能，将会长期存在非对称性。要坚定相信多样化发展前景和对于经过实践证明的普遍性规范的认可这两者间的共存与兼容，最大限度地寻求新老各种政治力量之间的互补和均衡。最后，中、美、俄可以通过当下的危机处理，转而一起来探索如何确保各自国内进程与区域、国际体制构建协调与和谐的机理。这将是三大国不可推卸的责任和权利。

第十三章

"三套车"还是
"四重奏"?

当传统上主导世界政治的美、欧、俄三方关系陷于僵持,当舆论注意力转到更具有当代全球性影响的中、美、俄关系,但仍无法预期任何类似于70年代初期的戏剧性突变之时,人们又开始探讨一个更为视野开阔而内涵复杂的问题:欧亚大陆的中、俄、欧三边互动。包括与此有关、但又是另一方面的话题:美国因素与"一带一路"相互之间的竞争与合作。

欧亚大陆的具有悠久文明传统的主要政治主体之间是否能够和谐互动，各方并不相同的利益与诉求如何才能相互连接、实现公正与福祉，这是一个既古老又新鲜、千百年来曾历经沧桑的话题。无论是亚历山大远征、十字军东征、蒙元帝国横跨欧亚的进军、当今北约与欧盟东扩；也无论是维也纳体系、凡尔赛体系、雅尔塔体系，以及冷战结束时刻的欧亚秩序建构，看来，都不能与 21 世纪以来的科技经济、社会文化与国际国内政治条件下欧亚大陆的深刻变迁，以及构建相应秩序的紧迫需求相比拟。问题在于，当代的欧亚大陆各方，首先，是居于大陆西侧的欧盟、大陆中间部位的俄罗斯及欧亚经济联盟，以及位居东亚的中国，这三者之间的相互关系构建，如何才能够适应当代的挑战与危机？这是一个重大而紧迫，又难得其解的问题。

正当 21 世纪第 3 个 10 年来临，特别是在前所未有的新冠肺炎疫情的冲击之下，全球形势出现罕见的戏剧性变化，各方都面临着重大的选择。在此时刻，中、俄、欧三大板块间能否避免误解、分歧与冲突，在各不相同的制度、观念、实力、战略取向下，走向互相接近、互相协作、互联互通的新形态？新形势之下，究竟应该如何看待欧亚大陆的中、俄、欧三方的互动？如何来判断与这一话题关联的种种内部和外部复杂动态与深层趋势，特别是美国因素所起的作用？在这一复杂而蕴含诸多合作机会的进程中，"一带一路"面临怎样的发展空间与挑战？显然，这些态势正在以前所未见的动能、不断翻新的样式和各种令人眼花缭乱的组合，迎接着一个国际格局新阶段的到来。

　　鉴于本节主题——21世纪以来中、俄、欧三边关系是一个如此宏大而复杂的国际进程，很难找到任何单一学科的现成理论框架去加以分析，因此，本节首先尝试从这一进程本身的正向与逆向的两个过程的展开，选择从现实经济动力、结构关系要素、思想观念演变这三个方面展示这一过程的逻辑动因，然后从地缘政治、意识形态、身份认同，以及各大国际主体各自内部构建的差异性角度分析其障碍之所在。最后，从危机条件下"一带一路"构想与实践取得的进展与突破，来论证当今中、俄、欧三大板块互相接近与合作的可能性，展望美国可能的应对，并分析"一带一路"在欧亚大陆继续推进中尚需关注的若干问题。

第一节　问题的提出：不合时宜，还是有备而来？

　　2017年3月，"一带一路"倡议提出3年半之后，也是"一带一路"与欧亚经济联盟"对接"的政治声明发表大半年之后，一个颇有政治影响和学术口碑的欧洲老牌独立智库——欧洲改革研究中心——以该中心的对外政策研究部主任兰邦（Ian Bond）的名义，发表过一篇研究报告，题为：《欧盟、欧亚经济联盟、"一带一路"能否一起工作?》。作者认为:当今欧亚大陆上有三种推进区域合作和一体化的方式:一种是欧盟的一体化,另一种是以俄罗斯和部分原苏联加盟共和国组成的欧亚经济联盟,还有中国的"一带一路"倡议。①那么,这三者之间能否通过认真地相互交流,逐步地走向合作共处呢?抑或,只能是各自为政而不相往来,甚至对抗冲突而兵戈相争呢?

兰邦的结论在谨慎乐观的同时,表现出一定的紧迫感。在他看来:在所有可预见的困难面前,欧盟努力与欧亚经济联盟成员国和中国接触是值得的。但是,兰邦提出:第一,"欧盟当然应看看,中国是否对经由俄罗斯而从欧洲输出以及反之输入欧盟的商品的顺利流转真正感兴趣;欧盟也需要弄清楚,中国是否会真正有助于克服俄罗斯对西方机构及其意图的怀疑,此外,欧盟尤其关注(即使中国想对之加以改革,并且确保中国在这方面具有更大的影响力——作者原注),北京是否还倾向于有意让西方自由国际秩序得以继续生存"。第二,"欧盟也需要看看它是否能与中国达成共同目标,因为,在全球化和自由贸易方面,它已不能再确定自己是否与美国站在同一边。……特朗普政府可能破坏国际秩序赖以存在的多边组织和经商方式,……他不喜欢像世界贸易组织这样的机构"②。第三,"在跨太平洋伙伴关系和跨大西洋贸易与投资伙伴关系的时代之后,……欧盟可能会发现自己有兴趣尝试与中国和欧亚经济联盟谈判共同的标准。虽然,它很可能不会

①② Ian Bond, "The EU, the Eurasian Economic Union and One Belt, One Road: Can they work together?" 16 March 2017, https://www.cer.eu/publications/archive/policy-brief/2017/eu-eurasian-economic-union-and-one-belt-one-road-can-they.

成功。然而，更大的风险在于，如若欧盟没有自己做出尝试，那么，就是让其他国家来塑造未来的秩序"。显然，兰邦很期待把有关欧盟、欧亚经济联盟和"一带一路"倡议这三者之间建设性互动的问题列入政治议事日程。①

　　无独有偶，又是一年多后的 2018 年 12 月，笔者受邀参加了一个更具官方色彩但是主题类似的国际研讨会。这是经由德国外交部委托，作为准官方机构的德国对外关系理事会所属的中东欧、俄罗斯、中亚研究中心与由外交部前部长伊万诺夫领衔的俄罗斯外交理事会，在莫斯科联合举行的研讨会，题为"欧亚的连接：欧盟—俄罗斯—中国—中亚之间关于相互连接的战略对话"。参加会议的代表不光来自上述各方众多智库，而且包括决策部门、企业界等各个方面。这次会议的宗旨在于：共同确认正在出现的战略合作机会，确定在工作策略和所选领域方面需采取行动的优先次序，提炼政策方向，加强协调和确保欧盟、"一带一路"、俄罗斯与欧亚经济联盟，包括中亚主要国家之间持续的相互连接。这次会议显然来自德国方面的首先倡议。而且，这已经是同一主题之下由德方发起的第二次重要的国际会议了。这次会议召开之际，时值赤刻海峡的危机突然爆发。俄罗斯与欧盟之间一度又恶语相向。但是，当时的冲突似乎没有能阻止来自上述各方的代表济济一堂，与会者依然是相当热切地讨论着三方寻求合作的当下进展、问题和前景。与之前的会晤比较多仅停留于构想和展望相比，这

----

① Ian Bond, "The EU, the Eurasian Economic Union and One Belt, One Road: Can they work together?"

一次多边会议所涉及的内容更加具体、微观，事关操作进程。①在老练的欧洲战略家所提供的平台上所展示的这一问题，看来又一次触动了各方的思绪。虽然，新形势下问题愈加复杂，但各方显然有备而来，并不因这样一个艰难棘手的难题而止步不前。

2020年春天，笔者又一次受邀前往欧洲参加相关的学术交流，由于疫情暴发而受阻。然而，有关欧盟—俄罗斯—中国三方互动，探寻"一起工作"机会的进程并没有被中止。

第二节 中、俄、欧三大板块的差异：走向疏离还是互相接近？

欧盟、欧亚经济联盟、中国"一带一路"倡议，这是三种不同的区域进程，具有各自不同的历史、政治、经济背景。

先来看欧盟。第二次世界大战结束之后，为解决防止德国重新崛起的问题，法德之间通过煤钢联营，借助经济上相互依存的方法来实现战后复兴和两个欧洲最大世仇——法德两国之间的和平。尔后的欧洲原子能共同体、欧洲经济与货币联盟，一直到冷战刚结束就立即签署的《马斯特里赫特条约》，宣告了欧盟成立。还包括世纪之交欧元区的诞生、申根协议的确立，欧盟通过这一

---

① 2018年12月4日，由DGAP（德国外交关系委员会）和RIAC（俄罗斯国际事务理事会）在莫斯科举行的会议名称为：Connecting Eurasia：EU-Russia-China-Central Asia Strategic dialogue on connectivity。

连串体制机制的创建，既为避免历史上曾经有过无数次欧洲战争的残酷搏杀，也力争确保欧盟各国抱团取暖，能在国际竞争中取得优势。欧盟的历史性特点在于：第一，欧盟以历史上相对成熟的市民社会为基础，是一个无论在市场、法制、民主体制构建方面有着数百年丰厚积累的民族国家间的联盟。第二，欧盟一体化进程具有一系列超越主权国家的区域治理模式；同时，欧盟依然是西方联盟的一员，欧盟一体化进程也明显具有意识形态排他性。第三，欧盟是当今世界最大的经济体，但同时虽然有多年推动欧洲独立防务的动议，但在安全领域，还不得不大大借助于、同时也受制于美国和北约。

欧亚经济联盟先是由哈萨克斯坦于 2004 年发起，后转而由俄罗斯于 2011 年推动，2014 年正式成立，旨在运用原苏联地区传统联系的纽带，发挥能源资源和合作潜能，以平等互利为原则，形成经济合力，维护地区稳定。就其特征而言：第一，欧亚经济联盟一开始就明言以欧盟为样板——这是典型的普京式的绵里藏针的表达。虽然欧亚经济联盟与欧盟，特别是与欧盟的"东部伙伴关系"计划具有明显的对冲性，但普京的说明，旨在昭示这一建制的合法性与正当性；第二，该联盟不可避免地带有原苏联地区国家处于艰难转型过程中的深重痕迹，市场化和法制化的水平仅仅是在逐步提升的过程之中，以资源经济为特征的禀赋条件受到了国际行情变化的很大影响；第三，从沙俄帝国直到苏联的复杂历史与地理背景深刻影响当代进程。但是，包括俄罗斯在内，作为新兴主权国家的共同体成员尝试以平等合作、互相尊重协商方式推进一体化，这是大势所趋。当然，这一过程不会一帆风顺。

尤其是作为联盟所要求的内向聚合与各成员国的外向"多边"选择这两者之间的微妙的博弈态势，也一直伴随着欧亚经济联盟的成长过程。①

而"一带一路"倡议，借重于中国经济成长的活力，通过欧亚大陆和海上的互联互通，推动地区经济发展，实现互利共赢，促进地区的合作与和平。"一带一路"倡议是国际金融危机之后，在世界经济未能走出低谷的困难背景之下所提出的一项动议，既关顾本国和周边的发展与稳定，也旨在带动全球经济走出困境。就其特点而言，第一，"一带一路"倡议与欧盟和欧亚经济联盟都不相同，这是不带有区域政治经济体制构建的预设，也不是地缘政治联盟，更是不具有任何排他性意识形态的国际合作进程；第二，"一带一路"倡议注重与发展中、转型中国家，也联合工业发达国家，以互联互通推动产业合作、基础设施共建；第三，"一带一路"倡议是以市场为基准的、以务实和灵活的平等互利为原则的国际合作项目；但这又是一个具有与俄罗斯、欧美西方都很不相同的东方的古老文明背景，在全球化过程中取得高速发展、但依然是当今最大的发展中国家所提出的倡议。

这三种不同区域进程，历史文化背景不同，意识形态与主导政治观念不同，社会经济发展的水平和速度也不同，必然会导致这三大主体既有时代条件下寻求接近与合作的愿望，又有出自各自背景的种种差异。一旦时机成熟，各方对推进区域合作的做法

---

① Андрей Кортунов, Почему мир не становится многополярным, *Russia in Global Politics*，2018，June 26. https：//globalaffairs. ru/global-processes/Pochemu-mir-ne-stanovitsya-mnogopolyarnym-19635.

和路径，也必然呈现出各不相同的特点。这将会是一个较长时期
存在的历史现象。问题在于，就此三种不同区域进程之间的相互
关系，究竟如何调处应对，才能够将相互间所需要的合作与不可
避免的竞争引导到：第一，既能够发挥"一带一路"的积极影响，
同时，也尽可能地符合各方利益与求诉；第二，能稳健而理性地
完善国际与地区新秩序的构建。这是一个值得探讨的问题。

第三节　推动三大板块互相接近的经济、结构与理念诸因素

推动欧亚大陆三大板块出现互相接近趋势的动力，不光显著
地来自经济领域，同时，也来自国际力量彼此消长的结构变迁，
更来自观念形态所出现的深层变化。以下就此三个方面的动态依
次展开分析。

一、三大板块互相接近的经济动力

冷战结束以来，来自经济贸易关系、基础设施建设、产业—价
值—信息的链接为推动欧亚大陆各方交往提供了的巨大空间与机会。

（一）冷战后三大板块间的相互经济引力

关于欧亚大陆各大政治经济板块相互间的联系问题，20 世纪
90 年代初冷战结束之时，就有人提了出来。欧盟 1991 年为帮助俄
罗斯推进转型提出过塔西斯（TASIC）计划，1993 年格鲁吉亚前

总统谢瓦尔德纳泽也提出过"欧洲—高加索—亚洲运输走廊"。欧盟曾经提议要通过加强欧亚大陆之间的铁路和基础设施，拓展欧盟在中国、俄罗斯、中亚等各个地区的影响力。90 年代中期，包括中国在内的国际舆论为当时从连云港到鹿特丹的亚欧大陆桥开通而激动。欧亚大陆各方的一个可贵共识是，交通运输、基础设施建设是推动大陆内部各方贯通的基本动因。2008 年国际金融危机后，欧亚间的"日益一体化在多大程度上将会重塑全球经济政治秩序，取代世界贸易中占据主导地位的跨大西洋路线"的话题，越来越引起人们的关注。布鲁塞尔欧洲与全球经济研究所的尼古拉斯·默斯（Nicholas Moes）认为：欧亚大陆间的商品贸易在过去 10 年中一直是跨大西洋贸易的两倍多，早在 2013 年已达 1.8 万亿美元。据荷兰商业银行 2018 年的报告，亚洲和欧洲之间的贸易额（不包括欧盟国家之间的贸易）已占世界贸易的 28%。[1] 如此强劲的发展态势，势必要求欧亚大陆的各大主体寻求新型的相互关系，以适应变局。

（二）近年来三大板块间经贸关系的持续推升

以近两年统计，2018 年中欧贸易额已达到 6 822 亿美元，同比增长 10.6%，创历史新高。2018 年，欧盟已经连续 15 年成为中国第一大贸易伙伴和进口来源地，中国连续 14 年是欧盟第二大贸易伙伴和第一大进口来源地。[2]

---

[1] Shi Jiangtao, "Dominance or development? What's at the end of China's New Silk Road?" https://www.scmp.com/news/china/diplomacy/article/3007059/dominance-or-development-wh ats-end-chinas-new-silk-road.

[2] 中国商务部发言人高峰 2019 年 3 月 21 日在例行记者会上发布的数据。

　　中俄双边贸易额 2018 年突破 1 000 亿美元的大关；同时，欧盟
与俄罗斯之间的经贸关系虽受到危机制裁的严重干扰，同时在俄罗
斯大力推动其经济东向发展的背景下，俄欧之间传统经贸纽带依然
得到维持。截至 2017 年底，西向的欧洲仍是俄罗斯第一大出口市
场，其占比仍远远高于亚太方向，二者之差超过 20 个百分点。①

　　到了 2019 年，中国无论是与整个欧洲还是欧盟的双边贸易额
都继续上升。与德国、法国、英国等传统伙伴关系总体上不光继
续上升，其中，尽管英国处于脱欧严峻形势之下，但中英双边贸
易额增长了 7% 以上。包括与俄罗斯双边贸易取得了超过 1 000 亿
美元大关的历史性突破。相比之下，中国与美国间的贸易关系出
现了多年未见的大幅度下跌（见表 13.1）。

表 13.1　2019 年中国与主要国家和地区贸易统计

国家 （地区）	进出口额 （亿美元）	出口额 （亿美元）	进口额 （亿美元）	累计比去年同期±%		
				进出口	出口	进口
欧洲	7 449.08	4 367.08	3 081.99	1.8	5.0	−2.4
欧盟	7 051.09	4 285.14	2 765.95	3.4	4.9	1.1
德国	1 848.57	797.49	1 051.08	0.6	2.9	−1.1
英国	862.72	623.74	238.97	7.3	10.3	0.1
法国	655.35	329.54	325.81	4.2	7.4	1.2
俄罗斯	1 107.57	497.05	610.52	3.4	3.6	3.2
美国	5 412.23	4 185.09	1 227.14	−14.6	−12.5	−20.9

　　数据来源：综合中华人民共和国商务部欧洲司、俄罗斯卫星通讯社数据计算而
得：http://ozs. mofcom. gov. cn/article/zojmgx/date/202003/20200302941074. shtml,
http://sputniknews.cn/russia_china_relations/202001141030443262/。

----

　　① 曲文轶、苏兆荣：《乌克兰危机与俄罗斯地缘经济的演变》，《国际经济评
论》2019 年第 2 期，第 123—141 页。

到了 2020 年的第一季度，在新冠肺炎疫情流行的背景之下，尽管中国与西方主要大国的贸易往来受到严重打击，呈略有下降的态势，特别是中美经贸关系呈下降态势，但是，唯独中俄双边贸易还是非常不容易地实现了与去年同期相比的增长（见表 13.2）。近两年来经济贸易关系势不可挡的态势，表明了中、俄、欧三方之间存在着无比强劲的接近与合作的潜能。

表 13.2　2020 年与 2019 年第一季度中国与部分国家贸易统计

国家	2020 年第一季度 （亿美元）	2019 年第一季度 （亿美元）	同比±%
美国	958.04	1 198.23	−0.20
法国	123.93	155.02	−0.20
德国	374.75	440.69	−0.15
俄罗斯	253.39	245.31	0.03

数据来源：根据中华人民共和国海关总署统计数据计算而得，http://www.customs.gov.cn/。

（三）基础设施建设合作引领之下欧亚通道建设显示强劲潜能

从目前欧亚之间货物交流通道来看，95% 以上是由海运完成的，陆路通道和空运仅仅承载了 5%。事实上铁路运输时间总体上仅为海路的三分之一，价格仅为空运的五分之一，可见陆地运输所蕴含的巨大发展空间。迄今陆路运输无法畅通的原因，人为的政治安全考量远甚于自然条件带来的障碍。正是在这样的背景下，从条线式布局看，以欧亚国家之间的新铁路管线建设、中欧班列、公路合作、航空运输合作、能源管道设施合作、通信设施合作为标志的串联欧盟、欧亚经济联盟和中国之间的大通道建设的合作方兴未艾。其中，中蒙俄经济走廊、中国—中亚—西亚经济走廊等通道的建设明显提升了内陆国家的海外交往能力。尤其是中欧班列在各国推进通关便利化的举措之后，不仅班列的次数大幅增加；此前一直被困扰的回程物资较少的问题，得到改观；政府对班列的补贴有所减少，开始依靠市场机制运行。[①]东西走向能源管线建设在各大经济主体之间加速推进：不光在中俄之间、中国与中亚之间的天然气和石油管线，而且俄欧之间能源管道也冲破障碍加紧实施。从点状式基础设施建设布局看，巴基斯坦瓜达尔港、斯里兰卡班托港、希腊比雷埃夫斯港、阿联酋哈里发港等一系列重要港口的兴起，展示欧亚各方互联互通的强劲意愿，为未来欧亚大陆各方合作做出了重要的铺垫。

（四）产业—信息—金融—价值链的构建为欧亚经贸和基础设施合作提供了发展空间

基于欧亚各方的多年努力，在"一带一路"倡议的推动下，一个以产业—信息—金融—价值链为构建目标的多边合作进程，一步步地展现其后劲。首先，2013—2018 年中国企业对沿线国家直接投资超过 900 亿美元，在沿线国家完成对外承包工程营业额超过 4 000 亿美元等一系列投入，按照世界银行的研究表明，这些投入将使沿线国家外商直接投资总额增加 4.97%。[②]其次，中国发起

---

① 《智库问答——中欧班列：载着货物与友谊，穿行"一带一路"》，《光明日报》2019 年 4 月 27 日特刊。
② 推进"一带一路"建设工作领导小组：《共建"一带一路"倡议：进展、贡献与展望》，《人民日报》2019 年 4 月 23 日。

的亚洲基础设施投资银行从最初 57 个创始成员国，到 2018 年底已经发展到 93 个成员国，累计批准贷款 75 亿美元，撬动其他投资 400 亿美元。至 2019 年 7 月，亚投行成员国达 100 个。"一带一路"概念下，国际产能合作得到推动，中英法三方参与的欣克利核电合作项目，堪称这一领域标志性成果。跨国产业园区建设发展迅速，中白工业园区的发展令人瞩目。在电信产业合作领域，尽管美国竭尽全力进行打击与干扰，但华为依然以 5G 技术领先优势，表现出推进欧亚大陆的电信基础设施互联互通的强劲潜能。

以上进展表明，无论"一带一路"经受何等困难与挑战，各方谋求发展的内生动力，势将引领这一倡议的继续推进。

二、大国力量对比的结构变化引导三边关系的调整

观察欧亚大陆政治经济变化的一个较为普遍和常用的方法，就是从力量结构变动趋势来判定多边关系的前景。虽然，复杂的国际现实并不等同于相对抽象的几何力学结构，但是，把国际政治单位简约并抽象为作为力量要素组成的结构性现象，观察它们相互间的力量消长和纵横捭阖，至少，对判断国际政治复杂互动背后的深层结构性趋势，有一定参考意义。

（一）依然是一个多极、多样、多元并存的国际力量格局

对当今大国关系的结构类型，有不同的说法：是中美两极对抗、以美国为首的西方对抗"威权国家"组合、中美俄三方博弈、中美俄欧四边互动，还是由更多角色参与的多极化—多元化—多样化的力量在形成着当今国际社会的核心格局，迄今都还各执一

词。但是可以发现，人们并非只是以可以验证的数量规模——GDP 的排名，可统计的政治、经济、军事的实力等——而且还从能否作为一个独立决策单位，具有多大的、但未必可以数量表现的影响力的角度，来审视当今世界最为核心的权力结构构成。从这一角度来看，其一，尽管欧盟安全力量匮乏，政治决策能力受颇多牵制，但欧盟毕竟是当今世界最大经济体，也是区域体制建构最有经验（当然未必完全成功）的政治经济单位。欧盟以相当丰厚的政治、经济，包括文化资源影响着国际事务。其二，欧亚经济联盟虽然经济发展水平受限，但兼具地缘经济和地缘政治深厚基础；作为共同体，自然需顾及内外各方面的复杂关切，但俄罗斯的主导性影响还是十分强劲。其三，总体上说，中国依然是一个发展中国家，但中国作为"一带一路"首倡国，得益于多年和平发展环境中的实力增长，逐渐进入了经济体量、结构水平、贸易规模和发展速度，都属于领先国家的行列，中国的稳定开放的步伐令世界瞩目。普京总统多次明言：大国之中只有中、美、俄三家才是能够独立外交决策的大国。①但是，就体量、声望和实际影响力而言，欧盟显然也是当代大国关系中不可或缺的一方。换言之，在欧亚大陆上，中、欧、俄三方各主一方，各有千秋。这是遥居海外的超级大国美国之外最重要的国际主体。出于这样的现实状况，近期中国国际学者诸多发表中，不太倾向于当今世界格局纯属"中美两极对抗"的说法，而是比较多地认为，当今

---

① 根据笔者自 2006 年以来参加俄罗斯瓦尔代论坛的观察，特别是 2014 年乌克兰危机以后，普京在其每年参与讲演和讨论过程中有几次提及当今国际关系领域中只有中国、美国、俄罗斯乃是能够独立进行外交决策的大国。

世界依然处于一个多极、多样、多元同时存在的力量格局状况。①

（二）国际史上的罕见现象："一超"同时挑战"诸强"

特朗普上台以后，美国把中俄同时视为战略竞争对手，美欧关系也由于美国不断对欧洲施压而进入了一个前所未有的敏感状态。美国和中、俄、欧三方虽不同程度、但几乎都同时处于关系恶化的状态。有学者提出：最主要的国际力量单位——如中、欧、俄、美——在重大国际问题上，出现三方合作而同时反对第四方的，几乎仅见于21世纪以来中、俄、欧联手反对美国发动伊拉克战争的单边主义。②从21世纪初的伊拉克战争，一直到晚近的《巴黎协定》、伊朗核问题协议、巴以争端、《中导条约》、古巴地位，以及关于贸易保护主义的争论。包括在2018年联合国大会期间，英、法、德、欧与中俄代表共同会商如何应对美国的"长臂管辖"，欧盟推出旨在绕开美国的"特别目的工具"，得到了中俄的支持。有学者认为：这是近年来国际政治的一种"新常态"。③2020年疫情流行背景下，美国完全不顾及包括中、俄、欧在内的国际舆论要求加强世界卫生组织在对抗疫情中发挥重要作用的立场，一意孤行地退出世界卫生组织的做法，表明美国以"脱群"为标志的孤立主义和单边主义立场，已达到了一个登峰造极的地步。诚如德国外交部长海科·马斯（Heiko Maas）所言：即使特朗

---

① 冯绍雷：《我们正在经历的，是世界秩序过渡期的一场综合性全面危机》，观察者网，2020-06-28，https://www.guancha.cn/FengShaoLei/2020_06_28_555551.shtml。

②③ 张健：《美俄欧中互动：欧盟角色及其政策取向》，《现代国际关系》2019年第2期，第10—17页。

普之后的民主党执政，跨大西洋关系也未必会有乐观前景。这就说明，美国与中、俄、欧这三大主体间的相互关系有可能在一定时期内都难以回到过去。"一超"如此打压"多强"，这在国际关系历史上实属罕见。

（三）"弱者"的接近与合作：以弱制强的必然逻辑

当前的国际现实是，一方面，冷战终结以来相对和平开放格局面临前所未有的挑战：以实力解决各自难题成了较为普遍的趋势。但是，一个并不具备霸权式的"硬实力"、却拥有诸多"软实力"的欧盟，身不由己地、相对较多地受到合作者的注意。中欧之间，尽管在一系列关键领域出现了新的亟须互相适应、调整化解的重大问题，但是，双方在战略竞争与合作之间仍表现出寻求均衡的诚意和努力；俄欧之间，虽然纷争不断，但是无论是传统历史文化纽带，还是当代大规模经济贸易关系都使其难以分离；当然，也难以想象，美欧间意识形态、经济政治和战略合作会顷刻之间消失。欧盟通常被描述成为：一个主要基于民事、似乎不大会成为中、美、俄三方"安全威胁"的共同体——包括对于俄罗斯的安全威胁主要还是来自美国，小部分来自欧洲。因而，在多方互动之中，欧盟相对地更多处于折衷机动的地位。①欧盟对于美国结盟关系的疏离，对于中俄虽有抵制但保持距离下的探求合作，特别是基于在气候变化、伊朗核问题、世界卫生组织等一系列多边合作问题上的相互接近的立场，使得中、俄、欧不光在欧

---

① 张健：《美俄欧中互动：欧盟角色及其政策取向》，第10—17页。

亚大陆内部，而且，也是在全球形势曲折多变下，寻求新的合作空间和相互联系的纽带。

新冠肺炎疫情来临之时，面对特朗普政权的蛮横而又日益自我孤立的态势，中、俄、欧三方之间的接近与合作，是任何时代自主自立、由弱求强的自然而然的逻辑要求。疫情暴发后：其一，中俄合作持续改变着国际力量的对比，并在疫情形势下经受住了考验。其二，俄欧间因乌克兰危机虽然胶着对峙，但双方明显萌动了通过对话寻找出路的意愿：2019 年 8 月马克龙在法国外交使节会议上的重要讲话中释放要求改善对俄关系的讯号；2020 年底欧、俄、乌就解决乌克兰东部问题所做的新一轮虽未成功但十分重要的推动；以及 2020 年 2 月，由欧、美、俄各方权威人士所组成的欧洲—大西洋安全领导小组发布以走向乌克兰和欧洲—大西洋地区安全为题的解决乌东问题的十二个步骤的声明①，皆可被视为佐证。同时，欧俄之间的能源合作经受了美国的粗暴而无情冲击，依然坚定地得以推进。这是俄、欧、美三边关系中的一个重要变化。其三，美欧间传统伙伴关系前所未有地出现了深刻裂痕。总体来看，欧方虽然还不愿也不可能以西方意识形态联盟的解体为代价，但从北约费用、俄欧能源合作的受打击，一直到驻德美军的迁移，表明美国与欧盟间的传统关系下降到了一个前所未有的新水平。其四，中欧 2020 年 6 月视频峰会前后，默克尔坦承欧盟将依然是"西方利益共同体可依赖的伙伴"，表现出其旨在维系

① EASLG，"Twelve Steps Toward Greater Security in Ukraine and the Euro-Atlantic Region，" 2020-02-14，https://russiancouncil. ru/en/analytics-and-comments/analytics/twelve-steps-toward-greater-security-in-ukraine-and-the-euro-atlantic-region/.

欧盟最大国际运作空间的巨大惯性；但在此同时声明"欧洲不是中立体而是西方政治的一部分"，肯定"中国参与国际秩序的决心"，赞扬中国"坚持多边主义"立场。值得注意的是，2019 年 9 月，正当香港局势动荡之时，默克尔坚持率领庞大经济代表团访问北京，以示与中国发展合作的决心。在一系列重大问题上，德国等欧盟国家在维持施压的同时，不追随美国退出多边构架、不与中国搞战略对抗、不放弃与中国合作的基本立场。其五，综合实力最强大的美国的特朗普政权，对欧盟国家普遍施加的巨大压力；挑拨新、老欧洲国家间关系；对中亚地区以新的"1+5"方式的介入；包括一直寻找在中俄关系之间打进"楔子"，美国绝不会放弃为一己之利而在欧亚大陆分化离间的战略谋划。但其权重和威望已经大打折扣。

总的看来，中、俄、欧、美之间的结构性变化蕴含着未来多种发展的可能。有学者准确地说道："经营中、俄、欧三角关系可能是中国外交在二十一世纪上半叶所面临的重大挑战。"①但其基本的趋势是：在总体国际格局依然保持着多极化—多元化—多样化的基本态势，而并非只是"两极对抗"的形势之下，欧亚大陆各大力量在遭逢不确定性风险，包括来自内部和外部巨大压力面前，出现了趋于加强连接与合作的结构性条件。欧亚大陆各大板块的聚合水平敏锐反映着海洋与欧亚大陆两种地缘政治模式博弈的态势。对欧亚大陆的国际主体来说，没有理由放弃机遇，理当积极推进当下中、俄、欧等各方的相互接近与合作，同时，也理性冷

---

　　① 相蓝欣：《互动中的中、美、欧、俄四极关系》，《动态与分析》，华东师大俄罗斯研究中心、亚欧研究中心，2000 年 9 月 6 日。

静地调处与美国的相互关系。

三、观念变化推动着对欧亚新格局的探索

在一个财富涌流、物质力量的威力高度呈现的世界，思想并没有全然消失。相反，智识演进的态势显示出，观念的力量依然具有宽广的空间。与欧亚大陆发展现状与前景相关联，当代思想潮流繁衍播迁的基本特征是：四五百年来主导世界潮流的西方处于前所未有的挑战和衰落之下，依然顽强地以意识形态的霸凌姿态维护传统地位，而与此同时，新兴国家走向多元与自主，兼顾合作与竞争，欧亚大陆的各政治主体之间吁求多边互动、互相接近的意愿显著抬升，与此相伴的思想观念不断呈现。

（一）对"华盛顿共识"的反思助推欧亚新格局

冷战终结后，顺应客观需求而形成的全球化进程，在当时西方主导的历史背景下，身不由己地在其行进中夹带着欧美意识形态的深深印痕。因此全球化不光推动着世界经济融为一体，也伴随着西方模式在各地被普遍复制。因此，20 世纪 80—90 年代欧亚各地盛行自由化浪潮过后，自然也不可避免地出现了对于"华盛顿共识"的反思。21 世纪之后，在全球层面上，经过"9·11"事件、伊拉克战争、2008 年金融危机的冲击；在欧亚地区层面上，经过了从科索沃战争一直到乌克兰危机等地区危机的博弈，不仅从新兴国家，而且从欧美国家自身最有影响力的精英知识分子开始，广泛出现了对资本主义意识形态的批评，同时伴随着对西方文明体系开始走向衰落的深刻揭示。20 世纪 90 年代前期，曾具有

极其广泛影响力的"休克疗法"的大力推动者、哈佛大学教授杰弗里·萨克斯，自世纪之交开始，逐渐地转换自己的原先立场，并于 2017 年著文明确表示："当今世界最大的地缘政治趋势并不是'美国第一'……也不是西方与俄罗斯死灰复燃的冷战，而是欧洲与亚洲，尤其是欧盟与中国的经济一体化……一个重要的受益群体将是处在西欧和东亚之间的地区，包括俄罗斯与中亚的大部分地区。新基础设施将更加有效地把这些欧亚大陆腹地的国家与西欧和东亚联系起来。"①杰弗里·萨克斯是从当年"华盛顿共识"立场逐步转向接受中国发展道路的众多精英中较具代表性的一个。从他的表述中，我们看到的是一位历史见证者对该地区沧桑沉浮的反思，和他对未来欧亚大陆新格局与实现路径的期待。

（二）"历史多元" vs. "西方中心"：国际史观的新视点

20 世纪 80 年代以来，针对"西方中心主义"的立场，无论在人文研究还是社会科学领域，都出现了对于世界历史进程的多线发展与多样性特征的大量反思性的研究与诠释。这一股潮流经久不衰，反过来成为推动当代国际政治经济进一步走向多元、多极状态的强劲动力。在这一过程中，西方各领域出现了不同程度的思想转向。就欧亚大陆三大板块的历史地位的研究而言，具有广泛影响力的国际政治理论家巴里·布赞从"欧洲中心论"的国际关系历史观，转向以多文明共同创造国际关系历史的新视角，为

---

① Jeffrey D. Sachs, "Eurasia is on the rise. Will the US be left on the sidelines?" 2017-04-09. https://www.bostonglobe.com/opinion/2017/04/09/eurasia-rise-will-left-sidelines/RjCjzDf8edwngjWoMfzL6M/story.html.

各大板块多元、多样、多极态势的发展，提供了耳目一新的启示。2020 年 5 月 8 日，国立莫斯科高等经济大学邀请伦敦政治经济学院巴里·布赞教授做演讲，题目为："国际关系的非外省化：从全球军事观点出发的重要日期"。布赞提出：此前流行的国际关系历史分段，诸如，1648 年威斯特伐利亚体系、1815 年维也纳体系、1919 年凡尔赛体系、1945 年雅尔塔体系、1989 年冷战结束，较多侧重于西方中心主义的视角。在他看来，其中，1648 年威斯特伐利亚体系与中国似乎没有关联。按照他的初步最新研究，至少可以将最近五六百年以来的国际关系历史以新的划分标准加以分段：1453 年奥斯曼帝国攻占君士坦丁堡，1689 年中俄签署《尼布楚条约》（意味着中俄两大帝国确立边界、相当长时期中能够维持大体和平，并结束草原帝国的历史），1519—1521 年西班牙征服阿兹特克人，1839—1842 年第一次中英鸦片战争，1975 年美国越战失败，2001 年全球反恐战争爆发。布赞认为："这种重新思考历史的努力，可能会迫使人们转向从全球视角来决定国际关系的分段时期。这是必要的，因为西方在世界上的统治即将结束。"从"欧洲中心"转向"多主体世界历史进程"的思想谱系衍变，昭示了对于世界历史进程的认知与偏好正在酝酿着十分重要的转变。①

（三）地缘政治思想变化预示大国关系的新可能

21 世纪以来，地缘政治思想领域对欧亚大陆各大板块之间相

---

① 巴里·布赞：《足以重看世界历史的六个重大事件》，《全球政治中的俄罗斯》网站，2020 年 5 月 8 日，https://globalaffairs.ru/articles/buzan-peresmotr-mirovojistorii。

互关系的描述，正在发生变化。一方面，传统的对抗型地缘政治思想远未绝迹，甚至以更变本加厉的方式在误导决策与民众。这里，既有新保守主义为底蕴的"先发制人""不断革命"；又有超现实主义的"大国关系必然走向冲突"；还有种种形式民粹主义、种族主义在明或在暗地推波助澜。但另一方面，当代国际关系领域更富远见的思想探索，既不是冷战意识形态对抗；也不简单地仅仅是北约、欧盟的排他式扩张，而是出现了一种构建新型地缘政治关系的尝试。第一，传统对抗性的地缘政治思想依然存在，但正在出现向多方互动与协调方向的微妙转变。美国战略思想家布热津斯基在 2010 年 6 月俄罗斯雅罗斯拉夫论坛上，配合着美俄关系"重启"，曾公开呼吁建立包括俄罗斯、美国、加拿大、西欧、斯堪的纳维亚国家在内的"北半球民主共同体"。①这是从北约东扩、"颜色革命"，一直到美俄关系"重启"期间的一个带有明显意识形态排他性、含有一定程度对抗性的战略倡议。但是，到 2014 年乌克兰危机后，目睹欧亚大陆危机日趋深重，布热津斯基、基辛格等地缘政治大家则多次呼吁重视和建立中国、美国、俄罗斯之间的三边合作关系，一直到布氏的逝世。这一转向的含义意味深长。②第二，无论美国还是欧洲学界，都出现强调美、欧、俄等各大传统地缘政治主体的合理存在，而不是强调相互间的排

---

① 笔者于 2010 年 6 月间参加梅德韦杰夫总统发起的俄罗斯雅罗斯拉夫论坛，美国战略思想家兹比格纽·布热津斯基在该论坛上发表讲演，呼吁建立"北半球民主共同体"。

② Александр Братерский. Збигнев Бжезинский. Неплохо, если Путин будет думать о будущем. 2017-03-28. https://www.gazeta.ru/politics/2017/03/28_a_10599701.shtml.

他性、对抗性的新动向。欧洲资深学者萨科瓦在他的新著中引用十多年前美国地缘政治专家、霍普金斯大学欧洲系前主任戴维·卡莱欧教授的思想：强调美国、西欧以及以俄罗斯为主干的欧亚地区的各自独立存在、自成一体；主张在这样的基础上展开欧、美、俄之间的合作，而不是北约东扩式的扩张。①在类似权威人物的出版物中，也可见当年曾参与美国北约东扩酝酿阶段政策设计的前国防部长威廉·佩里的认真反思。他的基本观点是，为北约东扩曾经忽略对俄罗斯战略利益考量而感到深深的遗憾。②第三，在对欧亚大陆地缘政治走向的描述中，美国"可被取代性"的假设得到强调与关注。颇有影响的美国当代地缘政治研究家罗伯特·卡普兰描绘了未来欧亚力量分布的图景，直言美国作为"最后一个帝国"可被取代的前景。他认为：尽管"未来可能扮演地区稳定力量的势力——印度、俄罗斯、中国和欧盟"还有着各自的问题，"二三十年后，孕育新体系的条件可能会成熟，这一体系中有多个有影响力的行动者，以不断有机演化的依存关系为基础，组成新的政体结构"。虽然，"在那个时代来临之前，维持最低限度的秩序和稳定，仍主要是美国的任务"。但是"如果我们足够明智，就能认识到一个基本事实：我们是一个短暂的帝国霸权，我们受命经营一个帝国，而这个帝国正等待着自己被淘汰"。③卡普兰的这一表述，实际上，与布热津斯基在 20 多年前的名著《大棋

---

①　Richard Sakwa, *Russia against the Rest—The Post Cold War Crisis of World Order*, Cambridge University Press, 2017, p.137.

②③　［英］佩里·安德森：《大国协调及其反抗者：佩里·安德森访华讲演录》，北京大学出版社 2018 年版，第 43 页。

局》中把美国作为欧亚大陆"最后一个帝国"的"具有可替代性"的表述甚为接近。①

俄罗斯地缘政治学说90年代以来重新走红。但是与90年代以来具有广泛影响的"新欧亚主义者"亚历山大·杜金的地缘政治思想相比较，俄罗斯高等经济大学世界经济与国际关系学院院长、俄罗斯国防与外交委员会名誉主席谢尔盖·卡拉加诺夫所提出的"大欧亚伙伴关系"的理论主张，看来更多地被转化为俄罗斯官方立场。与杜金有所区别，在卡拉加诺夫有关"大欧亚伙伴关系"的最新阐述中，除了依然突出俄罗斯的地缘政治地位之外，强调"在其中扮演领导角色的应是俄罗斯—中国的组合。在朝大欧亚前进的同时，除了强化俄罗斯未来几年朝向亚洲的转向，还应思考在新的政治、经济和理念基础上与欧洲——这一传统伙伴落实合作"。②值得注意的是，尽管乌克兰危机以来，俄罗斯与欧盟之间摩擦不断，但是，俄罗斯主流精英还是不放弃要把欧盟纳入他们自己所构想的"大欧亚伙伴关系"的框架。

（四）主张美国离异于传统欧洲文明的新观点

特朗普现象的出现，催生着思想精英的反思：欧洲与美国究竟在多大程度上可以被视为一个统一整体，而在多大程度上欧洲文明与美国文明正走向离异。虽然，这一话题自2003年伊拉克战

---

① ［美］兹比格纽·布热津斯基：《大棋局》，中国国际问题研究所译，上海人民出版社1998年版，第181页。
② 冯绍雷：《大历史中的新定位——俄罗斯在叙事—话语建构领域的进展与问题》，《俄罗斯研究》2017年第4期，第3—33页。

争之后就成为欧美学术界关注和争议的话题，曾经吸引了包括欧洲主要思想家哈贝马斯和美国新保守主义流派的学者之间的争论。但是今天在特朗普现象的刺激之下，从文明和思想源头上区分欧洲与美国之间的努力，似乎正在重新开始。居住于伊斯坦布尔、担任哈德逊研究所（Hudson Institute）非住所研究人员、Flint Global 公司的顾问，并加盟中国人民大学的资深学者布鲁诺·马卡艾斯在其 2020 年出版的新著《历史已经开始——一个新美国的诞生》中提出：目前，美国正处于一个与其"欧洲过去"彻底切断的进程中，它将重塑自我，并作为一个完整的文明诞生。布鲁诺·马卡艾斯认为：受人尊敬的托克维尔犯了一个很大的错误，认为美国是欧洲梦的完美版本，但是，"美国与欧洲式的自由主义与启蒙运动有着巨大的区别，是一段与欧洲相互分离的"全新的开始。此书出版后引起了舆论的热议。美国国务院政策规划办公室前主任基隆·斯金纳评论说："这本见解深刻的书提出了大胆而违背直觉的论点。国际体系已为民族国家间文化和政治多样性的繁荣做好了准备。"①无论马卡艾斯的这一论点引起多大争议，至少表明，美国与传统欧洲之间的鸿沟正在日益加深。从客观上说，这一趋势不可避免地会作用于欧盟与欧亚大陆其他主体间的互动。

---

① "Reviews：History Has Begun"，2018，https://www.hurstpublishers.com/book/history-has-begun/，同时也参见 Network Video，The Author's Speech at "History Has Begun：The Birth of a New America" Book Launch with Bruno Maçães，15 April，2020。

（五）孕育中的未来欧亚观念格局的新形态

思想潮流的变换，推展着人们对未来欧亚地区格局，包括意识形态关系格局的种种考量。与上述对于布鲁诺·马卡艾斯有关欧美文明的割裂性的判断相反，中国学者施展在《枢纽》一书中提出："现代世界秩序有三大构成性要素，分别是海洋秩序、大陆秩序，以及海陆中介/枢纽秩序。作为体系的中国，内在地包含着海洋和大陆等多种要素，它们通过历史的演化与现代的整合，而凝聚为一个共同体；中国因此得以同时嵌入在现代世界的海洋秩序与大陆秩序之中，作为海陆中介/枢纽，因其超大规模而获得动能，将人类秩序联为一体。这是中国作为世界秩序自变量的真实体现，是中国作为世界历史民族的责任担当。"①施展强调，中国经40年改革开放介入世界经济大循环后，居于海洋法权和大陆法权体系之间的独特中介地位。这一独特而具有强劲势能的地位，不光凸显欧亚发展路径多样性，而且表达出对于不同治理空间之间的相互关联；作为兼具海洋性法权和大陆性法权特点的中国，其未来意识形态的构建，天然地承担着在主权界定与非主权界定两种形态之间相互连接的功能，必将在未来欧亚大陆各大板块内部合作与博弈进程之中，以及在调处与传统上居于主导地位的海外力量相互关系的复杂进程中，发挥重要而无可替代的作用。作为保守主义地缘政治思想家的亚历山大·杜金在 2015 年所著《多极世界理论》一书中对于中国所兼具的海陆地缘政治特征的刻画，曾经表达过与施展相类似的思想。②

---

① 施展：《枢纽》，广西师范大学出版社 2018 年版，第 8 页。

② Александр Дугин. Теория Многополярного Мира. Москва：Акад. проект. 2015. C.301—303.

总的来说，谋求欧亚大陆各个板块的自主发展与互相联通的经贸实务正在不断探索中向前推进；21 世纪以来国际力量对比的结构变动态势也表明中、俄、欧互相接近的逻辑可能；同时，对这种发展与连接所进行叙事体系的探索与建构，正在一步一步走向深化，并开始发挥实际影响。历史上还从来没有出现过以这样浩大规模与介入深度被推进的欧亚大陆强化内部联系的进程。

第四节　大陆各板块间的接近与合作又为何远非易事？

欧亚大陆各大板块之间要真正推进高水平的、稳定且持续的相互连接与合作进程，无论从其内部和外部来看，都远非轻而易举。

第一个问题，从地缘政治角度看，欧亚大陆内体量巨大的各大板块的聚合，难以避免在域外引起反应，首先是来自美国的反响。

其一，欧盟、欧亚经济联盟、"一带一路"倡议这三者之间尽管各自都很不相同，但是却都在世界事务的排行榜中占有突出的地位。就这组三边关系的能级而言，欧盟是当今世界体量最大的经济共同体，欧亚经济联盟则占据了最为广大的地域，而"一带一路"倡议的相关国家则拥有当今世界最多的人口数量和最为活跃的经济发展态势。[1]在这三者巨大动能的作用之下，欧亚大陆何

---

[1]　Ian Bond, "The EU, The Eurasian Economic Union and One Belt, One Road: Can They Work Together?"

去何从，势必牵动世界发展的走向。尤其是，欧亚大陆内部三大板块间相互关系态势始终与美国——这个身处欧亚大陆之外的"世界安全岛"，同时又是这一当今世界的最强大的实体——须臾不可分离。欧盟，是美国最大、也是最重要的传统伙伴；俄罗斯，是当今唯一与美国匹敌的军事战略竞争对手；中国，是仅次于美国的当今最大经济体。三大板块中的任何一方自身体量的消长，以及与美国关系的改变，都会引起美国的巨大反响。更不必说，正处动态变化中的三大板块之间的接近与合作一旦加强，美国更是会超乎寻常地做出应对。尤其，是当美国意识到自身对世界局势的掌控已远不如以往，而美国例外论的影响也大不如前的时候，它对于中、欧、俄三者间相互关系的走向，不言而喻地会格外敏感。

其二，从地缘政治因素将会恒久作用于国际政治变化的这一定则来看，海洋地缘政治与大陆地缘政治的差异与惯性，深刻作用于当代大国关系。大陆地缘政治凭借着陆地空间相互连续性的优势，便于形成互相连接的大陆政治经济合作；而海洋地缘政治以空间的非连续性为基本特点，以遥居海外的优势，回应欧亚大陆内部的种种聚合分离以及对于海外的影响；甚至，海外力量不必要大规模直接介入大陆内部利益分配，而只需要在大陆各个板块的复杂互动过程中，加上一个砝码，就很容易改变态势，使之有利于海外地缘政治态势。马克思在其名著《十八世纪外交史内幕》中曾提出：取得制海权后英国的根本利益在于：防止另一个海洋强国的崛起；并且，在大陆国家之间维持均势。马克思通过英国的案例对海陆地缘政治特性的这一判断是可供而后历史演变的一项深刻借鉴。①

其三，21 世纪以来，多次实践证明，一旦中、俄、欧相互接近态势出现，美国便会出手阻断。2003 年美国发动伊拉克战争，不仅旨在打击中东反美势力，控制能源产地，也敲山震虎，以期在俄罗斯与欧洲之间打进楔子，离间两者关系。②在此背景下，出现了当时俄罗斯总统普京、法国总统希拉克、德国总理施罗德"三驾马车"同时飞往纽约，参加联合国大会，抵制美国入侵伊拉克的这一幕。当时中国也坚决地反对美国发动伊拉克战争。可见，欧亚大陆各大板块的聚合水平敏锐反映着海洋与欧亚大陆两种地缘政治模式博弈的态势。有学者敏感地指出："经营中、俄、欧三角关系可能是中国外交在二十一世纪上半叶所面临的重大挑战。"③伊拉克战争后，全球地缘政治形势更趋复杂：一方面，北约与欧盟维持东扩的惯性，策动"颜色革命"；另一方面，21 世纪初，国际能源价格的大幅上升给俄罗斯带来经济振兴。强人普京聚合民意，不甘忍受西方压力，反呈强硬对抗的局面。

就当下论，类似于 2003 年伊拉克战争这样带有深刻的海陆地缘政治色彩的较量，历史上不乏其事，今后也不绝于世。(1)特朗普上台后一再宣布从叙利亚、阿富汗撤军，但不光难以脱身，却相反大张旗鼓地介入中东的阿以之争，同时与伊朗紧张军事对峙，这说明海洋地缘政治力量并不甘放弃对于大陆内部政治经济走势

---

① ［德］马克思：《十八世纪外交史内幕》，人民出版社 1979 年版，第 89 页。

② 冯绍雷：《伊拉克战争与地缘政治的复归》，《社会科学》2003 年第 6 期，第 30—37 页。

③ 相蓝欣：《互动中的中、美、欧、俄四极关系》。

的干预和影响，也望借重这种欧亚大陆内部的不均衡状态为自己谋利。（2）2019 年起，美国反导系统在东欧的波兰、罗马尼亚的部署——反导系统是以美国、而不是北约的名义在欧洲部署。这一部署表面上声称为对付伊朗，实际上，毫无疑问直指俄罗斯战略力量；同时，也大大制约西欧的走向。2020 年 6 月，特朗普宣布将从德国撤下的美军调往波兰部署，明显地是以北约军费开支为由，既施压于德国，又威慑俄罗斯，也为讨好波兰。一箭多雕，历来是海外势力介入大陆地缘政治的传统手法。（3）近两年来，围绕 5G 问题如何对待中国企业华为的欧美间的不同立场，包括围绕欧俄能源合作的尖锐分歧，表明美国不惜赤膊上阵，孤注一掷，也充分说明美欧间地缘政治经济利益的深刻反差。（4）2019 年 5 月下旬的欧洲议会选举显示：传统政党力量有所削弱、自由党与绿党崛起、欧洲各地选举版图进一步碎片化。有学者指出：对于美国而言，在以下的这三个假设性选项中："袖手旁观让欧洲自生自灭；积极介入让欧盟为美所用；粗暴干涉让欧盟加速崩溃"，特朗普很有可能采取"袖手旁观、釜底抽薪、加上积极介入欧盟的策略"。①总之，一有风吹草动，欧亚大陆的聚合与分离态势，都不可避免地引起域外政治力量，尤其是美国的高度关注和多方干预。

第二个问题，欧亚大陆三大板块之间被意识形态与地缘政治强化的身份认同，始终牵制着他们相互之间的接近。

意识形态问题，首先反映在提出"一带一路"倡议的中国与

---

① 崔红建：《欧洲外交未来风险敞口有多大》，《环球时报》2019 年 5 月 29 日。

欧盟间的相互关系上。总体上说，欧盟不支持特朗普政府与中国全面对抗的政策，但是欧盟始终声明欧盟与美国拥有共同的价值观与利益。欧盟与中国都支持多边主义立场，但是，欧盟一直认为这两种多边主义政策基于对原则问题不同的理解。在《香港特别行政区维护国家安全法》颁布后，欧盟不主张对中国过度施压，但还是同意成员国中止与中国香港地区的引渡法案。2014年中国与欧盟宣布建立"和平、增长、改革、文明四大伙伴关系"；但2016年以后，欧方对此很少主动提及；2019年后欧方单方面对中国提出"合作伙伴、谈判伙伴、经济竞争对手和制度性对手"的提法。①2020年欧盟轮值主席默克尔接受媒体采访时还表示："中国的例子显示，一个不民主的国家也可以取得经济上的成功，这对我们的自由民主政体是一个很大的挑战。"②令人十分感慨的是，20世纪70年代后半期，中国与欧洲间曾经以"超越意识形态发展关系"这一命题大步走出冷战对抗的阴影，如今虽难言时光倒流，但是意识形态的老调重弹，却实实在在地严重掣肘了双方接近与合作的进程。

地缘政治问题突出地体现在欧盟与欧亚经济联盟的相互关系上。冷战终结后，作为苏联国际法意义上的继承人，俄罗斯放弃了原有意识形态，但是，地缘政治博弈从未消失。面对着原苏联地区出现的一大批新兴独立国家，作为地区力量的中心——原有的大国也处于国家体制重构的过程中。这时便出现地缘政治与国

---

①② 黄静：《欧洲中国观的变化》，北京大学《国际战略研究》简报第95期，2020年7月18日。

家建构两重因素复杂相互交织：国家建构要求明确自身政治边界，固化自身的直接管辖与周边势力范围；而大陆地缘政治空间延续性的特征，使各比邻政治单位间的历史联系难以割断。帝国惯性与新兴独立国家之间的认同张力不断挑战着稳定现状的努力：你中有我、我中有你，政治疆界并不太清晰的现实，反而是历史的常态。欧盟与欧亚经济联盟对于乌克兰的东拉西扯的争夺，就是一个典型的例子。

在各大板块内部，意识形态与地缘政治或是与身份认同紧密关联，或是间接折射，但都深刻影响着它们的相互关系。以欧盟一体化为例，它的区域化进程历史最为长久，经验最为丰富。但是，无论是难民危机、还是英国脱欧；包括疫情来临之后维护各国自主安全，以及加强欧盟整体救助能力等事态所揭示的欧盟内部国家自主性和地区一体化进程这两者间的深层矛盾问题，还只是刚刚露出冰山一角。

若以欧亚经济联盟为例，这是在冷战结束以来最为困顿条件之下建立起来的区域合作组织。尽管以欧盟为模版，然而主权国家依然是其底色。在欧亚地区的区域化进程中，不光有关主权让渡水平的争议依然牵制着欧亚经济联盟的发展，而且，俄罗斯与周边国家在不同地缘政治经济与身份认同考量下的内外多方博弈，还牵制着欧亚经济联盟的走向。其中的一类变化是，一旦热点冲突发生，比如乌克兰危机过程中的克里米亚归属变化，国际媒体便马上敏感地关注俄罗斯与其他周边国家关系的新变化。另一类变化，比如，近年来中亚五国内部自主合作进程有所加强，一向被视为难题的各国政治交替过程显示出较为稳健的态势，同时，中亚发展多方向外交与跨地区战略合作的抱负有所提升。这对于欧亚经济联盟的凝聚力提出了更高要求。再有一类的变化是，从欧亚经济联盟的外部来看，美国在形式上也改变了"颜色革命"时期所惯用的"政权更替式"的令中亚各国不安的战略路径，而是改为"支持中亚五国的主权、独立和领土完整"新的政策口径。2015 年"5+1 方式"确立后，美国大力加强与中亚五国，特别是哈萨克斯坦和乌兹别克斯坦的关系。美国对中亚政策的调整，显然是期待在介入欧亚大陆核心区域时发挥更显著的作用。[①]所有这些变化，都是欧亚经济联盟在成长过程中所面临的严峻挑战。

第三个问题，三种区域进程相互交织，却又各自结构差异巨大，三者之间的互动和对接会是一个复杂长期的渐进积累过程，难免反复和曲折，尤须长期艰苦努力的准备。

从三大板块中的各组双边合作的实际进程来看，欧亚经济联盟与"一带一路"倡议确认通过"对接"来推进合作。这一政治意愿的表达和确认，为未来合作留下了极大空间，双方也有足够的资源与智慧来实现这一目标。但是，"对接"的全面实施将会是一个长期磨合和逐步推进的复杂过程。"一带一路"与欧亚经济联盟之间互联互通并不仅仅是一个纯粹经济合作问题，而且还是一个长时段、多领域、富于人文内涵的国际政治经济学问题。无论铁路轨距的宽窄，还是园区建设的定位，也无论银行贷款的利率

---

① 美国南亚和中亚事务助理国务卿艾丽斯·韦尔斯（Alice Wells）2019 年 2 月 19 日在塔什干世界经济和外交大学的讲演。Выступление первого заместителя помощника Госсекретаря США по вопросам Южной и Центральной Азии Элис Уэллс в Университете мировой экономики и дипломатии Ташкент, Узбекистан 27 февраля 2019г. https://uz.usembassy.gov/ru/remarks-by-ambassador-alice-wells-ru/.

选择，还是企业员工当地化的水平，都关系到中国、俄罗斯，以及其他相关国家之间复杂而敏感的社会心态、政治文化、安全认知等各个方面。这远远不是一个一蹴而就的过程。2019 年 10 月 25 日，李克强总理和欧亚经济联盟各成员国总理共同发表《关于 2018 年 5 月 17 日签署的〈中华人民共和国与欧亚经济联盟经贸合作协定〉生效的联合声明》，其中关键性内容在于：逐步按照 WTO 原则来构建未来"一带一路"与欧亚经济联盟间的经济合作关系，从而将中国与该地区的合作从项目推进提升到一个体制共建的新阶段。这是一个巨大的进步。但即使如此，中国与欧亚国家也还需要相当长的时间，通过从"构建规则"逐步地向"构建体制"的艰苦过渡，才能够真正使"扩员""对接"有所推进，特别是在大国关系激变、疫情冲击等突如其来的新形势下，在探索与实践中去解决多边利益、多领域交织的复杂问题。

中国与欧盟之间反复曲折的竞争与合作过程。新世纪中欧合作从来是在一波三折的曲折中向前行进。从对中欧关系的简单回顾来看，2001 年和 2003 年中欧分别宣告建立"全面伙伴关系"和"全面战略伙伴关系"。2004 年后欧盟成为中国第一大贸易伙伴。2008 年金融危机中，中国成了欧盟在全球唯一增长的出口市场。一直到 2016 年，停顿十年之后，欧盟再次发表对华政策文件，规划对华战略。2018 年中国发表最新对欧政策文件，呼应欧盟对华合作的愿望。[1] 以近两年而言，2019 年 3—4 月中国领导人访问欧洲，虽然过程极其复杂，但对于合作的期待，还是更主导的方面。

---

[1]　丁纯等：《改革开放以来中欧外交、经贸关系 40 年回顾》，载徐明棋主编：《多重挑战下的欧盟及其对外关系》，时事出版社 2019 年版。

临到 2019 年中欧峰会即将举行前，欧洲舆论不光放出该次中欧峰会不达成协议和不公布联合声明的口风；欧盟委员会 3 月 12 日更是发表措辞强硬的"十点声明"，前所未有地指认中国是"在追求技术领导地位过程中的经济对手"、是"谋求可取代性治理模式的制度竞争者"。但是，最终中欧还是达成了具有突破性意义的联合声明。①2020 年 6 月疫情冲击的非常形势下，中欧双方以视频会议举行峰会，释放出力争在 2020 年底前达成被舆论视为中欧经贸关系 2.0 版的中欧投资协定的积极信号。不言而喻，这一进程始终十分艰难。一方面，欧盟抓住机遇、顶住内外压力、期待改变现状。但另一方面，欧盟对华认知总体上仍处于相当矛盾和纠结的十字路口：既想强硬对华施压，但实际利益又对之深深制约；既想在意识形态和价值标准问题上与华纠缠，但又显苍白无力，这样的瞻前顾后、动摇不定，还将会是欧盟在一个相当长时间中都难以避免的态度。2020 年底，中欧双边投资协定谈判成功，但是在具体执行和落实协议过程中，仍然有大量争端问题需要解决。

　　欧盟与欧亚经济联盟之间较为正式的互动，还在等待突破的时机。按照欧洲改革中心专家兰邦的意见，欧盟虽然意识到欧亚经济联盟的巨大存在，但始终在怀疑，这一进程是否可能更多是基于俄罗斯地缘政治范围影响之内的一个项目，而不是伙伴间平等合作项目。②欧盟与欧亚经济联盟这两大板块尽管在成员国水平

---

①　European Commission，"Press release：Commission reviews relations with China，proposes 10 actions"，Brussels，12 March 2019.

②　Ian Bond，"The EU，The Eurasian Economic Union and One Belt，One Road：Can They Work Together?"

上建立了大量正式交往关系，包括在俄罗斯与欧盟之间，但是两
大联盟组织之间却没有任何正式合作条约。2020 年 6 月 30 日，欧
盟继续以"黑客入侵"为由，再次延长对俄罗斯的经济制裁，一
直到 2021 年 1 月 30 日。俄罗斯则决定以牙还牙，进行反制。与此
同时，欧盟与中亚地区经济政治联系多年来并未中断。2019 年
5 月 19 日，欧盟以外交和安全事务特别代表名义发表《欧盟与中
亚：战略伙伴关系新机遇》的正式文件。该文件并没排除人权等
传统议题，但强调"基于强劲相互利益的长期伙伴关系"，重申与
上海合作组织、集体安全条约组织在安全领域的合作关系，关注
通过加强交通运输、贸易投资、边境管理等方面事务的欧洲与亚
洲之间的紧密纽带。①但是，欧盟与中亚的双边合作在多大程度上
能被融入未来可能的欧、俄、中之间总体多边合作框架，特别是
俄罗斯依然处于欧盟国家经济制裁的严峻态势之下，欧盟与欧亚
经济联盟之间的互动何时启动，尚待时日进行观察。包括，俄罗
斯与欧洲之间的能源合作长期以来一直是两者之间稳定关系的基
石。21 世纪以来，"北溪-2"天然气管道的推进为俄罗斯与欧洲国
家之间的能源合作开辟了一个很大的合作空间。但是，不光特朗
普言之凿凿地警告俄欧能源合作将会带来的问题，彭佩奥于
2019 年、2020 年春天接连访问中东欧诸国，显然刻意在俄欧之间
打进楔子。2020 年 7 月波兰的总统大选结果表明，尽管执政党将

---

① European Commission：High Representative of the Union for Foreign Affairs and
Security Policy, Brussels, 15.5.2019, Join(2019) 9 final, "Joint Communication to the Eu-
ropean Parliament and the Council：The EU and Central Asia：New Opportunities for a
Stronger Partnership".

继续掌握政权，但在对欧盟、俄罗斯、美国的政策立场方面有所不同的胜负双方，民意支持率几乎不相上下。这说明，获得美国支持的波兰今后将如何牵制俄欧之间"北溪-2"的能源合作，依然是值得关注的一个领域。

总之，以上种种复杂因素还牵制着欧亚大陆上这三大板块之间的互动与趋近。无论从哪一个角度来看，这三者之间的合作远非轻而易举。

第五节 "一带一路"对三边互动的意义与路径

如上所述，欧亚大陆三大主体间既存在互相接近与合作的强劲趋势与潜能，又面临着阻碍和牵制着它们之间接近与合作的一系列障碍。在这样同时存在着的两种局面与趋势之下，如何调处三大主体间的相互关系，便成为这一项宏大决策的关键性考量。正是在这样的背景下，"一带一路"倡议凸显出它的十分重要的现实意义和长远价值。

一、"一带一路"凸显联通与互补的重要价值

冷战结束之后，欧亚大陆各个力量中心间曾尝试通过各不相同的方式来构建相互之间的关系，但其成败利弊引发反思。一种是"民主扩张式"的区域连接：北约与欧盟在东欧地区推动制度转型和扩大成员国进程之中，其作用虽然因地而异，不尽相同，

但这一具较强意识形态色彩，伴有排他性、差等结构式的跨区域过程，引发了欧美与"被转型"国家间的不少问题。21世纪以来，欧亚地区的多次危机，特别是乌克兰危机证明：西方排他式区域建构无节制的扩张，导致各方对立，引起欧亚国家内部及东西方相互关系中的深重后遗症。乌克兰危机后，除俄罗斯等国对这一模式的尖锐批评，包括欧盟精英在内也开始对此进行反思。①

　　另一种连接，是"传统纽带式"的区域聚合：欧亚经济联盟力求运用原苏联传统基础设施、经济与人文关系的纽带，发掘该地区的合作潜能，模仿欧盟推进一体化。但问题是，不光受内陆地理条件限制，欧亚经济联盟无论是其对外交往受限制，还是其过度依赖资源的经济模式都已日益显示弊端。在此同时，苏联模式的阴影始终难以消散，欧亚经济联盟成员国既保持同俄罗斯合作，同时大力发展多边外交，内聚力始终受到考验。因克里米亚危机，欧亚经济联盟与欧盟尚未恢复交往，与"一带一路"的对接也还刚刚开始，因此，欧亚经济联盟的真正发展机遇的出现，还有待时日。

　　再一种连接方式是"多元并存式"区域合作：如上海合作组织的跨区域进程，主张不同历史文明背景、不同意识形态和社会制度、不同国力大小和发展程度的各国之间，平等友好相处，互利共赢发展。该模式发展也遇到了各种困难和挑战，如何在"非均质"的成员国之间有效推进合作，在实践中要比理论上和想象中艰难得多。问题之一，一方面，上海合作组织为中国经济高速

———————————

　　① 佟巍：《欧盟东部伙伴关系计划：周边治理的理念与实践》，载周弘等主编：《欧盟对外关系》，中国社会科学出版社2018年版。

发展带来的"外溢效应"提供了一个极其重要的国际合作平台，但是，另一方面，中国前所未有地进入了俄罗斯传统影响地带，在双边和多边层面上会经过很长时间的耦合，才能真正有效地推进合作。问题之二，上海合作组织成员国的极其多样性，使得该组织在发展方向的选择、成员国内部关系的协调等方面会经过一个相当长时间的制度化过程。因上海合作组织的开放包容、平等互利的特性，使得各成员国能够在一个自己创造的新兴国家地区组织中相互适应、合作成长。但是，在当前国际变局之下的上海合作组织各项具体目标的实现和落地——特别是面向欧亚大陆纵深地带的推进有效合作——各方意向不一决策速度迟缓，因此尚需新的动力与新的路径。

上述对欧亚大陆三大区域建构的思考和评估，有助于探讨当代大变局下更为理性务实的相互连接和接近的新路径。

从形式上看，"一带一路"倡议并不具备欧盟和欧亚经济联盟那样的区域体制构建，如何与上述两种具有较为明确而固定体制构建的区域进程交往与合作，还是一个探索性的课题。需要重新思考的问题是：第一，欧盟和以此为楷模的欧亚经济联盟乃是区域合作建构中的"同质进程"，但是，这样的"同质结构"并没有排除它们相互间的关系擦枪走火，甚至正面对抗。原因在于，现有区域进程建构并没有能够解决两大板块之间，特别是在两大板块交错部分——比如欧盟与欧亚经济联盟在乌克兰——的利益切割与竞争性问题。第二，欧盟与俄罗斯两大区域建构之间虽然在经济结构上相互依赖，但是，这种结构上的相互依赖性的实现，还需要兼顾内部和外部的大量复杂因素。2014 年后的乌克兰危机和克里米亚事件，说明在这两大区域建构之间互补潜能的存在，完全不排除同时还有着"对冲性"张力。第三，事实表明，问题并不在于：需要合作的各个地区构建间是否具有相似的区域制度构建；经验证明的恰好是相反的事实：即使制度相似，一旦地缘政治与经济利益相悖，仍孕育着非常巨大的冲突风险。由此而来的启示是：当今欧亚大陆各大主体间的交往，需要通过非传统区域构建的设置，尤其是避免意识形态和安全利益方面人为排他性的构建设置，包括避免仅仅是以单一文明单位划分，而是以新的跨文明共同体形式的区域交往模式。就此而言，"一带一路"倡议中的非区域性制度构建、非单一文明单位为基准、非意识形态和安全领域的人为排他性等特点，可以成为欧亚大陆各板块之间争取平等交往与互利合作的有效功能与路径。

二、"一带一路"以独特的体制创新服务于既定秩序的完善

"一带一路"倡议虽然没有提出关于未来区域体制构建的具体预设，但是，几年来的实践中已经出现了一些辅佐性的体制机制安排，旨在对现有秩序起到完善和改革的作用。

其一，亚投行的典范：以现有机构的示范助力于欧亚合作机制的演进。

中国与当今一百多个国家共同创设的亚洲基础设施投资银行（简称亚投行），包括金砖国家发展银行等一类多边合作机构，正在为欧亚合作提供机制上的铺垫。亚投行以其开放合作的价值观念、独特的内部治理结构、雄厚的资金实力，以及公平有效的贷款项目管理，不光吸引了英、德、法、意等工业发达国家的加入，

而且，早在 2017 年就获得三大国际金融评估机构三 A 最高信用评级。亚投行在未来欧亚三大板块合作中所能够发挥的作用，得到了国际社会的普遍期待。

从笔者参与的有关欧亚大陆多边合作的国际研讨中，经常被提及的观点是，中亚可能是这一宏大合作进程成败与否的关键区域。有鉴于此，来自欧洲专门从事这一领域研究的资深学者法比耶纳·博叙主张从亚投行等金融机构的介入，来探讨未来欧亚接近与合作的路径。她提出："在实践层面上，短期内以'混合'的形式进行合作：欧盟可以提供一笔补充资金，以欧洲复兴开发银行（EBRD）发放贷款，然后再由中国主导的亚投行提供贷款。欧洲复兴开发银行已与亚投行共同为中亚地区的项目提供贷款。由于欧盟经常与中亚地区的欧洲复兴开发银行合作，并认为亚投行是符合国际规范的可靠合作伙伴，因此，作为小规模试验的这一做法，可以推动今后更大规模的联合融资计划。"她又补充道："从长远来看，欧盟和中国开发银行（如中国开发银行和丝绸之路基金）之间的直接合作也是可能的。在中欧共同投资基金计划下，欧洲已经出现了这种情况，该计划由欧洲投资基金和丝绸之路基金共同设立，旨在促进'一带一路'和'容克计划'之间的协同效应。在中期，欧盟与中国开发银行之间的直接合作可能在中亚地区成为现实。"①从长期效果看，这样的投融资合作机制势必有可

---

① Fabienne Bossuyt, "Connecting Eurasia: Is Cooperation between Russia, China, and the EU in Central Asia Possible?" Russian International Affairs Council, May 30, 2019, https://russiancouncil.ru/en/analytics-and-comments/analytics/connecting-eurasia-is-cooperation-between-russia-china-and-the-eu-in-central-asia-possible/.

能推动制度层面的互动、开放、合作的逐步深化。

其二，"17+1"：创设多边合作平台。

2019 年中欧峰会期间，中国与中东欧十六国间的磋商平台进一步拓展成为吸收希腊以后的"17＋1"。尽管此前的 2019 年 2 月，美国国务卿蓬佩奥专访中东欧的斯洛伐克、匈牙利、波兰，旨在对中俄等在该地区的合作施加压力，[①] 但并未根本改变中国与欧盟成员国和非欧盟成员的欧洲中小国家间的合作意愿。其根本原因在于：当欧盟还不能如在欧洲核心地区那样关顾相对后进地区发展的时候，中国的存在弥补了这样的遗憾：无论这一平台设置将会遭遇怎样的困顿，从方向上说，这既有利于欧盟均衡发展，也成为中欧关系的有益补充。

中国与中东欧国家之间的合作还吸收了"金砖＋"机制，以金砖国家为核心带动周边合作的经验，波兰"三海倡议"汇集了波罗的海、亚得里亚海、黑海周边的 12 个成员国，其中 11 个曾是"16＋1"的成员。虽然这一进程颇为曲折，但鉴于新欧洲不光在当今欧盟事务中，包括在欧美关系中的作用也令人注目，因此，借助新欧洲在当地的现有网络，实现增益效应，是一项值得进一步尝试的举措。迄今为止，尽管欧洲舆论对此还存在争议，但是这一进程是在高度体制化的欧盟和相当务实灵活的"一带一路"倡议这两个不同类型的进程之间，所形成的一个对话与合作的机制，其中积累了多方谋求发展合作的意愿和创新的实践。因此，尽管

① Aime Williams in Washington, James Shotter and Monika Pronczuk in Warsaw and Michael Peel in Brussels, "US warns of Huawei's Growing Influence over Eastern Europe", https://www.ft.com/content/09928e84-2be0-11e9-a5ab-ff8ef2b976c7, 2019, 2, 10.

经受挑战，这一进程仍将在风浪中前行。

三、疫情冲击下的重大挑战和发展调整的机缘

2020 年新冠肺炎疫情的严峻挑战，既给中、俄、欧三方造成巨大挑战，但同时，也带来中、俄、欧三边关系调整与发展的重大机遇。

一方面，美国面临疫情迁延传播而无法控制的局面，打乱了特朗普谋求连任的计划，于是企图以"甩锅"中国、抹黑俄罗斯、打压欧盟等一系列手段，嫁祸于人。特朗普试图进一步以"脱钩""退群""制裁"等手段大幅度毁坏多年来构建而成的建设性大国关系。观其结果，除四处树敌之外，特朗普政权一无所获。从深层次看，特朗普政权的胡作非为反映的是全球化进程遭逢逆转、欧美发达工业国家处于衰落的全面调整之中、保守主义与极端主义势力崛起，再加上面临着疫情危机、能源金融危机、大国关系危机、文明与种族间危机等综合性危机同时爆发，从而使得中、俄、欧诸大国处于前所未见的艰难局面之下。

在此同时，疫情大流行和美国霸凌政策在客观上又给中、俄、欧这三大板块的接近，提供了重要的历史机遇。

其一，疫情期间，美国再一次同时挑战中、俄、欧三方，犯下国际政治中企图"长臂施压"而伸展过度之大忌。本来，2020 年 1 月中美第一阶段经贸协定的签署，以及疫情的来临，为中美两大国的接近带来了机会。但是美国肆无忌惮地对中国发动了一波又一波的舆论攻击、经济阻遏和在南海地区以及台湾海峡

的军事威胁，企图将中美关系拉回到尼克松访华之前的对抗状态。
美俄关系本来是两国政治精英寄予厚望能够得以调整的一个领域，
但是，美国坚持要退出《中导条约》《外层空间条约》《新削减战
略核武器条约》等一系列美俄之间重要双边军事安全条约。加上
大选来临之际，所谓"俄罗斯干涉美国大选"的话题旧事重提，
使得半年内普京与特朗普之间已经五次元首通话旨在改善美俄关
系的努力，难见突破。美欧关系也原本是处于力量不对称格局之
下的西方盟友关系。但欧盟在处于弱势的背景之下，面对美国在
伊朗、古巴、国际刑事法院以及国际气候问题上一系列对欧洲严
重不利的举措，特别是在"北溪-2"天然气管道项目和"土耳其
溪"二线工程项目上的连续打压，欧方官员忍无可忍。欧盟外交
与安全政策高级代表何塞普·博雷利（Josep Borrell）声明：美国
实施"域外制裁"违反国际法。德国外交部长马斯表示：反对美
国对参与"北溪-2"输气管道项目的相关企业实施制裁，欧洲能
源政策应由欧洲制定。①表面上看，美国出于疫情无法控制，以及
大选中的激烈竞争，特朗普政权方寸大乱，急不择路，于是向中、
俄、欧三大主体发难。实际上，这还是国际大变局下，美国霸权
衰落、而欧亚大陆三大主体有意趋于互相接近与合作这一趋势的
反映。

其二，疫情凸显了"一带一路"倡议所蕴含的巨大潜能。

近年来在"一带一路"倡议推进过程中，国际舆论广泛关注
有关中欧班列、希腊比雷埃夫斯港项目、塞匈铁路、中白工业园

---

① 新华社布鲁塞尔 2020 年 7 月 7 日电：《欧洲政策应该由欧洲决定》，《解放日报》2020 年 7 月 19 日。

区、5G 合作等大型标志性项目的推进。疫情期间，令人振奋的是，以上几乎所有项目在面临十分严峻的国际挑战面前，都拿出了令世人瞩目的成绩单。

疫情下，全球贸易与交通运输急剧下降。但"一带一路"沿线投资依然增长 11.7%；贸易额增长 3.2%。其中，得力于中欧班列的巨大贡献。2020 年 1—4 月中欧班列开行数与发货量同期上升 24% 和 27%，累计运送 8 000 吨抗疫物资。

继 2019 年底中国承建和运营的希腊比雷埃夫斯港完成 565 万标准集装箱（TEU）运输量，从而使得十年前濒临破产的该港口到如今已经跃升成为地中海第一大港、欧洲第四大港。疫情之下，该港口坚决配合希腊政府防疫举措。在严格管理之下，整个公司上千名中外员工在当地严重疫情下，无一人受感染，同时，2020 年 1—4 月比港的三个码头集装箱货运量同比增长 2%。

国际媒体多年聚焦的塞匈铁路项目，于疫情之下的 2020 年 4 月 24 日，在国家发改委推动下，中国进出口银行与匈牙利财政部签署匈牙利路段贷款协议，标志着这条曾经推迟多年的国际铁路项目正式进入实施阶段。该项目于 2019 年 5 月中匈企业联合体经过关键性的公开招标程序成为项目主承包商，并签署工程总承包（EPC）合同。2020 年 5 月 19 日，匈牙利国民议会以 133 票赞成、58 票反对和 3 票弃权通过了塞匈铁路升级改造工程法案。这说明塞匈铁路完成了极其关键的一项法律程序。

中国最大的海外工业园区——中白工业园区于 2020 年 2 月 25 日正式宣布成为白俄罗斯首个 5G 应用技术试验平台，并由华为白俄罗斯公司提供 5G 设备。该工业园区的 5G 项目试验将推动无人机、无人车、无人仓库等一系列项目落地，并由白俄罗斯向周边地区推广。

在疫情的艰难形势下，"一带一路"大型标志性项目的显著推进，标志着中国与当地政府与合作方共同推进"一带一路"的坚定决心，也说明即使在疫情的非常时期，"一带一路"项目所具有的巨大潜能和影响力。

其三，"一带一路"倡议对于中、俄、欧长期合作的意义。

值得注意的是，上述"一带一路"大型标志性项目在疫情下坚定不移地向前推进这一现象所蕴含的长时段作用与意义。

首先，"一带一路"成为欧亚大陆贯通南北东西贸易运输通道的重要铺垫。联通欧亚大陆两端的东亚与欧洲，是"一带一路"倡议的初衷。目前，联通欧亚大陆东西两端有三条贸易通道：第一条传统航道是从中国和日本等东亚地区，经南海，进入马六甲海峡，再经印度洋、阿拉伯海、红海，出苏伊士运河，横穿地中海，出直布罗陀海峡，再北上西欧和北欧各个港口，然后通过陆地交通辐射整个欧洲。这是目前最主要的以海运为主的贸易通道。第二条是中国与欧亚伙伴近几年创建出来，从中国武汉、义乌、乌鲁木齐等各城市出发的中欧班列，经俄罗斯、中亚、东欧，然后到德国、奥地利等欧洲核心地区。显然，这一条贸易通道对于欧亚大陆纵深地带的内陆国家有着特殊的重要意义。第三条中欧海陆快线，从远东地区港口出发，到达希腊比雷埃夫斯港，通过建造中的塞匈铁路，经马其顿、塞尔维亚、匈牙利、罗马尼亚、保加利亚、捷克、斯洛伐克、奥地利等中东欧国家，未来将辐射整个欧洲大陆。这条海陆快线结合海洋运输的低成本和铁路运输

的时间优势，时间上比传统海运路线缩短 7—11 天，运营成本不到
从中国出发的中欧班列的四分之一。①短短的几年中，横贯欧亚大
陆东西两端的贸易通道从一条增加到三条，这不能不被看作"一
带一路"倡议为中、欧、俄三方互联互通所做的重要铺垫。尤其
重要的是，目前连接欧亚大陆东西两端的运输通道日益活跃，但
相比之下，在欧亚大陆中部地区能够在波罗的海与地中海、黑海
之间贯穿南北的交通干道，欧盟与俄罗斯虽都有期待，但却难以
推进。在此背景下，从比雷埃夫斯港经过塞匈铁路而深入欧亚大
陆的线路，不仅着意于打通南北，而且将欧亚大陆的东西走向和
南北走向的通道，能够逐步连成一片，推动欧亚大陆各方的
联通。

其次，"一带一路"为跨国、跨领域、跨行业的超大型复杂项
目提供积累。

"一带一路"标志性项目的一个特点，在于促使了多国、多领
域、多行业在前所未有的宽广而复杂范围内的国际大项目合作的
经验积累。

上述海陆快线通道，包含了比雷埃夫斯港口和塞匈铁路两个
大型跨国项目。虽然，这两个项目涉及许多国家与地区，但是由
于这两个项目对于欧盟国家，特别是经济较为后进的南欧、中东
欧与东南欧地区国家有着极其重要的意义。因此，尽管无论是欧
盟还是项目所在地国家都对十年前就已经提出的这个项目的立项
过程给予高度重视和严格要求。经过了长时间的谈判和沟通，其

---

① 曲胜斌：《中欧陆海快线助力中欧"一带一路"建设》，《中国远洋海运》
2019 年第 9 期，第 54—55 页。

中还包括 2016 年来自欧盟对于该项目的专门调查。历经重重考验，欧方最终还是接受了这个项目。2018 年 9 月，欧盟提出"欧亚互联互通"战略，系统地阐述了欧盟对于欧亚大陆互联互通的构想与实施路径，表示愿意同包括中国在内的亚洲国家加强合作。①从现有文献看，鉴于海陆快线项目涉及不光是东西方十几个大小不同背景的国家，而且涉及海陆运输、基础设施建设、国际国内法律事务、项目规划管理、技术标准和知识产权等异常纷繁复杂的跨国、跨行业、跨领域的知识与信息，毫无疑问，这一项目对于加强各国间的沟通和合作，对于优化各领域的复杂知识、信息和技术准备，对于促进这一复杂系统中的各方衔接，以推动互联互通，都有极大的好处。②

同时，"一带一路"在推动欧亚大陆内部合作时，兼顾海外主体的公平参与。欧亚大陆的中、俄、欧三方合作能否得到推进的一个关键，乃是如何调处与欧亚大陆之外的国际主体，特别是美国的参与。值得关注的是，"一带一路"的标志性项目从起步开始就关注到了这一重要环节。例如，中白工业园区是不同于一般的企业主导型的工业园区，它是在中国与白俄罗斯两国政府大力推

---

① 曲胜斌：《中欧陆海快线助力中欧"一带一路"建设》，第 54—55 页。

② 桑小川：《中国对欧港口投资的缺失与风险——以比雷埃夫斯港为例》，《国际论坛》2019 年第 3 期，第 22—36 页；毕森等：《21 世纪海上丝绸之路沿线港口及港城关系变化分析》，《中国科学院大学学报》2020 年第 1 期，第 74—82 页；鲁阳：《评估比雷埃夫斯港作为"一带一路"倡议下枢纽港的影响》，《中国水运》2020 年第 5 期，第 14—17 页；李雄等：《中国企业投资进入希腊港口的启示》，《港工技术》2020 年 2 月号，第 85—89 页；宋剑等：《境外铁路合作项目管理实践与探索》，《中国铁路》2020 年第 3 期，第 17—21 页；武翔等：《基于匈塞铁路的税收筹划相关问题的分析》，《中国铁路》2019 年第 6 期，第 28—33 页。

动之下的一个中国海外最大规模的工业园区。白俄罗斯总统卢卡申科曾亲自下令给予十年免税和 99 年土地使用权的优惠待遇；习近平主席在 2010 年和 2015 年先后两次亲自到"巨石"工业园区进行考察。截至 2018 年 7 月，中白"巨石"工业园区已经有 36 家企业与机构入驻。这 36 家入驻单位中，除了来自中国、白俄罗斯的企业，还有来自德国、美国、瑞典、以色列、奥地利、立陶宛等国的企业与机构。德国企业作为园区股东，还拥有 0.67% 的具有象征意义的股份。中白工业园区的这一开放式姿态，为其以后的进一步拓展和开放打下良好基础。①

美国智库对于"一带一路"的推进，一直是有着不同的反应。其中不无带有疑虑的立场。比如，或是强调以"多边化加以应对"；或是主张"应与中国良性竞争"，"旨在重获基础设施项目上的主动权，并先发制人地保护战略上非常重要地区不受未来中国投资的影响"。②同时，也有智库和学者提出较为积极合作的态度。比如有学者提出："一带一路"是协调欧亚大陆内部聚合与美国利益之间关系的非常可能的有效途径，包括欧亚大陆之外的合作。比如，有学者建议，美国与澳、日、新等联手取得了巴布亚新几内亚国家电网 17 亿美元项目。由于巴布亚新几内亚已经加入"一带一路"倡议，所以，可以利用这样的空间寻求与中

---

① Дмитрий Колькин. Беларусь. Сравнительное исследование промышленных парков и особых эконмических зон 2019. 4. 30. http://www. beroc. by/publications/policy_papers/belarus-sravnitelnoe-issledovanie-promyshlennykh-parkov/.

② Amar Bhattacharya, David Dollar, Rush Doshi, et al., "China's Belt and Road: The New Geopolitics of Global Infrastructure Development", the Brookings Institue, April 19, 2019.

国的合作。①美国智库学者甚至开始讨论在"一带一路"比较关键的地域枢纽酝酿如何寻找合作的机会。比如，美国外交学者网站发表了萨贝娜·西笛基的文章提出：中国和巴基斯坦双边合作开发瓜达尔港的开通，大大缩短了中国与中东、非洲之间贸易距离。因此，沙特阿拉伯、阿联酋等国近来也显示出参与瓜达尔港建设的巨大兴趣。如果这一趋势得以推进，那么，这不光将大大提升瓜达尔港本身的国际开放度，而且也将撬动与沙特阿拉伯等有着传统伙伴关系的美国等大国的合作。②

再有，"一带一路"经验有助于国内国际两大市场交织发力和深化改革。

自2011年3月首列中欧班列"渝新欧"开行以来，中欧班列的系统运行已经有将近十年的历史。该项目的目标之一，是打破欧亚地缘政治经济的国家间阻隔，缩短时空距离，推进跨国跨洲的陆路运输的常态化和便利化。经过各方共同努力已使得这一目标显著地得以实现。其中，包括疫情暴发后2020年2月24日中方提出"海关—铁路运营商推动中欧班列安全和快速通过伙伴合作计划"（"关铁通"）等十项举措的有力推动。目标之二，通过中欧班列来实现"磁场效应"，提升沿途城市的产业聚合和"溢出"效应。因"渝新欧"的启动，使得惠普、宏碁等笔记本电脑巨头落户重庆，重庆因而成为全球最大笔记本电脑生产基地之一；因

---

① Parag Khanna, "Washington Is Dismissing China's Belt and Road. That's a Huge Strategic Mistake", *South China Morning Post*, April 30, 2019.

② Sabena Siddiqui, "Why Saudi Arabia Joining CPEC Matters", https://thediplomat.com/2019/02/why-saudi-arabia-joining-cpec-matters/2019, 2, 2.

"蓉欧快铁"，使得已在成都落户的戴尔、TCL、联想等企业扩大在成都的规模；也因中欧班列的开通，德国的汉堡、杜伊斯堡，波兰的华沙、罗兹、马拉舍维奇，以及俄罗斯的莫斯科等地进一步成为贸易集散枢纽。①新冠肺炎疫情的暴发和延续不仅继续激励，并且证明中欧班列的巨大生命力；同时也提出了需要加以改进的新目标。一方面，要克服中欧班列目前还存在的"通而不畅""线路重复""信息滞后"等缺陷，把研究国际规则与改革国内体制紧密结合；②另一方面，要立足于战略对接的高度，真正落实习主席所讲的把"大写意"落实到"工笔画"的要求，通过中欧班列串联各地的境外合作园区、加工基地、仓储基地、基础设施建设基地，推动沿线国家经济发展与合作。中欧班列向欧亚大陆纵深地区推进的背景下，国内与国际两个市场形成循环和两种改革交织发力的前景是可以期待的。

第六节　几点结论

一、关于政治、安全与经济合作的相互关系

以"一带一路"推动欧亚大陆三大主体的互相接近与合作，远非没有风险。最主要的问题是，体制与意识形态差异和政治安

---

①②　许英明、李鑫：《中欧班列对中欧经济地理的影响及展望》，《当代世界》2020年第6期，第68—73页。

全，依然是"一带一路"倡议实施进程中的巨大障碍。在全球化受阻，欧洲自感受到来自亚洲、包括中国成长的巨大压力下，特别是当特朗普式民粹主义、孤立主义、保护主义风潮泛滥之际，重祭意识形态大旗，重新强调西方意识形态联盟，甚至借重文明对抗与种族主义沉渣泛起，无疑成为西方政治精英的手中利器。同时，无论是欧亚大陆依然存在的各处热点冲突，诸如乌克兰危机和叙利亚战争，事实上，还没有一个既超越各方歧见、又切实有效的国际体制机制去应对和制止。"一带一路"沿线的发展中和转型中国家复杂多变的国内政治与安全形势，更是带来了很大的不确定因素。

越是出现政治安全与意识形态危机，就越是需要借助经济杠杆的调节，使得各方能有共处与合作的空间，协调相互间的关系。政治安全、意识形态分歧与经济合作这两个方面，并不是互相隔离的，恰恰相反，这是互相紧密联系，而且也是可以互相转化的。即使是一时难以改变的意识形态与体制竞争因素，也并不是不可逾越的障碍。现任欧盟外交与安全政策高级代表何塞普·博雷利在诸多场合一再强调欧盟将以"自己的方式"，而不是在美国与中国之间"选边"的方式来处理对华关系，意味着虽不放弃其意识形态原则，但将不奉行美国式僵化意识形态立场，其目的还是为务实交往留下余地。以法国为例，与前两届政府深受意识形态的路线影响、主张对外武装干涉的对外战略相比，马克龙执政体现了一定程度的战略收缩。在近年来法国对外频繁用兵，反而成为恐怖主义报复主要对象的现实中，马克龙认识到："民主是不能从外部强加，对利比亚的干预战争是一个错误，干预的结果催生了失败国家，使其成为恐怖主义温床。"①

　　值得注意的是来自弗里德里希·艾伯特基金会和斯德哥尔摩国际和平研究所的理查德·加西和劳拉·萨拉曼两位学者撰写了《二十一世纪海上丝绸之路——对欧盟的安全含义与未来道路》的长篇报告。他们经 9 个月研究，集中 20 个国家 60 个机构 94 位分析家观点写成的这篇报告中提出："海上丝绸之路与陆上丝绸之路经济带互为关联，旨在覆盖目前在互联互通方面存在的巨大空缺，它所展现的规模、速度和投入量都可谓举世无双。毫无疑问，这一倡议将产生正面的发展、联通与合作方面的外溢效应，但某些国家对该倡议的潜在安全后果存有疑虑。"作者还强调："海上丝绸之路必定会服务于中国的一系列核心利益。包括，开发其超过 1.2 万亿美元的海洋经济；提高其食品和能源的供应安全性；保障海上通道并使之多元化；维护其领海主权；加强其国际话语权。海上丝路的潜力还体现为，扩大中国的海上战略空间，使之大大超越封闭的近邻水域，并且让中国和其他海上丝路的参与国能够共同塑造变迁中的全球海洋秩序。"作者建议：面对与欧盟安全与经济利益息息相关的印度洋和南中国海态势，包括"印太战略"的提出等变化，欧盟应该通过"1.5 轨"对话会，提出自己的积极主动的战略决策方案。欧盟可以牵头在亚太地区建立一个类似于安全合作理事会的"二轨平台"，也可以通过双边、三边、四边的

---

　　① Interview d'Emmauel Macron, "L'Europe n'est pas un supermarche". 转引自张骥：《开放的独立外交——2017 年法国总统大选与马克龙政府的外交政策》，载徐明棋主编：《多重挑战下的欧盟及其对外关系》。

形式，促成外部行为者在本地区结成战略组合，确立和维护共同行为规则。欧盟可以推进已在南亚、东南亚存在的项目与"海上丝绸之路"项目进行对接。①显然，即使在艾伯特基金会报告作者看来，存在着所谓"潜在安全后果"的前提下，欧方还是愿意通过一系列的交往沟通和务实合作来解决"安全疑虑"和未来秩序构建问题，这样的态度一直延续到疫情期间一系列欧盟领导人的多次正式表态。

值得强调的是，在疫情期间特朗普政权肆意挑起中美冲突的罕见形势下，俄罗斯明确主张避免中美冲突，发挥联合国安理会无可替代的稳定作用；俄罗斯承诺在优先与中国合作的前提下，将会担当"新世界秩序转型期的协调者"②"新不结盟国家的领导者"的角色。③而总体地看，中、俄、欧三边互动不可能脱离美国因素。如何在中、俄、欧三边互动的起步阶段，从长计议，为今后长时期中与美国交往未雨绸缪，这是一个十分复杂艰难、但又相当现实的问题。

---

① 引自理查德·加西、苏菲，劳拉·萨拉曼：《二十一世纪海上丝绸之路——对欧盟的安全含义与未来道路》，报告摘要，中文版，弗里德里希·艾伯特基金会 2018 年 6 月。Richard Ghiasy, Fei Su and Lora Saalman, "The 21st Century Maritime Silk Road—Security implications and ways forward for the Europe Union", http://www.fes-china.org/en/publications.html。

② Максим Стародубцев. Новая гармония: запад, восток и реальный мир. 4 июля 2020. https://globalaffairs.ru/articles/zapad-realnyj-mir/.

③ Защита мира. свободы выбора для всех стран: новые идеи для внешней политики России. Доклад НИУ ВШЭ. Москва. 2020. https://www.hse.ru/data/2020/04/27/1544981528/%D0% 97% D0% B0% D1% 89% D0% B8% D1% 82% D0% B0% 20% D0% BC% D0% B8% D1% 80% D0% B0.pdf.

二、疫情背景下"一带一路"项目是继续伸展还是有所收缩?

2020 年新冠肺炎疫情暴发及随之而来全球经济下降、产业链与供应链受阻,再加上特朗普等极端政治势力蛮横地打压中国的国际合作伙伴,遏制中国的经济发展的形势之下,全球瞩目于"一带一路"的何去何从。从 2019 年第二届"一带一路"各国元首峰会开始,已经出现了要把"一带一路"从"大写意"推进到"工笔画"的总体要求。在对"一带一路"已有推进规模和各类项目做一次全面调整、梳理与整顿是完全必要的。从产业链、供应链合理布局角度出发,集中精力于条件较为成熟的地区与国家的项目推进,十分必要。在国际市场与国内市场两者继续相互促进的前提下,首先着力于推动国内市场的发展,完全是合乎事宜的。但是,"一带一路"既有布局之下,特别是对于重大标志性项目而言,不光影响巨大,而且也是经过艰苦的努力,已经取得了相当显著的突破与进展。特别是在疫情的背景下,这些标志性项目与当地政府合作所取得一系列新进展,表明了"一带一路"项目的强劲生命力和巨大价值。所以值得在真正坚持多边合作的原则、尊重当地利益与意愿、同时着眼于欧亚大陆互联互通的共同愿景的基础上,继续加以力所能及的投入与推动。

三、关于"一带一路"推进中的体制机制构建

"一带一路"倡议不带有意识形态排他性与经济利益被孤立和隔绝的区域构建,并不是说,"一带一路"倡议就不需要任何体制与机制的支撑。笔者认为,事实表明,首先,"一带一路"标志性

项目在多年实践过程中已经正在形成一系列为各方所接受的双边的、或多边的体制、机制、规则。这不是一个是否需要的问题，而是实践过程已经证明，必然会约定俗成地形成这样的体制、机制、规则。比如，2016 年二十国集团领导人杭州峰会通过的《G20 全球投资政策指导原则》；2017 年 5 月在首届"一带一路"国际合作高峰会议上 27 国共同核准的《"一带一路"融资指导原则》；2019 年 10 月"一带一路"与欧亚经济联盟"对接"所确认的引入世界贸易组织规则问题；还比如，上述"一带一路"标志性项目不仅在项目推进方面，而且在境外基础设施建设、境外园区建设、各国通关、国际运输、国际税收等各个领域的建章立制方面所提供的广泛积累，都是"一带一路"带动了区域合作体制与机制建设的例证。其次，由于"一带一路"所涉及的广泛领域与地域，所发生的复杂多样的实践，尤其是因为"一带一路"本身所具有的国际合作倡议的特性，因此，这些体制、机制、规则的形成必定是一个相当长期的、自然而然的，也是志同道合者经过长期合作而形成的过程。现有各领域的建章立制既不能照搬西方，又不能单边强制，而必须是多方酝酿合力产生的，因此，对于这一过程的复杂性、长期性和充满博弈与反复，还必须做好充分的准备。第三，尽管"一带一路"背景下的体制、机制的形成过程不是单边强制的，更不是强力胁迫的，但是，还是有一些关键性的双边与多边合作机制是需要花极大功夫实现突破的。从当下看，"中欧双边投资协定"就是这样的一个案例。①

---

① 李向阳：《"一带一路"的高质量发展与机制化建设》，《世界经济与政治》2020 年第 5 期。

"一带一路"的推进，犹如中国古典思想所云的"上善若水"，灵活流动，无处不在，显示高度活力，又以亲和合作为本。但是这一国际合作倡议又并非毫无章法与约束，也并非完全任其自然而毫不顾及未来国际与地区的体制与机制建设。"一带一路"以其各种功能，既可以穿行在欧亚大陆不同的区域体制之间，成为连接各个国家的交往管道，同时，也逐步会在共同利益之上，经过长时间努力建立起来的体制、机制、规则之下，推动互联互通。若干年之后，这种目标合宜、小步推进、避免冲突、求同存异、非排他性的建构方式，能够为推进欧亚合作，乃至未来地区与国际秩序构建做出应有的贡献。①

---

① 本节部分内容曾以《俄欧关系的两重性及其当代路径》为题发表于《当代世界》2018 年第 6 期，第 41—45 页。经修改补充载入本书。

通向未来世界
秩序之路

21世纪以来，引发国际热议的重大议题之一，乃是世界秩序的延续和转型，以及这一背景下主要大国内部演进及其相互关系将如何发展的问题。本篇的写作意图在于，针对世界秩序问题的若干关键性范畴——如"自由国际秩序"、多极化（或多极世界）的认知正在发生的变化，探讨东西方各种不同认知之间的复杂互动如何影响实际的进程。笔者试图提出的关键问题是，在当下纷乱的世界中，是否还有可能在未来世界秩序构建这样的关键点上，通过对话，探寻利益和观念的交织与互补，推动各方立场的接近。本篇的初步体认是：从中长期角度看，来自不同思想谱系的具有代表性的核心理念，在国际秩序构建问题上，有时看似针锋相对，但并非没有可达成共识的空间。形成共识非常艰难，也必定会出现以对抗取代合作的歧见和倒退。但无论从观念、利益、战略、政策运作这几个方面看，都存在着从相互交织重叠的领域出发，一步步探寻合作的可能性。作为一种实例，本篇的第一部分（第十四章）通过俄对其在大转型时代的历史定位的思想理论探索；通过对中俄关系的当代意义的多方位诠释；通过对上合组织现状与前景的构勒；通过对俄全球外交新取向的全面剖析，试图展示俄罗斯作为全球变迁中的一个关键大国，如何考量全球转型中国内与国际事务的相互作用，如何在内外两种转型相交织的背景下，谋求自身地位与影响力的跌荡起伏的进程。本篇的第二部分（第十五章），通过对"自由国际秩序""多极化模式"与"基辛格学说"等三种样式的分析展开对未来国际秩序的探讨；并以"2024 议程"为题试对俄内政外交的未来演进作出若干铺陈。

第十四章

东西方均衡中的
艰难求索

21 世纪第二个十年开始的时候,俄罗斯外交着手酝酿向东方的转移。一方面,这一转向起源于美俄关系"重启"的失败,以及欧盟推出的"东部伙伴关系"计划与俄罗斯展开竞争。尔后的叙利亚战争和乌克兰危机大大加深了俄罗斯与欧美之间的冲突与对峙。而另一方面,2008 年金融危机后,俄罗斯经济的长期低迷与以中国为代表的亚洲经济的高速增长形成鲜明反差,俄罗斯合乎逻辑地作出了转向东方的决定。需要说明,俄罗斯转向东方,并不仅仅是地缘政治博弈的需要,也不仅仅缘于国内经济发展的动因。俄罗斯内外战略的调整,还在于重大历史转折关头,在思想领域所作出的保守主义政治路线的选择:俄力图发掘文明历史的潜能,并以此在东西方均衡与博弈中,重塑自身定位与影响力。虽然这注定将是一条无比艰验与坎坷的道路,但是,俄罗斯的选择与随之而起的冲突与危机,也必将深刻影响走向秩序之路。

第一节　大历史中的新定位：俄罗斯在
叙事—话语建构领域的探索与问题

21 世纪以来国际社会所发生的一系列重要变化，已经不仅仅是近 10 年前的欧债危机——而后酿成了全球性的金融危机，也不只是连年刀光剑影中的乌克兰冲突和叙利亚战争，如今人们面对的是欧洲难民危机、英国脱欧、特朗普当选美国总统，以及美国政治中心——国会大厦遭受冲击这样一系列发生在西方世界深处的出人意料的剧变。而事情的另一面，乃是新兴国家的集体崛起，也包括俄罗斯在面对诸多的艰难挑战之后，始终还维持着开拓、守成和坚持不懈的进取状态。总体而言，在国际局势如此“非常规发展”的背景之下，特别是在国际力量结构、大国发展取向、国际思潮变化等方面都已经出现迅速改变的迹象时，人们似乎已经不能不去关注预言家们的说辞：一个重大的历史转变的时刻正在到来。

然而，任何重大的历史转折，都是在一个一个领域的基础性构筑发生变化的长期铺垫之下的渐进积累过程。值得去观察的是，一旦面临变局，作为大国的俄罗斯已聚合了怎样的思考，以及它将如何进一步做出应对？人们通常会较多关注俄罗斯与西方强劲对峙的实力博弈，也会估算这个世界上疆域最为辽阔的国家还有多少资源可以用来对付危机局面，包括近年来大家注意到，俄罗斯的"软实力"有所长进："今日俄罗斯"电视台、卫星通讯社以活跃的姿态传播着俄罗斯的声音。然而，更为重要的，可能还不是这些媒体在多大程度上在西方国家实现了当地化，以及延请了多少欧美媒体大牌主持来站台造势，而是这个有着独特历史文化传统的大国，在多大程度上已作好准备为自身主体的叙事—话语系统的构建，愿意经受前所未见的思想与心灵的磨难与考验。

　　本节内容拟从政治思想谱段的定位、现代性问题争议中的价值取向、以文明为基础的认同构建、发展空间的优先选择，以及本国历史的重新诠释等几个方面，着重介绍和分析近年来俄罗斯在政治、思想和历史的叙事—话语建构领域的探索与争议。

一、"保守现实主义"转向的由来与内涵

　　苏联解体以后，俄罗斯政坛的一个新现象，是和欧美国家国内政治通常以自由主义、保守主义来划分各种政治力量的做法相似，也出现了以类似的思想意识形态立场来称呼和刻画国内政治生态和政治立场分野的现象。在 21 世纪以来一个相当长的时期内，尽管俄罗斯国内各派力量之间竞争依然存在，但是政界上层奉行"非意识形态"路线，普京很少言称"主义"。变化的出现大体与国际金融危机同时发生——2008 年前后。笔者在瓦尔代论坛的交流中，初次听到普京称自己为"保守主义者"。这一称谓具有怎样的思想含义？预示着俄罗斯社会政治领域将会有怎样的发展前景

呢？笔者当时所思索的这两个问题，一直到多年以后，才有了一个比较清晰的答案。

2016 年年末，具有广泛影响的俄罗斯学者谢尔盖·卡拉加诺夫在他一篇题为《2016 年——保守现实主义者的胜利》文章中曾经这样写道："2014 年冬天，在克里米亚事件发生之前两个月，当人们清楚地知道与西方的对抗变得越来越紧张时，笔者又重读了列夫·托尔斯泰的《战争与和平》。我被一个以前没有引起我太多注意的短语所打动：'一个决心坚定地争取胜利的人赢得了一场战斗。'我意识到，俄罗斯将决战到底，并赢得胜利。"卡拉加诺夫并非没有看到俄罗斯所面临的种种艰难挑战：经济基础薄弱；改革、反腐败斗争和精英阶层的变化进展缓慢。但是，他非常自信而肯定地表示："在对外政策上俄罗斯坚持不懈，几乎在所有领域都取得了胜利，大大加强了国际地位。"在对俄罗斯取得对外成就的原因进行解释时，卡拉加诺夫认为："意志、多数人和精英的统一、卓越的外交和战略远见的能力"，造就了俄罗斯对外战略的进展。卡拉加诺夫特别强调说："这也是好运所致——运气还是偏爱那些坚定不移、取向保守的现实主义者。"这些"保守的现实主义者"，既避免了把俄罗斯重新拉回冷战式的两极对抗，同时，也没有让国家落入西方所要求的"不断进步"、而实际只是有利于他们自己的发展轨道。他认为：在这场地缘政治和思想的较量当中，俄罗斯站到了"历史正确的这一边"。①

俄罗斯与西方这样一场博弈带来了怎样的结果呢？卡拉加诺

---

① Sergei Karaganov, "A Victory of Conservative Realism", *Russia in Global Affairs*, 2017, No.1, pp.82—92.

夫提出了"两种时代的终结"的观点。他说："这是在冷战模式消逝之后，西方所一直企图实现的单极时代的终结。"尽管，美国还想通过地缘政治恢复其势力范围，但是，亚洲和中国的崛起、欧洲的危机、以民族国家所组成的世界以新的全球规模的重新回归等所有这些客观因素的共同作用，一起推动着这个时代的终结。在他看来的"时代终结"的另一层含义在于：经历了 20 多年来的急剧变化，俄罗斯有幸没有重复 20 世纪 30 年代魏玛共和国的悲剧，而是通过积极有为的主动进取，改变了自己的命运。在大多数精英和民众的心目中，特别就精神和心理层面而言，俄罗斯正在加速从欧洲联盟的"一个外省"，变成为欧亚地区的中心；正在逐渐地摆脱一个"后现代的欧洲"，而大幅度向亚洲靠拢，并吸取历史教训，在不过多地做出全球承诺的前提下，富于前瞻性地成为一个横跨大西洋和太平洋的大国。①

卡拉加诺夫关于"两种时代的终结"的看法，是俄罗斯精英对于目前本国所处时代的历史地位和国际环境的一个颇有代表性的结论。尽管依然存在争论，但是，这一立场显然已相当明显地体现在了俄罗斯的对外战略选择之中。在卡拉加诺夫的分析中，有几个方面的含义值得关注：其一，他一直强调俄罗斯对外战略的形成过程乃是一个主客观相互结合的进程。一方面，这是普京、政治精英和多数民众的主动选择，若无主观意志的坚忍不拔，在一个众说纷纭、方向难辨的变动中的时代，难以汇聚人心，形成战略目标。同时，卡拉加诺夫十分清楚，这也是机缘所致：除了

---

① Sergei Karaganov，"A Victory of Conservative Realism"．

新兴国家的集体崛起，特别是当西方准备再度出手惩罚俄罗斯的时候，"他们自己脚下的地基却正在塌陷"。其二，卡拉加诺夫描绘出的是一条介于左右之间，介于一边倒全盘接受西方主张、另一边倒主张全面恢复本土传统的这两种极端之间的中间路线。在普京多年的执政生涯中，一直可以看到这样一条中间路线的轨迹。其三，卡拉加诺夫的叙述明显基于本国经验，既有对于列夫·托尔斯泰式的本土情怀的承继，也有对于 20 世纪以来，特别是近 20 多年来创痛的历史总结。对本国历史的敬畏与拥抱，而不是虚无主义式地全盘否定，看来乃是当代俄罗斯主流精英的一个显著特点。其四，尤其值得注意的是，卡拉加诺夫以"保守现实主义"的政治哲学范畴对当代俄罗斯政治转向，做出了一个明确的界定。这应是他本人所说的"两种时代终结"之外的又一个重要结论——这个判断是从深层思想演进的阶段变化出发，基于各种政治谱段的仔细比较，从而描述出了当代俄罗斯政治发展的一个重要特征。[1]

在多大程度上，卡拉加诺夫的"保守现实主义"范畴是对俄罗斯政治转向的一个切合实际的描述呢？在 2014 年 10 月的瓦尔代论坛上，笔者曾经向普京总统提出过这样的一个问题："近年来您已经多次提到过一个重要概念——保守主义。我认为，对于俄罗斯的现代化进程而言，这是一个非常关键而重要的概念。您一定非常清楚地知道，在欧洲、美国，包括亚洲也有保守主义的概念。您能不能解释一下您的关于保守主义的概念有着自己怎样的特点？

---

[1]　Sergei Karaganov, "A Victory of Conservative Realism", pp.82—92.

与上述其他的保守主义类型有何区别？这究竟是对于整个俄罗斯现代化进程都将发挥主导作用，还是暂时地对于某一些特定阶段发挥作用的概念？"普京一边点头，一边仔细听完问题，并当场做了以下一番回答，他说："首先，并不是我们发明了保守主义的概念。我所说的保守主义概念，与传统理解这一现象，或这一秩序的概念相比，并没有多少差别。我这里说的保守主义——完全不意味着某种闭关自守和阻滞发展。健康的保守主义主张，为了保障实现持续的发展，要运用一切优秀的传统，也要推动具有前瞻性的创新。然而，在达到今天的发展水平之前，总是有些东西要被打破、被摧毁的。需要搞清楚怎样开展工作的新机制。这是一件非常重要的事。因此，为了确保社会的存在，需要支持一些最基本的东西，而这是几个世纪来人类生活的结晶：这里指的是对母亲和儿童的保护，指的是对于自己历史的尊重，包括对自身历史所取得成就、我们的各种传统和传统宗教的尊重。俄罗斯国家的法律规定有四种传统宗教，它们是非常不同的宗教。为此，要尽我们所能确立牢固基础，使之有助于形成俄罗斯自己的多民族国家和多民族社会的认同。但这完全不意味着我们对任何新的、有效运作着的事物采取排斥态度，这些将会是推动世界增长的因素。毫无疑问，我们将运用所有这些因素。所以，我想请所有的同仁千万不要望文生义，似乎如果我们谈论保守主义，就意味着我们会保守僵化。这与真正的实际情况和我们正在推行的计划，毫无共同之处。"①

---

① Заседание Международного дискуссионного клуба «Валдай». 24 октября 2014 года. http://www.kremlin.ru/events/president/news/46860.

　　这可能是普京对于他所理解的保守主义概念的一次最完整的公开诠释了。第一，普京强调，俄罗斯的保守主义与东西方其他文明背景下的保守主义并无二致，这一诠释意味深长。他不但说明了俄罗斯的保守主义与东西方的同类概念同样具有存在的理由，而且强调了重拾保守主义概念作为俄罗斯施政路线核心内容的合理性。普京希望找到现代化进程与传统要素之间的紧密联系，找到过去与将来之间的稳定纽带。这对于一个历史丰富、国情复杂，而今又面临严峻挑战的大国而言，具有特殊重要的意义。第二，回顾普京执政以来的政治路线的演化过程，做出既是保守主义的、又是基于现实的思想原则的选择，是随着国内外情势的变化而逐渐发展形成的。执政初期，普京奉行的是"非意识形态"的思想路线——不做意识形态之争，不在左中右各方差异的立场中选边站，甚至当时不以任何党派作为自己的政治组织基础。在以这样的意识形态行动路线对俄罗斯进行了一段时间的"康复治理"之后，2006 年苏尔科夫试探性地提出了"主权民主"理论。虽然，普京本人对此持有自己的见解，但很可能是由于这一概念本身内涵的切中时弊，也可能是因为这一概念是普京执政以后有关意识形态领域的第一次具体表达，所以，"主权民主"论当时还是激起了巨大的反响。根据每年瓦尔代论坛上普京发言所谈及的内容，他是从 2007 年和 2008 年起，逐渐提到政治保守主义的。一开始他只是偶尔表达，"我是一个保守主义者"，涉及的具体内容并不多。2013 年普京在会议的演说中开始提到：西方国家"正在修正他们的道德价值标准和伦理规范，销蚀各民族和文化间的多样性传统和差异"。俄罗斯社会不接受这样的一种修正。俄罗斯人民继续忠于传统家庭、人类现实生活，包括宗教生活的价值；不仅关注物质生活的存在，而且也关注精神生活的存在；尊重人道主义和全球多样性的价值。普京明确地说："当然，这就是保守主义立场。但是，如尼古拉·别尔嘉耶夫所言：保守主义本意并不在于阻挠任何前进和上进的趋向，相反，保守主义是为了不让社会倒退和下滑，也不让其陷于黑暗和倒退到原始野蛮状态。"① 一直到2014 年，他在回答笔者的问题时对保守主义作了较为全面的诠释。这是一个不断深化思考、间或不断试验与修正、逐渐地趋于成熟的过程。第三，俄罗斯历史上有过多种样式的保守主义思想传统。其中，既有 19 世纪上半叶尼古拉·卡拉姆津和谢尔盖·乌瓦洛夫（Карамзин и Уваров）强调"东正教、专制王权、民族性"这三位一体作为俄罗斯文化心理的保守主义；又有稍后的以斯拉夫主义为基础的保守主义，着重强调斯拉夫文化与西欧文化的原则区别，该流派与上述一派强调国家的重要作用不同，只认为国家是维护和发展俄罗斯民族文化的工具，注重于对人民无限之爱和俄罗斯文化的特殊使命。在此之外，更值得关注的是 20 世纪之初以别尔嘉耶夫为代表的所谓"自由保守主义"。别尔嘉耶夫并不认可传统保守派的反西方和孤立主义立场，他主张个人自由的优先权和民主法治国家，但他强调珍惜自己民族的传统，确认这是创造性能量的来源和社会成功发展的保障。看来，普京所主张的保守主义，是在对俄罗斯保守主义复杂而多样的传统认真思考之后的

---

① Владимир Путин огласил ежегодное Послание Президента Российской Федерации Федеральному Собранию. 12 декабря 2013 года. http://www.kremlin.ru/events/president/news/19825.

一种扬弃与继承的综合。而普京正式发言中对别尔嘉耶夫言论的引用，说明他对于"自由保守主义"尤其重视，但是在表达上采取了稳妥的方式。①第四，近10年来，国际政治生活最重大的变化之一，是西方世界内部先是发生金融危机，接着又是难民危机，甚至还有可能发生宪政危机这一系列前所未有的剧烈动荡。其中，以各式各样保守主义右翼的崛起为其显著特征。新、老欧洲，一定程度上还包括美国的保守主义——或并不以保守主义命名、但实际上在一定程度上奉行保守主义路线——的政治家对于俄罗斯的关注，尤其是对普京本人政治立场和治理能力表示青睐，这已不是什么秘密。但是，俄罗斯保守主义与欧美保守主义，这两者究竟在多大程度上具有相互关联性？抑或相反，两者之间根本就没有任何关联性？这还是一个相当复杂的有待回答的问题。但是，俄罗斯的政治精英们在有所进取、受人关注的同时，总体上还是表现出相对谨慎的态度，不主张把同一时期内在各处出现的保守主义思潮混为一谈。②这是人们对保守主义概念做出各种比较之时，需要注意的一点。

卡拉加诺夫用"保守现实主义"来命名俄罗斯主流政治思想路线，较之曾经有过的诸如"自由保守主义"，或者"社会保守主义"等对于这一思潮的描述，可能更为符合实际。虽然普京还没有正式使用这一提法，但这是在对传统和当下、对国内情势和国际环境的现实状况做过精细梳理之后，才一步一步提出的一个政

①②　Vera Ageyeva，"Between Populists and Conservatives"，*Russia in Global Affairs*，2017，No.2，pp.105—114.

治概念。比起当年的"非意识形态"时期，在新历史条件之下，如果有一个能够起主导作用的意识形态范畴，当然会有利于复杂国情的治理，有利于应对外部尖锐挑战。对保守现实主义的具体理论内涵和范畴框架也许还可以做进一步的发挥，但是对于国际国内急剧转型期所亟须的政治指导原则来说，这一概念不言而喻正在发挥着重要作用。

二、多元现代性的争论："新现代"vs."后现代"

第二次世界大战以后，有关现代化问题的大多数西方社会科学经典论著，有一个基本的假定：即在欧洲现代性中得到发展的基本制度格局，其调整和整合模式，包括在西方得到发展的现代性文化规划，必将为所有正处于现代化进程中的社会所"自然地"吸收，尽管会有地区差异，但是，这一现代性计划，连同其霸权性和同质化倾向，不仅在西方将得以继续，而且将盛行于全世界。冷战结束以后，虽然，福山的《历史的终结》和亨廷顿的《文明的冲突》等著作，表明历史和思想文化的复杂变化已经超出政治经济的阈域，而成为现代化问题关注焦点，但是，更大范围的现代化进程是否会继续沿着西方化模式推进？抑或，当代世界是不是一个在现代化进程中败退下来、走向历史终结，或处于大规模文化冲突中的世界呢？

在这一背景下，世纪交替之际出现的多元现代性范式，强调存在着不同的文化传统和社会政治状况所塑造的不同文化样式的现代性，声明这些不同形式的现代性在价值体系、各种制度以及其他诸多方面，依然将会持续存在差异。多元现代性问题的提出，不仅涉及历史文化传统和现代化进程的关系，而且直指各国发展取向，以及随之而来的国家间、文明间的相互关系，乃至于未来的国际秩序构建等重大现实问题。①

在数百年来的历史进程中，俄罗斯从来就是现代化问题上最为特立独行的学习者、构建者、传播者，同时也是最为引人注目的反潮流者和雷厉风行的革命者。在晚近多元现代性范式的争论中，俄罗斯自然也不会甘于寂寞。21世纪以来，俄罗斯政治—学术精英有关现代性问题的讨论有一个鲜明的聚焦点，那就是现代性与俄罗斯的对外关系取向。就21世纪以来俄罗斯政治文化的焦点而言，帝国解体之后似将复起却又未能如愿；不仅东西方关系，而且整个世界的政治经济发展进程都面临重大变故，因此，俄罗斯政治—学术精英对于现代性的关注落脚于对外关系问题，是非常自然的。

关于现代性问题的思考和争议，首先集中在苏联解体和冷战终结之际的俄罗斯与欧洲的相互关系领域，然后，随着21世纪以来俄罗斯与西方关系的下滑，俄与西方的观念对立逐渐明晰，特别是经过乌克兰危机的冲击，以及晚近俄罗斯与整个西方关系中一系列戏剧性变化的出现，俄罗斯政治—学术精英有关现代性问题的立场重构，成为其当代的话语—叙事建构领域中的一个重要方面。

我们先从欧洲的变化说起。政治学家罗伯特·库珀（Robert

---

① ［德］多明尼克·萨赫森迈尔、任斯·理德尔、［以］S.N.艾森斯塔德编著：《多元现代性的反思》，郭少棠、王为理译，香港中文大学出版社2009年版，"导言：多元现代性范式的背景"。

Cooper）在总结欧洲冷战终结的意义时曾经写道："1989 年，究竟结束了什么？"在他看来，1989 年不仅终结了冷战，而且改变了第二次世界大战以后一直延续的欧洲处在两个超级大国夹缝中的地位。甚至，1989 年所终结的（也许只有欧洲）乃是 3 个世纪以来的政治制度和结构关系——这里指的是，1648 年威斯特伐利亚体系形成以来所遵从的均势政治和帝国抱负，随着冷战的终结也飘散而去。冷战结束的同时，德国"用一个马克"换来了统一，而德国的统一又迅速推动着欧共体向不仅经济统一，而且政治也高度统一的欧盟突进。这一剧变意味着一个后现代的欧洲新体系的出现，其关键要素是，其与 300 多年前威斯特伐利亚体系确立时相比，不再依赖权力制衡，不再强调国家主权或国内外事务的分离，也不再如往昔那样强调国家主权的独立自主。第一，欧洲各国开始确立相互干预国内事务的深度合作；第二，迅速建立起基于公开和透明原则的一体化的国内和国家间全新的政治、经济与安全制度。对于欧洲来说，这是它自身政治制度的一场剧变。①

　　就上述变化本身而言，也许一开始与俄罗斯并没有太过直接的关系。也有欧洲政治家曾一度幻想，通过欧洲常规力量条约和欧安组织等一系列国际机制将俄罗斯纳入欧洲，使俄罗斯像欧洲国家一样来接受开放和相互依存的后现代性。俄罗斯政治精英当中也不乏谋求与欧美深化合作的种种构想。然而，后来事实发展的脉络却变得非常不同。俄罗斯选择了根据 19 世纪欧洲惯例和意识形态原则，而不是 21 世纪的欧洲思想来建立自己的国家。当然，

① Иван Крастев. Россия как «другая Европа »//Россия в глобальной политике. Vol.5. No.4. 2007. C.33—45.

事情还不止于此。作为一个大国的政治谱段选择，不可能没有对现实力量格局和道义背景的详尽考量。2006 年后，苏尔科夫提出，一度影响广泛的主权民主理论与欧洲后现代式霸权并不相容。后来，俄罗斯退出欧洲常规力量条约，以及莫斯科阻止欧安组织对俄罗斯开展工作的决定，也都标志着冷战后欧洲秩序的结束。这同样是主权民主逻辑的表现。因此，尽管冷战已经结束，但俄罗斯与西方依然难以避免意识形态的冲突。与冷战时期的一个区别在于，在多数俄罗斯精英看来，当前意识形态冲突已不是民主与专制独裁之间的冲突。虽然西方学者对此不尽同意，但是，无论西方还是俄方，大多数精英还是基本认可如下的判断：这场思想领域的博弈，乃是欧洲联盟所体现的超越主权的后现代特性，与普京竭力维护的主权民主国家的现代主义特性之间的一场争斗。①

伊万·克拉斯杰夫（Иван Крастев）是欧洲较早从现代性角度对俄罗斯与欧洲关系进行分析的学者。早在 2007 年，克拉斯杰夫就著文提到了俄罗斯与欧洲关系中正在出现"意识形态回归"的问题。他全面比较了俄罗斯与欧洲围绕现代性问题所存在的分歧，指出：第一，"克里姆林宫感到威胁的是由欧盟在国际关系领域推动开放性和相互依存的政策；与此同时，欧洲联盟的存在也受到俄罗斯所坚持的主权国家在欧洲事务中占主导地位这一原则的威胁"。第二，"俄罗斯把欧洲联盟视为一个暂时现象，一个没有未来的有趣实验。在莫斯科看来，欧盟只是一个已过时的乌托邦。俄罗斯的欧洲战略是基于主权国家，而不是由欧盟来决定欧

---

① Иван Крастев. Россия как « другая Европа »//Россия в глобальной политике. Vol.5. No.4. 2007. С.33—45.

洲的未来。而布鲁塞尔认为，俄罗斯的主权民主论是欺骗历史，俄罗斯国家走向开放只是时间问题"。第三，在克拉斯杰夫看来，"欧洲的后现代性与俄罗斯主权民主之间的共存，可能比苏联共产主义和西方民主国家并存更加困难和危险"。因为，对后现代国家来说，"主权是一席之位"，但对俄罗斯来说，"主权是政府在其领土上做自己想做的事"。最令人不安的，也许是这位保加利亚出身、与俄罗斯和欧洲两边都有密切联系的政治理论家的预言："俄罗斯的外交政策是个谜。即使，俄罗斯变得越来越资本主义化和西方化，但它的政策，也仍将越来越反西方。"①

　　显然是受到伊万·克拉斯杰夫的影响，俄罗斯学者鲍里斯·梅茹耶夫（Борис Межуев）在一年之后的 2008 年写了《现代的俄罗斯与后现代的欧洲》一文，文中专门有一节"后现代主义与现代社会"，其中写道：首先，俄罗斯现在的这个国家还不能被看作一个现代化的模式，即一个适宜并能被广泛接受的现代化的社会实体。然而，这不是问题的核心。真正重要的是，俄罗斯在国际舞台上寻求自决，并以一种现代主义的主权观为指导。这引起欧洲精英们的怨恨和恼怒。其二，俄罗斯发现自己的处境很奇怪：在欧洲已经告别现代性的时代，享受着新的、迄今尚未充分发展的社会制度的同时，自己却还经历着向现代社会的转变。俄罗斯似乎一再被要求：如它要求融入欧洲世界，它首先必须从根本上重建其价值体系，但这无法做到；如果出于全欧洲的和平与福祉，那么，俄罗斯还必须首先放弃政治独立，这更是天方夜谭。其三，

---

① Иван Крастев. Россия как « другая Европа »//Россия в глобальной политике. Vol.5. No.4. 2007. С.33—45.

梅茹耶夫指出，俄罗斯不太可能理解，它将无权在自己境内使用武力镇压分裂主义。但是欧洲则不太可能接受一个准备通过战争来保护其领土完整的国家。也很难相信，在不久的将来，如果俄罗斯想成为欧洲共同体的正式成员，它会同意自己的自然资源不仅应该属于它的公民，而且，也属于整个欧洲所有。梅茹耶夫断言，人们希望未来几年能看到俄罗斯成为一个相当民主的国家，但它不会成为一个后现代主义国家。最后梅茹耶夫认为，俄罗斯和欧洲必须学会如何在不了解对方的情况下生活与合作。在某种程度上，保持差异和被误解的权利是双方的价值坐标能够靠拢的起点。现代主义和后现代主义者都必须承认——俄罗斯和欧洲并不是注定要生活在一个屋檐下，或要在 21 世纪联合成一个家庭。我们期望的是，能够过上友好与好客的邻居生活。①

　　需要说明：无论是 2007 年还是 2008 年，尽管，俄罗斯与欧盟之间关系已经开始出现问题，尽管双方在这场关于"现代性"的争论中就自身国家所处地位，都已毫不客气地揭示了问题的焦点所在，但各方仍然有所克制，大家都还对未来相互关系的前景寄予不小的期待。

　　到 2013 年秋，乌克兰危机爆发。同时，叙利亚战场陷入血肉搏杀的残酷角逐。欧盟超越原有区域界限，向欧亚地区的乌克兰、格鲁吉亚、摩尔多瓦等地强行推行"东部伙伴关系"计划，俄罗斯与欧洲间的政治分野清楚地显现出来了。包括美国政要在乌克兰危机中直接插手，进一步激化了事态。这些变故使得俄罗斯精

---

① Boris Mezhuev, "Modern Russia and Postmodern Europe", *Russia in Global Affairs*, 2008，No.1.

英对于"解构国家"主题之下的现代性问题争议，有了更明确的立场。2013—2014 年间，卡拉加诺夫多次强调的观点是："俄罗斯与欧洲的当代发展道路，实际上是被处于两种概念之下的。当俄罗斯恢复主权和国家建构之时，欧盟正好试图克服主权与国家民族主义，从事建设超国家共同体。"换言之，俄罗斯尚处于强化国家建构的"现代"，而欧洲早已进入了要消解国家建构的"后现代"。卡拉加诺夫认为，俄罗斯与欧盟的价值观系统，基本上是在朝相反的方向发展：大部分俄罗斯人在努力恢复旧体制下被破坏的传统道德标准，恢复基督教信仰，弘扬保守主义传统，努力回到 1917 年以前的民族国家阶段。但是，在欧洲精英看来，这些价值观念不仅已经过时，而且甚至是反动的。因此，"俄罗斯与欧洲正好是处于两个极端"。①

　　俄罗斯与欧美之间的关系危机一直延伸到 2016—2017 年，不但俄欧关系陷于停滞，而且俄美关系的恢复也相当扑朔迷离。同时，金融危机的延续和难民危机所激起的震荡，暴露了欧美世界本身的深刻问题。俄罗斯学者对现代性与国际政治相互关系问题的讨论，达到了一个新的高度。其中一份较具代表性的作品是俄罗斯国际事务理事会（РСМД）主任安德烈·科尔图诺夫（Андрей Кортунов）的《从后现代主义走向新现代主义》这篇长文。②

---

　　①　Sergei Karaganov, "Europe: A Defeat at the Hands of Victory?", *Russia in Global Affairs*, 2015, No.1, pp.8—22.

　　②　Audrey Kortunov, "From Post-Modernism to Neo-Modernism", *Russia in Global Affairs*, 2017, No.1, pp.8—18.

科尔图诺夫提出，后现代主义是在 20 世纪 70—80 年代后，在法国哲学影响之下，进入国际关系知识体系的。这是以雅克·德里达（Jacques Derrida）、米歇尔·福柯（Michel Foucault）等为代表的法国知识分子的普遍主义的最后一次崛起。科尔图诺夫认为，后现代主义所包容的不可知论、实用主义、折衷主义、无政府民主，以"解构""复制""无主题""娱乐化"为象征和隐喻，与古典现代主义始终一贯和清晰的理性主义相比较，这些思想理论的特征，毫无疑问显得含混不清。事实上，许多后现代主义创始人都把它看作西方良知危机的在哲学上的反映。①

但是科尔图诺夫同样认为，人们不应忽视后现代主义强大的一面，它的广泛的包容性，巨大的冲击力，以及后现代主义所具有的为复杂、异质、分裂和矛盾的当代西方社会提供"共同特性"的能力。因此，后现代方法不仅适用于西方社会，而且适用于极其复杂、异质、分裂和相互矛盾的后发展世界，这一概念在国际关系中被广泛运用并不令人感到意外。

尽管如此，科尔图诺夫强调，后现代主义的消极作用明显。就国际关系而言，后现代主义不可知论通过国际法的各种基本规范，使得相对主义取得合法地位：由于国际法基本规范（主权、不干涉他国的内部事务、拒绝使用武力等）的运用受制于政治行情，也由于行为者需求的客观局限，造成了外交决策的滞后，经常被"涣散且复杂状态下的世界舆论"所左右。后现代主义的实用主义助长了经济决定论，也导致世界范围内的长期政治计划遭

---

① Audrey Kortunov, "From Post-Modernism to Neo-Modernism", pp.8—18.

到拒绝。科尔图诺夫提到，联合国改革和北约需要被改革为包容东西方的普遍的欧洲—大西洋安全组织的计划，这样的项目需要大量的政治投资和很长的回收周期。从实用主义角度看，这是不切实际的，似乎唯有最低成本和最低风险才合乎逻辑。折中主义则可以在诸多奉行双重标准、相互矛盾而前后不一的外交叙事、普遍虚伪、故意的忽略、所谓"政治正确"等众多实例中被明显地观察到。外交战术被运用到了远高于战略的地位，而政治辞令则远离政治实践。为满足多如牛毛的集团利益愿望，在关键国际问题上保持脆弱的共识，重大的政治突破在实际上已经不再可能。最后，无政府主义的民主至少表现在两个层面上：国家在决定和执行一国外交政策方面的主导作用受到非国家行为者的重大牵制，如大公司、公共组织、区域当局和市政当局、政党和宗教团体、民粹运动；而在政府间层面，几乎所有的区域和全球国际组织都面临"地缘政治的解构"的严峻挑战。[①]

在科尔图诺夫看来，后现代主义作为一种哲学和社会学建构，反映西方社会的日渐疲惫，特别表现出曾经在现代主义时代一度占主导地位的动员能力和不容妥协的理性主义原则，都不得不宣告趋于松弛。作为一个全球性的政治现象，后现代主义的出现表明了国际社会不得不放松严格的等级制度——这样，便释放出具有高度自由的"原子化"的个人；而冷战时代的消逝，也使曾经受到冷战时期严格规范制约的民族国家和其他主体得以解禁。这种松弛和软化，说明后现代思潮具有明显的吸引力，但也暴露了

---

① Audrey Kortunov, "From Post-Modernism to Neo-Modernism", pp.8—18.

其历史观的局限性。迄今为止，没有一个人能够以后现代文化中盛行的模仿和赝品来代替真正的行动，以花言巧语的言辞来代替明确的政策，以局部的策略来代替宏大战略构思，以投机取巧来代替原则，以所谓"政治正确"来代替对长时段问题的冷静而严肃的分析。因此，后现代主义在世界事务中影响力的下降是必然的趋势。①

国际事务中的后现代统治受到挑战，究竟从何时开始的？在科尔图诺夫看来，这还是一个有争议的问题。有人说，2016 年是一个分水岭——英国脱欧和唐纳德·特朗普的胜选。也有人认为，乌克兰危机爆发和欧洲一体化的受挫，是后现代国际政治范式开始失败之时。还有人认为，2011 年的"阿拉伯之春"运动，乃至更早的 2008—2009 年的世界金融危机，应是后现代主义退出历史舞台的转折点，因为，后现代世界精英们不能也不愿意做出任何适当的反应，为共同利益做出必要的牺牲，并将国际货币和金融制度推向一个新的施政水平。②

科尔图诺夫提出的一个值得关注的命题是：今天国际关系进入一个新现代主义的时期。在科尔图诺夫看来，毫无疑问，普京作为一个具有全球性行动策划能力的领导人，是新现代主义国际政治的代表性人物。新现代主义政治家这一群体中每一个人都以这种或者那种方式挑战后现代主义范式，他们从自身的基本特征出发，为一个国家、一个地区或整个国际社会提供他/她们自己的新现代主义的议程。那么，后现代主义为何能够被新现代主义所

①②　Audrey Kortunov, "From Post-Modernism to Neo-Modernism", pp.8—18.

取代呢？科尔图诺夫认为：人们往往归因于新现代主义领导人的个人魅力，或者对手的战术失误，或往往被解释为：他们善于调动处于边缘状态的人们，催眠群众，激起公众心理中下意识的深处，并称这是"正常"的后现代主义政治家们绝不敢撬动的部分。但是，科尔图诺夫断言，更为关键的原因，是后现代国际政治本身已经不可持续。①

科尔图诺夫认为，与后现代国际政治的特点针锋相对，新现代主义的国际政治也具有四个基本特征。首先，是民族主义。科尔图诺夫提出，新的时代要求强调各具体国家的国家利益，而反对后现代主义所强调的全球普遍性。民族主义是与国家在世界政治中核心作用密切相关的一种强烈信念。后现代主义试图挑战合法性等级，把国家作为全球政治参与者之一的地位随意抹去，这是不负责任、也是站不住脚的。其次，是交易合作论。科尔图诺夫主张合作伙伴和对手在国际舞台上建立各类业务关系，各方通过谈判进行讨价还价，以实现自己的最佳选项。这一观点不接受后现代主义的抽象概念，如"共同价值观"或"世界舆论"等，认为这些概念通常难以敷用，也并不反映关键优先事项。三是主张世界事务的整体论，而不是后现代主义所提倡的经济决定论。这一原则排除经济在外交政策序列中的优先地位，同样非常重视国家安全、民族文化身份和国家主权等要素，而不仅仅是经济。四是主张历史决定论。科尔图诺夫认为，所有后现代主义领导人的灵感都来自对人类未来世界的幻想，他们所宣扬的"正常国家"

---

① Audrey Kortunov, "From Post-Modernism to Neo-Modernism", pp.8—18.

概念，企图排斥新现代主义的重视历史差异性的立场。而新现代主义者都更愿意在自己民族的历史当中，去寻找政治抉择的灯塔。这一趋势有着复兴似乎已被遗忘的"大叙事"的倾向。①

纵观十余年来俄罗斯学界对于现代性问题的思辨考量，值得注意的是，无论是对于多元现代性立场的恪守，还是对后现代主义的批判，或者对新现代主义的弘扬，都需要将现代性问题与相关的历史文化、制度变迁、内外环境等非常复杂的问题联系起来加以深入考察，才能做出更为系统的梳理。

在科尔图诺夫看来，如同后现代主义一样，刚刚问世的新现代主义还存在着诸多不确定性，民族主义原则的理论和实践当中，也还存在大量值得探讨的理论学术问题，所以，国际政治与现代性相互关系的问题，还是一个刚刚被开垦的学术处女地。第二，这项研究之所以十分重要，正是因为无论哪一种国际政治的范式，都必定与各国和各地区的现代化水平密切相关、须臾不可分离。即以本题内容而言，俄罗斯精英对现代性问题的话语构筑中，有一条清晰的红线贯穿始终，那就是主权国家合法性地位被提到了前所未有的高度。从伊万·克拉斯杰夫、谢尔盖·卡拉加诺夫等对于欧洲后现代思潮的批判，一直到安德烈·科尔图诺夫对新现代主义的弘扬，始终围绕着主权国家的利益和地位而展开。苏联解体的切肤之痛，深深地刺激着俄罗斯精英念念不忘以维护主权国家作为意识形态话语构建的根本。这是一个可能在相当长时间内影响当代国际政治的深层次问题。第三，当今国际政治任何一

---

① Audrey Kortunov, "From Post-Modernism to Neo-Modernism", pp.8—18.

种思潮的潮起潮落，都有其异常复杂的主客观背景。在强调全球化、区域化进程的时候，不可忽略主权国家的存在，欧盟已经在这方面提供了教训。而当民族主义思潮汹涌而起的时候，同样，不可忽略的是全球进程和普遍性价值的存在意义。此外，当现代社会面临着一系列不确定、过渡态、可复制、弥散性、无主题、多变异等客观现象的深刻挑战时，后现代主义是否已经失去了存在的价值与空间？后现代主义是否普遍地否认经济的重要性？人类共同价值是否只是空话？民族主义在倚重本土传统的同时，是否也不能排斥全球化的重要性？看来，即使要以现代主义、新现代主义取代后现代的国际政治范式，伸张主权民族国家的现代价值，也还需要对于上述一系列问题做出进一步的解答。无论如何，科尔图诺夫等人对于现行国际政治叙事模式的反思，始终是一个值得下大功夫研究的重大问题。

三、"俄罗斯世界"：以文明为基础的认同构建

以文明为基础的认同构建，是话语—叙事体系形成过程中的一个重要方面。对于俄罗斯这样一个具有丰厚历史传统和独特文明个性的国家而言，不光需要构建现代的主权民族国家的法律和政治认同，而且，以历史传统积累来强化其文明归属，稳固其生存发展和安全环境，显然是其"软实力"形成中的一项必不可免的工作。

在当代俄罗斯人文与社会科学和媒体的词汇表中，"俄罗斯世界"（Русский мир）这一范畴的出现，以及围绕有关"俄罗斯世界"问题的讨论变为热门话题，不过是最近十年的事情。在这十

年之中，"俄罗斯世界"这一范畴被迅速推广，有着两个重要的时间节点。这是观察当代俄罗斯政治思想历史演进的关键环节。

2007年，"俄罗斯世界基金会"在莫斯科正式成立。这是"俄罗斯世界"这一概念开始被广泛运用的第一个值得关注的时间节点。这不光是指，在以后不太长的时间之内，在40多个国家创办了90多个"俄罗斯世界"中心；然后以此为中心在80多个国家举办了一系列相关的学术交流活动。俄罗斯政府作为这一组织形式的推动者，期待以"俄罗斯世界"的名义所创设的机构和所进行的活动，不仅仅是推广俄罗斯文化、联络海外俄罗斯侨民的基点，而且，由此而构建一个"全球性项目"，为俄罗斯具有更大可能性推进与外部世界的合作而形成新的认同。同时，值得注意的是，"俄罗斯世界"这一概念在2007年的迅速传播，恰好与同年2月普京在慕尼黑安全政策会议上的著名讲话相映成趣：前者是对俄罗斯现象的世界历史意义的系统正面阐述，而后者是俄罗斯面对20世纪90年代西方在欧亚地区扩张准备开始全面反击的一个重要宣言。

"俄罗斯世界"这一范畴，究竟指的是怎样一个社会活动空间和人类群体呢？若在十年之前的很长历史时期中，"俄罗斯世界"这一词汇所包蕴和反映的，主要还是在宗教和艺术领域的现象和含义。比如，亚历山大·奥斯特罗日斯基（Александр Острожский）曾经提到过的"生活于同一信仰、礼仪和习俗中的人们"，指的是人类学意义上俄罗斯人生存所系的同一文明环境；还有其他人曾强调俄语在共同体形成过程中的功能：居住于古代罗斯各地的人们"用这样的或那样的俄语在交流"，形成了"最初始的俄罗斯世界"。①而在当代条件之下，"俄罗斯世界"的含义，显然已经大大超出了传统的宗教与文化艺术的阀域。俄罗斯工商协会——《俄罗斯世界》基金会主要的经济支持者——负责人雷巴科夫（А.М. Рыбаков）认为："'俄罗斯世界'和国外的俄罗斯社群已经存在了150年的历史，不仅成为跨文化相互理解的一个范例，而且也是理解俄罗斯本国历史，以及这一历史传统在经济、文化、教育各界潜能的卓越基础。在世界各地的俄罗斯同胞们，他们的生活和他们的关切，乃是俄罗斯联邦外交工作的基本方向之一。"②当代俄罗斯在民族理论研究界具有广泛影响的季什科夫院士（В.А. Тишков）这样总结："俄罗斯世界"这一词汇，已经变成由一系列范畴概念装备起来的、被描述成为国际的、跨国的、跨洲的人类共同体，这一共同体或者是被组合成为俄罗斯的一部分，或者是指那些迄今仍在使用俄罗斯语言，以及忠诚于或热衷于俄罗斯文化的人群。③之所以说，作为政治话语的"俄罗斯世界"概念在2007年才开始广泛使用，因为在此之前，这个词语所指的是居住在俄罗斯境外的人和社区的网络；但被纳入了俄罗斯的文化和语言媒介的系统诠释之后，这一概念具有了历史与哲学内涵。它比"同胞"一词更为宽泛，"同胞"的概念依赖于法律规范和定义，而"俄罗斯世界"则更多的是一种与人的自我认同有

---

① Мосейкина М.Н. У истоков формирования Русского мира. XIX — начало XX века. Том 1//Русский мир в XX веке. В 6-ти томах. Под редакцией Г. А. Бордюгова и А.Ч. Касаева. Предисловие А.М. Рыбакова. — М.：АИРО-XXI；СПб.：Алетейя，2014. С.10—12.

② Ibid.，С.8—9.

③ Ibid.，С.10.

关的概念。①

如果说，2007 年"俄罗斯世界"这一政治词汇的出现乃是标志着俄罗斯政治思想的主体性确立的转折阶段的核心内容之一，那么，在 2013 年底爆发、2014 年春酿成全面冲突的乌克兰危机复杂国际背景之下，"俄罗斯世界"这一概念便成为一个从思想层面直接介入反击西方扩张、维护自身战略安全空间的战略博弈工具。这是冷战结束后，欧亚地区政治思想历史发展的又一个重要节点。2014 年，在莫斯科出版的六卷本集体著作《20 世纪的"俄罗斯世界"》的序言中这样写道："俄罗斯世界"被解释成为一个"文明的、社会文化的、准民族的空间"，其中生活着人类总数的将近二十分之一、也即三亿多说俄语的居民，这部分居民具有俄罗斯文化所特有的精神和心理特征，怀有对俄罗斯在世界上地位和命运的同样关切。这篇序言的作者进一步指出：从地缘政治和地缘经济角度来解释"俄罗斯世界"的时候，可以发现：东正教、俄语和俄罗斯文化、共同的历史记忆、对社会发展的共同的观点，乃是"俄罗斯世界"的最主要支柱。②这一部关于"俄罗斯世界"的集体著作是开始于 2008—2009 年的一个重要研究项目的总结。无论参与这一项目的研究者们当时是否意识到尔后爆发的乌克兰危机的严重后果，但是他们所研究的"俄罗斯世界"这一范畴，却在这场国际博弈中发挥了不可忽略的作用。

---

① 参见 Русский мир в XX веке. В 6-ти томах. Под редакцией Г.А. Бордюгова и А.Ч. Касаева. — М.：АИРО-XXI；СПб.；Алетейя，2014。

② Мосейкина М.Н. У истоков формирования Русского мира. XIX — начало XX века. Том 1. С.10.

值得一提的是美国国际政治理论学者罗伯特·杰维斯（Robert Jervis）所提出的"关于角色的意象和认知在世界政治中的作用"的观点，为理解当代国际政治现象提供了基础。在杰维斯看来："一旦脱离了有关决策者的信仰和对于世界认知的资料，往往无法解释他们的重大决策和政策。"杰维斯认为，最重要的问题不是谁对谁错，而是人们对世界的看法为何不同。之后，他提出："人们对世界和其他行动者的看法不同，是由于我们尚未能够发现的事实，以及我们尚未理解的原因。"杰维斯把认知问题作为当代国际政治中的一个重要现象来研究不无道理。[1]

最近的一个半世纪以来，乃至于在更长的历史阶段中，关于俄罗斯身份认同及其在世界上的作用问题，一直争论不断。这远非学者书斋里的文字游戏，从来就对现实政治产生着重大的影响。如果说19世纪中叶以后争论主要集中在斯拉夫派和西方派之间展开，那么到了苏联解体之后，大体上被归结为三个主要思想流派之间的争论：自由主义、现实主义和民族主义的国家主义。自由派主张把俄罗斯归入西方世界，视俄罗斯为大欧洲之一部分，强调与欧美世界的合作。民族主义的国家主义者，包括新帝国论者，也包括民族主义者，力陈俄罗斯与欧美的区别，主张恢复俄罗斯在欧亚地区传统影响和势力范围。现实主义者则是俄罗斯国内对于国际问题决策影响最强大的派别。[2]20世纪90年代后期，以北约东扩为代表的西方世界的扩张，迫使其中倾向于自由国际主义立场的一部分成员，转向为在国内主张加强集中权力、在国际方面

---

①②　Igor Zevelev, "The Russian World Boundaries", pp.62—73.

主张加强俄罗斯在后苏联空间的影响力，并抵御以美国为首的西方所策动的"颜色革命"。21世纪之初，民族主义与现实主义两者立场的强化和接近成为显著趋势，特别是普京本人也不拒斥继续吸收自由主义派别中的积极成分，来完善和健全上述趋势。

　　2014年之前的两年中，俄罗斯国内曾经围绕"俄罗斯世界"及其相关问题展开争论。政治学博士伊戈尔·泽韦列夫（Igor Zevelev，Игорь Зевелев）在《"俄罗斯世界"的边界》一文中曾经做过如下总结："俄罗斯统治精英最终选择的思想工具具有以下功能：能够使得体制取得合法性，巩固国家主权、保障俄罗斯国家的实力和影响力。这一语境之下的两个观点乃是关键。第一，俄罗斯必须是一个强大而独立的大国，它是所有反对由美国和欧洲强加给世界的革命、混乱和自由思想的一个保守主义力量的堡垒。第二个含义是指，存在着一个更大范围的'俄罗斯世界'，它超越了俄罗斯国界，超越了俄罗斯文明的界限。'俄罗斯世界'不同于西方文明，与占主导地位的西方文明话语并不容易共存；而在西方，这经常被认为是一种陈旧的知识。这就解释了为什么莫斯科对乌克兰采取的行动（指归并克里米亚），是大多数西方领导人和专家所完全意想不到的：他们没有很好地钻研俄罗斯关于身份认同的话语。从全球趋势角度来看，俄罗斯正变得越来越独树一帜。"①

　　直到2014春季之前，关于俄罗斯新的民族认同、包括"俄罗斯世界"概念的讨论，与俄罗斯的外交政策和国家安全议程，并

① Igor Zevelev, "The Russian World Boundaries", pp.62—73.

没有太多直接的关系。但是，当2014年2月21日乌克兰亚努科维奇政权被具有西方背景的政变所推翻，当2014年3月克里米亚居民准备公投回归俄罗斯之际，2014年3月7日，普京的新闻秘书德米特里·佩斯科夫令人醒目地公开表示：俄罗斯联邦总统是"俄罗斯世界"安全的保障者。①这一声明在多大程度上反映出俄罗斯对于所承担的安全问题责任区域的官方立场的重大改变？它是否标志着俄罗斯安全责任区域从民族国家一级向一个比民族国家更大的共同体水平的转变？这个信号在多大程度上表明："俄罗斯世界"的提法已经被迅速地作为地区安全事务中的关键概念？虽然这些问题都还有待作进一步的观察与考量，但是，当时的争议显然与这一概念有着密切关联。在西方看来，克里米亚事件是对于后冷战时期的欧洲民族国家主权的侵犯。但是在俄罗斯看来，从北约东扩、欧盟"东部伙伴关系"计划毫不犹豫地推行，一直到西方参与策动的乌克兰政治变化，这是对俄罗斯在近邻地区重大利益的一笔勾销。正如普京所说："在乌克兰，我们的西方伙伴已经越过了这条红线……无论如何，他们完全知道，有数百万俄罗斯人生活在乌克兰和克里米亚……俄罗斯发现自己已经在一个它不能后退的位置上。如果你压缩弹簧，一直到它的极限，它就会强烈反弹。"②普京所提到的"红线"，无疑包含着"俄罗斯世界"这一范畴所勾画出的利益攸关方面的警示。

泽韦列夫的结论是：2014年3月克里米亚加入俄罗斯，是此前两年俄罗斯民族认同发生变化的一种具体表现。这些变化标志

①② Igor Zevelev, "The Russian World Boundaries", pp.62—73.

着俄罗斯外交政策的原则，发生了一个戏剧性的修正。莫斯科在乌克兰的行动，其实并不出人意料。事实上，这是自 2011 年秋天普京宣布决定参加总统竞选以后，俄罗斯的政治和意识形态转变的逻辑结果。①

在 2007 年以来整整十年的时间里，一方面，人们可以看到，"俄罗斯世界"这一范畴的创设所带来的效能：推动人民聚合，促进认同形成，深化文明内部和跨文明的交往，甚至能够在尖锐复杂的国际博弈中成为激发民众情绪的思想武器。但是另一方面，依然可以清晰地感受到，有关"俄罗斯世界"这一范畴的争议依然存在。因而，这一范畴如何有效地被运用，如何能真正构建一个有利于俄罗斯稳定发展的认同基础，也还依然面临理论和实践上的挑战。

俄罗斯社会学家佩图霍夫（В. В. Петухов）和巴拉什（Р. Э. Бараш）指出，"俄罗斯世界"这一概念在当今复杂现实条件之下，具有不可忽略的意义，它建立了一个能够自由地进行自我确定、自我认同的广阔空间。同时，这两位社会学家也坦率地表示：第一，从理论上说，对于当代世界而言，关键问题与其说是要界定"俄罗斯特性"，还不如说正好相反，"俄罗斯特性"的界限正在被扩展而来得更为重要。这里指的是，正在被积极引入"俄罗斯世界"和俄罗斯文化的那些成员，在多大程度上认为此两者是自己可以亲和接近的，在多大程度上他们准备促进俄罗斯文化的进步和发展。这两位学者所提供的民调实证材料表明："俄罗斯特

---

① Igor Zevelev, "The Russian World Boundaries", pp.62—73.

性"作为俄罗斯一般公民认同基础，总体来说还停留于象征性的层面；俄罗斯的近邻国家经常表现出不太愿意与"内陆型的俄罗斯"认同一体化的趋势。①第二，从实践上说，"俄罗斯世界"这一概念，在多大程度上影响俄罗斯国家内部的自我认同形成过程？"俄罗斯世界"这一概念是否能够将"俄罗斯特性"变成政治权力的有效工具？或者只能够在"帝国神话"的基础上形成国民团结的基础？"俄罗斯世界"这一概念，与苏联时期的"进步人类"的观念之间，究竟有何根本的区别？所有这些问题，在佩图霍夫和巴拉什这两位学者看来，还有待在理论上和实践中进一步去雾廓清。②

四、从"大欧亚"到"转向东方"的发展空间选择

如果说，"俄罗斯世界"这一范畴是从"俄罗斯特性"的基点出发，侧重于从历史人文角度，来营建俄罗斯作为政治实体的内外结构，那么，"大欧亚"这一概念则更多地从经济视角出发，着意于构筑一个能够最大限度地运用和发挥俄罗斯潜能的发展空间。

21世纪以来，作为俄罗斯对外发展战略的"大欧亚"概念本身尚有一个形成与发展的过程，这一概念首先来自20世纪90年代"欧亚主义"讨论热潮的直接启示，来源于1994年纳扎尔巴耶夫对于发起欧亚经济合作共同体呼吁的推动，也受到了俄

---

① ② Петухов В. В, Бараш Р. Э. Русские и «Русский мир»: исторический контекст и современное прочтение∥Полис. Политические исследования. 2014. №.6. C.83—101.

罗斯推进关税同盟和欧亚经济联盟的一系列实践的激发，同时，很明显地受到了欧亚地区本身如何与迅速上升中的亚太地区共处和合作的重大变化的激励。就概念形式而言，先后出现过"欧亚主义""中央欧亚""大欧亚"，乃至最近的"大欧亚伙伴关系"等多种表达。但是，有一点值得注意，从概念形成和演变的过程来看，以欧亚地区为依托、先后以关税同盟和欧亚经济联盟为名的区域合作和发展进程，只是稍稍地早于俄罗斯"转向东方"路线的提出。换言之，"大欧亚"与"转向东方"的战略，差不多是同一个历史时期的产物。"大欧亚"和"转向东方"这两个范畴，各有所向，各不相同，但是，却是紧密联系而不可分割的两个进程。

从"大欧亚"到"转向东方"的战略选择，在俄罗斯国内所引起的激烈争论表明，这场争论的涉及面，远远超出经济阀域的命题，囊括了从人文思想到现代性争议，从地缘政治经济竞争一直到区域治理各个领域的深层和长期的问题。这是多样化发展的大历史时代的一个重要而复杂的区域合作与竞争空间的发展开端，显然，它还有待于人们的创造性构建。正是在这个意义上，俄罗斯精英在这一领域的探索和尝试具有特殊的意义。

2011 年 10 月 5 日，《消息报》网站发表了当时担任俄罗斯总理的普京的一篇文章：《欧亚大陆新一体化计划——未来诞生于今日》。这篇文章宣布：俄罗斯、白俄罗斯和哈萨克斯坦统一经济空间，将于 2012 年 1 月 1 日启动。这个计划以三国关税同盟和统一经济空间作为将要努力推进的欧亚联盟的基础，建立超国家的联合体模式。普京明确地表示："与欧盟对话的现在是关税同盟，将来则是欧亚联盟。于是，加入欧盟除了可获得直接的经济好处之外，还可以使每个成员更快地、更强势地融入欧洲。"①可见，先是三国关税同盟、后是欧亚经济联盟建立的初衷，一是基于对欧盟经济一体化模式的仿效，二是立足于欧亚国家能够集体"融入欧盟"的考量。当时，2008 年国际金融危机爆发，次年俄罗斯经济以 7.9% 的幅度迅速下降，欧盟虽然也面临严重困境，但并未遭遇尔后才有的根本性挑战，欧盟对于俄罗斯的吸引力依然没有消失。此外，普京曾经多次强调，原苏联空间内部的经济与人文联系依然存在，在此基础之上，独联体国家之间的抱团取暖，未必不是一种选择。再言之，在当时普京本人非常可能重回总统位置的政治态势之下，通过建设欧亚联盟，稳固俄罗斯在欧亚地区的影响，同时实现俄罗斯作为世界一极的地缘政治地位，这些都还是有着一定现实基础和政治经济需要的谋划。

但是，即便在当时，俄罗斯学术和战略研究界也很快提出了不同的看法。问题之一，是如何处理与迅速发展中的、处于亚洲的中国之间的关系问题。普京关于欧亚经济联盟的文章发表之后的一个月，老资格专家尤里·塔夫罗夫斯基（Ю. Тавровский）在《独立报》公开发表以《在欧亚联盟的轮廓中亚洲路线尚不清晰》为题的署名文章。文章提出：计划中的欧亚联盟与中国参与的一体化进程有所重叠和交织；俄罗斯与西方加强协作固然重要，但同时应向东发展；在这个时候，明确提出俄罗斯将涉及中

---

① Владимир Путин. Новый интеграционный проект для Евразии — будущее, которое рождается сегодня//Известия. 5 октября, 2011. https://echo.msk.ru/blog/statya/817588-echo/.

国的新战略计划十分重要；两个大国从协同发展中将可以获得很多好处。①

　　问题之二，计划中的欧亚经济联盟从一开始，不光就发展思路、还是一体化计划的执行与发展状况，始终处于争论状态。一方面，随着欧亚经济联盟功能性合作的逐渐地、但十分坚定地推进和深化，证明欧亚一体化发展并非形式主义；欧亚各国对参与联盟虽各有想法，但是，都不反对参与欧亚经济联盟的合作；欧亚经济联盟与集体安全组织的共存，从地缘政治和地缘经济互补性的角度也证明了，在当前条件下，除欧亚联盟之外，并没有更好的办法能够维持欧亚地区的稳定，推动欧亚经济的发展。但是问题在于，由于2013年年末乌克兰危机突然发生，2014—2015年间随之而来的西方经济制裁、国际能源价格跳水、卢布价格贬值，以及俄罗斯自身的经济危机的发生，欧亚经济联盟的前景又一次面临严峻考验。经济学家亚历山大·利布曼认为：乌克兰危机和俄罗斯经济危机这两场危机，给欧亚经济联盟带来了复杂多样的影响。政治危机既使得欧亚经济联盟的小成员国更加担心俄罗斯不断增长的影响力，但同样也加深着对于俄罗斯的依赖。而经济危机将使得各国更倾向于回避俄罗斯传播其经济危机影响的通道，并同时消耗掉这些国家宝贵的储备和预算收入，更倾向于贸易保护主义和重商主义政策。利布曼认为：欧亚经济联盟虽然取得不少成就，同时这一组织构架即使仅仅是得以维持，也能够发挥作用；但是，在危机条件之下，作为地区一体化组织的效率和发展

---

① Юрий Тавровский. Евразийскому контуру не хватает азиатских линий// Независимая газета. №.259.28 ноября 2011. C.11.

前景，尚不明朗。①

在此关键时刻，"转向东方"、也即"转向亚洲"的经济发展路线，再一次引起了俄罗斯朝野的热议。事实上，2011 年瓦尔代论坛已经从前一年"与欧洲结盟"的主题，迅速转变成为 2012 年的"转向亚洲"的新议题。在 2012 年总统大选的关键时刻，普京连续发表七篇表述他的第三任总统期间执政思路的文章，明确提出"借中国之风、扬俄罗斯经济之帆"。这表明，俄罗斯已经很快地认清外部经济环境的重大变化趋势，再次调整了对外经济发展的思路。

2013 年 9 月，习近平主席提出"一带一路"倡议后，俄罗斯精英层起先一度疑虑重重，俄国内也经历了一段时间激烈的辩论和思考，在 2014 年 2 月 6 日索契冬奥会之前的习普峰会上，普京终于做出了积极的反应。而在此同时，在俄罗斯遭遇乌克兰危机和自身经济危机的双重困难的局面之下，中俄经济合作取得一系列重大突破性进展。这一事实预示着俄罗斯"转向东方"所蕴含的巨大契机。到了 2015 年，卡拉加诺夫等人以"瓦尔代论坛系列报告"的形式，提出"构建中央欧亚：'丝绸之路经济带'与欧亚国家协同发展优先事项"的一系列论点。这一批相当有影响力的俄罗斯学者，在多年来扎实掌握国内国际相关变化的系统知识和信息的基础上，深入思考俄罗斯对外取向问题，系统而集中地表达了"转向东方"的战略思路。其一，充分肯定欧亚经济联盟对

① 亚历山大·利布曼：《乌克兰危机、俄经济危机和欧亚经济联盟》，《俄罗斯研究》2015 年第 3 期，第 37—57 页。

于地区发展和稳定所起到的重要作用；其二，明确表明了欧亚经济联盟与"丝绸之路经济带"之间相辅相成的战略合作关系；其三，强调俄罗斯整体地"转向东方"的背景下，其内部发展和对外经济的相互关联性，特别提出加速远东西伯利亚经济的开放发展，是俄罗斯成为 21 世纪强国的必要途径；其四，俄罗斯"转向东方"并不意味着将会放弃与欧洲的合作，同时，尤其强调"转向亚洲"不仅只是转向中国，而且，同时也转向日本、韩国、东盟等一系列亚太地区的合作伙伴。①

到了 2016 年以后，人们看到的是俄罗斯"转向东方"的一系列外交、经济和安全合作措施的推进。其中，远东西伯利亚经济开发与开放以前所未有的决心和规模被提上日程，声势浩大的"远东经济论坛"创设，俄日关系开始调整，俄罗斯与一系列东盟国家之间经贸、科技、军工合作被推进，俄罗斯对朝鲜半岛事务立场积极化，等等，当然，不言而喻地包含着中俄战略伙伴关系的全面发展和提升。尤其值得关注的是以下几个方面的事态发展：

其一，2016 年 6 月，中俄峰会期间明确了"一带一路"与欧亚经济联盟进行相互"对接"的重要思路，从而在"大欧亚"和"转向东方"这两大进程之间开始构筑起"大欧亚伙伴关系"的顶层设计框架。

其二，2017 年 11 月瓦尔代论坛在韩国首尔举行研讨大会，专门讨论亚洲地区未来的政治与安全前景。这表明俄罗斯精英正一

---

① 谢尔盖·卡拉加诺夫、季莫费·博尔达切夫等：《构建中央欧亚："丝绸之路经济带"与欧亚国家协同发展优先事项》，《俄罗斯研究》2015 年第 3 期，第 20—36 页。

步一步把本国外向选择与亚太地区总体政治安全构架的建设相互结合起来，进行构思。

其三，2017 年 7 月，卡拉加诺夫发表题为《从"转向东方"到"大欧亚"》的长篇文章，进一步提出：第一，作为一个总体框架，"大欧亚伙伴关系"得到中俄领导人正式支持。这首先是制定欧亚大陆国家合作方向的理念框架。它的目标应当是共同的经济、政治和文化复兴，发展数十个曾经落后的欧亚国家，将欧亚大陆变成全球经济和政治中心。它将囊括东亚、东南亚、南亚、欧亚大陆中心的国家，俄罗斯以及欧洲次大陆国家及其组织，推动它们有能力、有意愿地进行建设性合作。第二，世界从多极走向两极的趋势开始形成。一极以美国为中心，另一极在欧亚。中国看起来是后者的经济中心。然而，只有在中国不谋求霸权的情况下，欧亚中心才能形成。第三，构建新共同体——大欧亚伙伴关系的想法，也是俄罗斯在未来实施地缘战略和地缘经济时自我定位的理念框架，起初在其中扮演领导角色的应是俄罗斯—中国的组合。在朝大欧亚前进的同时，除了强化俄罗斯未来几年朝向亚洲的转向，还应思考在新的政治、经济和理念基础上与欧洲这一传统伙伴落实合作。第四，上海合作组织是建立大欧亚伙伴关系的天然谈判平台，前提是赋予该组织更多的活力和开放性。上海合作组织本身应该从单纯地区组织，变为安排各种层次和各种组织进行讨论的平台，应该从过去的互相避免单边占据主导地位，变为真正共赢协作的平台。第五，应制定"大欧亚伙伴关系"实现共同目标的路线图：经济上，以贯通南北的大欧亚交通运输网络，多边金融、贸易、技术、网络合作等为基础；安全上，构建

欧亚大陆的安全体系，取代过时的欧安组织，其优先途径是推动
国际主要角色（首先是俄罗斯、中国和美国）的不结盟和中立。
卡拉加诺夫认为，俄罗斯客观上是地区和全球安全的最大供应
者。①从卡拉加诺夫的叙述中，可以明显感觉到，俄罗斯精英阶层
对于"大欧亚伙伴关系"这一概念所赋予的广泛周详思考和所寄
予的极高期待。

　　不言而喻，上述地区合作规划与构思过程始终伴随着激烈的
争论。这里既有对"转向东方"的否定，认为"转向东方"根本
无助于俄罗斯摆脱经济困境，亚洲市场无法取代俄罗斯与欧洲的
传统联系，过于猛烈、缺乏深思熟虑的转向可能引起消极后果，
提出应该首先通过结构性改革优化增长模式，然后再确定对外政
策与贸易定位的问题；②也有专家主张俄罗斯无须在东西方之间进
行选择，认为俄罗斯不可能完全地融入世界某个大洲，因为这样
就意味着俄罗斯对美国或者中国的从属地位。格奥尔基·托洛拉
亚（Георгий Толорая）这位老资格专家提出，俄罗斯需要的远不
只是简单地转向东方，而是要在解决与西方问题的同时，积极构
建与亚太地区的关系。③毫无疑问的是，俄罗斯面临的是一个将会
决定今后几十年、上百年，甚至更长历史发展阶段面临的重大战
略选择。因此，第一，不可能对当下远远超过俄罗斯与亚洲地区

①　Сергей Караганов. От поворота на Восток к Большой Евразии//
Международная жизнь. 2017. №.5. С.6—18.

②　Ольга Соловьева. Развернувшись на Восток, Россия все равно столкнется с
Западом//Независимая газета. №.2090 30 сентября 2015. С.1.

③　Русская ДНК. Почему Россия никак не может сделать выбор между Западом
и Востоком. 20 июня 2016. https://lenta.ru/articles/2016/06/20/russian_dna/.

规模、曾经具有 4 000 多亿美元贸易总额和营建了半个多世纪的能源管道基础设施的俄罗斯—欧洲经济关系无动于衷。第二，纵然不去考虑当下所涉及的各类经济利益集团（包括官僚主管部门）的重大关切和利益差异，仅仅从数百年"欧洲化"观念意识形态在俄罗斯占主导地位的传统惯性所言，要真正实现"转向东方"，远远不是一件轻而易举的事情。

当然，无论从远东西伯利亚的开发开放、还是中俄之间关于欧亚联盟和"一带一路"规划的"对接"，也无论从俄罗斯精英十分投入的激烈争论、还是卡拉加诺夫一篇又一篇的巨制宏论，由"大欧亚"概念和"转向东方"的战略构想中，逐渐演化和提炼而来的关于"大欧亚伙伴关系"的各种分析与描述，至少正在把处于一片混沌中的国际和地区格局走势，梳理成一个能略窥知其一二的客观进程。这是有关"大欧亚"和"转向东方"大争论的意义所在。

五、历史叙事模式的重构

悉尼大学教授、国际中东欧研究理事会（ICCEES）主席 G.吉尔（Graeme Gill）2012 年来华东师范大学俄罗斯研究中心访问时，曾经做过一个关于俄罗斯历史叙事构建问题的演讲。他指出：随着苏联政权的崩溃，俄罗斯新领导者面临着这样的问题：如何处置那些体现苏联时代的符号？如何采取措施与过去切割？然而，关键是需要一种新的叙事。尤其是当政治发生剧变时，新的叙事就更为必要了。叶利钦时期，由于采取强烈的"反共"姿态，最大限度地否认苏联时代对俄罗斯的经历有任何积极的贡献，结果，以此为基础的叙事受到俄罗斯社会诸多派别的反对，引发了激烈的政治争论。新的叙事系统，应该在全面地研究苏联历史、对苏联时期做出有意义阐述的基础上形成。这种有意义的、具有连贯性的叙事，能够为后苏联时期的俄罗斯提供合法性的长期基础。①

吉尔教授所提到的叙事构建主张，看来在 21 世纪第 1 个 10 年，正在俄罗斯思想和学术界一步一步地得到实践。当然，要在历史上的俄国、苏联和今天的俄罗斯这一极其复杂的进程之间建立起真正承前启后、各方接受的历史叙事体系，远非轻而易举之事。

值得注意的首先是以下两方面的进取：第一，贯穿于整个 20 世纪的意识形态争论，在俄苏历史叙事形成方面留下了深刻的烙印。如何直面被意识形态和文化偏见所带来的无知曲解乃至恶意贬低，回归本国、包括西方历史研究优秀传统，为俄国历史的叙事构建正本清源，这是俄罗斯学术界正努力推进的一项工作。第二，与此有关，2017 年是十月革命一百周年纪念日，围绕这样一个不仅对俄罗斯极其重要，而且世界各国都高度关注的重大历史事件纪念日，主管部门将如何确定基调、如何组织和开展活动，包括如何展开进一步深入的学术研究等各个方面，俄罗斯政治—学术精英的思考和筹划正在体现出一个富有丰厚历史传统的大国所具有的积累和特色。本书拟以以下两个案例来具体展示上述两方面的重要变化。

---

① G.吉尔：《后苏联时代的俄罗斯符号政治》，《俄罗斯研究》2013 年第 3 期，第 3 页。

（一）卢金兄弟关于俄国史和政治文化的新阐述

至少经过了近 20 年的深入研究，作为俄罗斯国际问题研究专家，同时尤其是具有相当影响力的中国问题研究专家亚历山大·卢金（Александр Лукин），和他的弟弟俄罗斯科学院历史研究所的资深研究员帕·卢金（Павел Лукин），最近几年合作发表了一系列文章，系统阐述俄国历史和政治文化传统问题，批评欧美学术界，尤其是史学界对俄国历史的误解和歪曲，这些文章于 2015 年以《用头脑理解俄罗斯：后苏联政治文化与本国历史》为名结集出版，引起广泛反响和关注，堪称这一方面具有代表性的进展。①

卢金兄弟从古罗斯时期开始，系统分析俄国历史和政治文化特点。他们对西方俄国史学结论的批评，集中在"俄国自古以来的专制主义传统"这一观点。由英国学者斯蒂芬·怀特（Stephen White）、阿奇·布朗（Archibald Haworth Brown），美国学者布热津斯基、比林顿（James Billington）等人广泛演绎传播的这一观点，不仅在西方学者中非常流行，而且在俄罗斯学术界，甚至在民间都有广泛影响。但卢金兄弟认为，这一观点充满谬误，因为自基辅罗斯早年的维彻民主，16—17 世纪的等级代表制的缙绅会议，莫斯科罗斯时期的由选举伴生的地方自治，19 世纪亚历山大二世时期的土地、司法、地方行政诸项改革进程，包括 1906 年以后国家杜马中多党体制活动中，都有自由主义法治精神和自治管理的不同程度的发展，这一系列历史事实，都证明了西方政治—

① Лукин А. В. Лукин П. В. Умом Россию понимать. Постсоветская политическая культура и отечественная история//Вопросы истории. 2016. No. 6. C.161—165.

历史研究中有关俄罗斯政治文化"一贯奉行专制"的相关概念存在偏差。①

卢金兄弟的研究有其重点。其一，卢金兄弟集中研究了诺夫哥罗德（Novgorod）城市民主传统，他们认为：从中世纪的诺夫哥罗德开始，俄国就已经开始探寻自治管理。作者详尽研究了维彻民主——诺夫哥罗德社会构成、市民大会的特点、地方行政长官、主教的治理功能和当时已经存在的社会冲突调解机制等，他们以大量的历史材料证明，俄罗斯有自己的政治民主传统，并不一直是专制统治。其二，针对西方政治学家以农村公社和集体主义生活方式的存在，作为"自古以来的俄罗斯威权主义"的历史依据的观点，卢金兄弟反驳道：有充分的历史材料证明，平均主义的重分式农村公社的出现，并不早于16世纪前半期，因此，根本谈不上这是"自古以来的威权主义传统"的基础，相反，卢金兄弟提出：俄罗斯农村公社曾经是自治管理组织、基层直接民主传统的承担者。其三，卢金兄弟认为，西方学者（主要是50年代冷战年代）有关俄罗斯政治文化和俄国历史进程属于东方而并不属于西方的结论，忽视了俄罗斯政治文化的多样性和多层次性。卢金兄弟提出，12—15世纪蒙古的入侵并没有很严重地阻碍俄罗斯文化的发展。顺便指出，卢金兄弟的这一结论，与20世纪80年代以来西方学者关于蒙古入侵在俄罗斯当地的影响的结论相类似。②其四，对于布热津斯基、理查

---

① Лукин А. В. Лукин П. В. Умом Россию понимать. Постсоветская политическая культура и отечественная история//Вопросы истории. 2016. №. 6. С.161—165.

② 冯绍雷：《20世纪的俄罗斯》，第12—15页。

德·派普斯（Richard Pipes）等学者多年来强调的俄国历史与苏联政治文化之间的连续性，认为苏联的"全权主义"乃是俄罗斯政治威权主义传统的延续的观点，卢金兄弟认为，尽管从某些方面的确存在着这样和那样的联系，但十月革命是与俄罗斯民族国家政治文化和宗教道德传统的彻底断裂。①

对于俄国千年历史的复杂沉淀，自从近现代俄国史学确立以来就一直有着无尽的争议，但是卢金兄弟的著述所指出的，冷战终结以来俄罗斯历史观念受到西方意识形态广泛而深刻的影响这一事实，无疑是一个十分重要的警讯。无论布热津斯基还是派普斯这些名声显赫的大学者，都曾是美国外交决策体系身居高位的官员，他们的学术观点带有意识形态和文化偏见是难以避免的。卢氏兄弟对于俄国历史和政治文化的重新论述，对于转型期俄罗斯思想文化主体性的构建提出了一个显然有着重要意义、但需大量去芜存菁工作的紧迫问题。

（二）对于俄国革命百年进程的历史反思与纪念

苏联刚刚解体时，传统意识形态被彻底颠覆，整个舆论界一边倒倾向于否定苏联时期的历史。20 世纪 90 年代中期以后，随着欧亚主义思潮的兴起，对苏联时期的历史评价稍稍有所回摆。21 世纪初，普京执政后所推动撰写的萨哈罗夫两卷本《苏联史》，对苏联历史作了较为折中和稳健的评价。而 2009 年安德烈·祖波夫两卷本《二十世纪俄国史（1894—2007）》，又重新回复到大幅

---

① Работяжев Н. Политическая культура России: мифы и реальность// Мировая экономика и международные отношения. 2016. T.60. No.5. C.114—120.

度否定苏联时期的立场。直到 2013 年，经俄官方认定的"历史教科书纲要"的颁行，再次主张全面均衡地评价包括十月革命在内的苏联历史问题，这一基本态势大体上延续至今。自 20 世纪 80 年代中期以来的 30 多年中，俄罗斯学术界对于本国历史评价的反复摇摆，反映出帝国崩溃的特殊历史阶段历史评价问题的高度复杂和尖锐的意识形态分歧，折射出 80 年代中期以来俄罗斯社会急剧变动下政治文化和意见分化的不稳定状态。显然，无论是对于历史问题的保守封闭、讳疾忌医，还是对历史问题的虚无主义、随意抹黑，由于历史认知的分裂对社会稳定所造成的巨大伤害，迄今还很难估量。俄罗斯的学术和政治精英正是在这样的体认下，自 21 世纪以来逐步地倾向于以客观、公正、专业、开明为目标，以历史研究应该有助于在多年震荡后社会的稳定与和谐为前提，追求对历史问题作尽可能妥善的处置。2014 年 11 月 5 日，亦即十月革命节前夕，普京在一次谈话中公开表示，"要对十月革命问题做出非常客观深入的、有专业水准的评价"，丧失了这一立场，科学将不复存在。他认为，这不只是历史问题，不要因历史问题"将社会重新编码"，也不要因地缘政治原因"篡改历史"。普京并不想恢复苏联，但是不主张对苏联一笔抹杀。①

　　对于俄国十月革命百年纪念活动的思考研究和组织部署，大体上围绕这一背景而展开。总体而言，普京主张全面、公正、专业、客观地评价苏联历史问题，避免因尖锐争论而破坏来之不易的大体社会稳定。普京本人对于包括十月革命在内的苏联时期重

①　Встреча с молодыми учёными и преподавателями истории. 2014. 11. 5. http://www.kremlin.ru/events/president/news/46951.

大历史问题有着自己公开而独到的评价。普京本人不满意苏联模式实践当中出现的保守僵化、批评苏联早期不当运用民族自决权，并认为苏联是在自我封闭下失去了与世界同步发展经济与科技的机会，以及在某些历史阶段过度使用暴力。这既与普京个人的政治保守主义取向有关——他不主张通过破坏式的激进方式推进社会变革；也与他的爱国主义立场相联系——根据俄主管官员的评价，普京不赞成因"国际主义而损害本国的主权与利益"。[①]普京恪守爱国主义，关注国家发展的延续性，寻求稳定与和谐，避免激进变革，这是普京历史观念中的基本方面。2013 年颁定统一历史教科书，普京认为需在流行的"伟大的十月社会主义革命"和"俄国的大政变"这两种提法之间做出选择。其结果，就是在统一教科书《纲要》中出现的变化：第一，把对于十月革命的传统提法改为"俄国大革命"——类似对法国大革命的提法；第二，把1917 年二月革命、十月革命和而后三年国内战争，相互联系起来统称为"俄国大革命"。这一变化的含义在于：其一，尽可能减少对十月革命提法的意识形态色彩；其二，把二月革命、十月革命和国内战争联系在一起，以示俄国大革命与法国大革命等世界上重要革命进程之间的相互关联性。值得注意的是，从普京担任总统的 2000 年开始，就明确表示过尊重人民在苏联时期的奉献和创造，直到 2016 年 1 月还表示，他曾是"一个有理想的党员"，怀念以往作为经典思想的"社会主义和共产主义理想"。所以，对于普京有关俄国历史的看法，还需要放到他对于整个历史进程的理

---

① 2016 年 7 月，在笔者与莫斯科相关俄罗斯档案历史专家和主管官员的谈话中，他们多次提到普京对十月革命的看法与其爱国主义立场之间的关系。

解中去加以总体的认知与把握。①

2017 年 1 月 23 日成立了十月革命纪念活动组织委员会。这一重要举措反映了普京的立场。该委员会主席是莫斯科国际关系学院院长 A.托尔库诺夫（Анатолий Торкунов）。他所著的俄国通史富于专业水准而稳健平衡，受到俄罗斯专业主管部门推荐。组委会成员包括文化部第一副部长 F.阿里斯塔尔洛夫、国际历史博物馆馆长 A.列弗尔金、国家历史图书馆馆长 M.阿法纳西耶夫、圣彼得堡市艾尔米塔什博物馆（当年冬宫所在地）馆长 M.彼得洛夫斯基、莫斯科东正教会负责人 F.列戈达，以及著名导演 A.冈察洛夫斯基等。从这一人员构成来看，显然，更为强调政府的协调作用，凸显了十月革命纪念活动安排的非意识形态和务实倾向。

俄罗斯民调表明，上述对十月革命的立场与处理方法与俄罗斯民意大体吻合。俄罗斯科学院社会学所所长戈尔什科夫统计认为，45% 的俄罗斯人正面评价十月革命（根据 2014 年数据）。与此近似，列瓦达调查中心的数据如下：认为十月革命开创俄罗斯各族人民历史新时代的占 25%，认为十月革命推动了俄国社会经济发展的占 29%，两者相加为 54%；而认为十月革命阻止了社会发展的占 19%，认为是社会灾难的占 8%，20% 的人难以回答（根据 2011 年数据）。②根据 2017 年 6 月戈尔什科夫所长的最新评价：当

---

① Владимир Путин принял участие в пленарном заседании межрегионального форума Общероссийского общественного движения «Общероссийский народный фронт». 25 января 2016 года. http://kremlin.ru/events/president/news/51206.

② Российское общество и вызовы времени. Книга первая/М.К. Горшков. [и др.]; под ред. Горшкова М.К., Петухова В.В.; Институт социологии РАН. — М.: Издательство «Весь Мир», 2015.

代俄罗斯人对于十月革命的理解既完全不同于苏联时期刻板思维模式，也不同于自由主义者们宣称十月革命意味着"垮台"，2017年4月列瓦达中心民调显示：48%的俄罗斯人把十月革命视为"不可避免"，而32%的俄罗斯人持有相反观点。在苏联解体以来如此复杂的政治生态之下，如此数量的俄罗斯人依然持有对十月革命的正面历史记忆，实属不易。

十月革命对于俄罗斯历史叙事具有怎样的特殊意义呢？首先，十月革命是当代世界历史多样化进程的一个重要方面和节点。俄罗斯外长拉夫罗夫提出："十月革命之所以可以载入史册，因为，在欧洲当时遍布社会主义影响的背景之下，这是一次历史性的实验，反映了那一时代对社会主义的不舍追求，也包含着这一实践是建立在俄国式的集体主义、甚至是村社的古老基础之上这样的特点。"①可见，今天重新思考十月革命的重要意义在于：苏联的十月革命是世界多样化发展潮流之中一个不可替代的方面。苏联模式并不等于社会主义这一人类追求和理想制度的全部，但苏联模式确实是带有深重俄国社会历史特征，同时也是十分广泛丰富的社会主义思想与实践大潮中的一个重要体现。

1917年十月革命一声炮响，不同于欧美模式的多种文明、多层次的社会建构下的"多元现代性"纷呈而来。直到一百年之后，也即2017年2月慕尼黑安全政策会议上，"后西方"世界的观念才正式作为峰会名称被提出。这表明一个自十月革命始、经百年探索之后，连西方自己也开始逐渐接受的多样化、多元化的历史

① Сергей Лавров. Историческая перспектива внешней политики России// Россия в глобальной политике. 2016. №.2. С.8—20.

认知，已经在被确立的过程之中。这对于新兴国家而言是一个极为重要的、需要进一步做出及时诠释的全球历史文明发展的背景。

第二，十月革命是世界地缘政治领域的一场剧变，深刻影响着当代国际政治。苏联曾与西方鼎足而立，形成两极世界。两极除了对峙之外，还维持着整个世界那么多年没有发生全面战争，究竟机理何在？究竟对后人具有何种意义？虽然迄今争论不休，但十月革命之后的国际政治显现出了新的地缘政治意义：偏向于以地理空间断裂为特点、侧重于通过均衡大陆的权力关系从而维护自身安全的大洋型地缘政治，与偏向于地理空间的连续性、侧重于周边地区稳定的大陆型地缘政治之间的大国空间关系，与意识形态之间的斗争合二为一，不仅使得俄苏与西方大国之间的争斗显得更加错综复杂，同时，更表现出地理空间因素与意识形态因素相互结合之后的巨大影响力。这后一点，迄今还深刻影响着当代国际博弈。①

第三，十月革命的评价涉及现代化进程中重大现实问题的诸多考量。首先，关于革命、发展和改革三者之间的相互关系问题，西方的"革命研究"（往往指对法国、俄国、中国三大革命的比较研究）认为，革命并不是"人民群众无法像以前一样生活下去"的情况下才发生，而恰恰是在往往经济状况还不算太糟糕的情况下出现，这是由于"人们相对被剥夺"的感受大大加强。②而在斯

---

① 2017 年在莫斯科参加华东师范大学俄罗斯研究中心与高等经济大学讲习班期间，笔者与美国于滨教授的谈话中，他所提出的关于十月革命的地缘政治意义的观点对笔者有很大的启发。

② Григорий Юдин. Государства и социальные революции. Сравнительный анализ Франции. России и Китая. М.：Издательство Института Гайдара. 2017. С.195—198.

托雷平土地改革之后发生十月革命的事实表明：革命的爆发，也并非仅仅由于不进行改革，而恰恰是由于改革而引起社会不平等。①这是历史上革命发生的深刻背景，值得后世借鉴。同时，如何区分真正推动社会政治体制变革的"严肃革命"和外部势力强行推动下发生的"颜色革命"、如何区分革命正当性和过度使用暴力、如何区分革命首创精神和工农民众的自发性等等的重大问题，在十月革命百年纪念的过程中，也是一个很好的研究和总结的机会。

第四，在十月革命的百年纪念之际，如何提升人文社会科学的水平与能力，直面社会历史的尖锐问题，增强其解释、形塑、传播、教化的功能，正当其时。有关十月革命问题的思想阐述和学术评价，从来就南辕北辙，大相径庭。这里，不但有着东西方之间意识形态的高度差异，而且也有着人文社会科学研究水平与方法的高下之分。当今俄罗斯很有影响力的左翼理论家之一卡拉·穆尔扎，曾痛心疾首地认为，被大家所忽略的苏联解体的深刻原因之一，乃是苏联的人文社会科学的严重落后与封闭状态。②而当代思想界检讨西方左翼的影响力急剧衰减的深层原因，就在于完全回避了对于社会公平正义这一类根本问题的正面阐述，而只是侧重于性别、身份、话语等一类相对比较间接性问题的争议，从而，造成西方左翼力量在民粹崛起下的失语，导致了欧美社会发展的全面失衡，乃至世界秩序的混乱状态。从这一角度看，

---

① 冯绍雷：《20世纪的俄罗斯》，第72—75页。

② С.Г.Кара-Мурза. Кризисное обществоведение. Часть первая. Курс лекций. Москва：Научный эксперт, 2011. С.205.

对十月革命问题的回答，是直面当代危机的一种理论和道义担当，也是为改进和超越人文社会科学所面临困境、避免悲剧重演的一项固本求进的根本性思想与理论建设。

从这些角度来看，俄罗斯政治与学术精英既着眼于当下稳定、也诉诸历史公平和正义，他们所深入思考和安排的十月革命百年纪念，自然是整个话语—叙事系统构建中的重要环节。

俄罗斯话语—叙事构建正在经历一个深刻的变化。从政治思想谱段的确立定位、现代性问题争议中的价值取向、以文明为基础的认同构建、发展空间的优先选择，以及对于本国历史中一系列重大问题的重新阐述等这几个方面来看，俄罗斯政治思想和文化领域正在经历的变化，堪与其历史上最具有影响力的时期相比拟。俄罗斯不光是一个"战斗民族"，事实表明，俄罗斯也是一个"思想民族"。俄罗斯精英在生逢历史剧变之下，所要构建的不仅仅是一个一个互相单独的思想概念，他们所要建立的是一个类似于"产业链"的互相贯通的"思想链"，力图在思想定位、现代性争议、认同构建、发展空间选择，以及历史再诠释等各个重要领域之间，筑起一道新的战线，以应对内外的艰难挑战。看来，俄罗斯精英明白，大国崛起首先在于思想的健全；而且，他们正在全身投入叙事构建的实践。没有这样一种思想的磨炼，难成大业。

问题的另一方面在于，像俄罗斯这样历史悠久、积累丰厚的结合部文明类型大国，在构建自身的叙事体系方面，虽然有着充沛历史资源的支撑，有着巨大资源支持和丰富阅历的辅佐。但是，作为具有多样历史文明来源的结合部文化大国，特别是经历了近百年复杂历史进程的考验之后，在刷选外来影响、形成自身认同、勾画治理方略、确定发展空间等叙事—话语系统的构建方面，显然也还存在着长期的挑战。

在一次瓦尔代论坛上的会面时，笔者有幸请教普京这样一个问题："您对于俄罗斯知识分子一直给予高度评价，你早先对文化史学者德米特里·利哈乔夫给予高度赞赏，而后您经常引用哲学家伊万·伊里因的思想，"说到这里，普京微笑着，很有礼貌地插了一句话："我对列夫·古米廖夫也非常重视。"我应答道："是的，他是一位卓越的历史地理学家。"我接着说："然后，您又亲自拜访了文学家索尔仁尼琴，授予他国家勋章。但问题是，所有这些知识分子都具有自己各不相同的思想取向，那么，您在给予这些知识分子高度评价的时候，考虑要将俄罗斯引导到哪一个方向呢？"普京总统略作思考，然后非常简要而清晰，同时也不无幽默地回答道："俄罗斯是一个欧洲国家。俄罗斯信奉基督教，基督教教导我们要善待邻居，所以，我们一定要对中国友好。"[1]然后，普京总统就展开了他对关于发展中俄合作的一大篇论述。虽然，普京总统对于问题的回答非常简单，但是，他明确强调，俄罗斯是一个"欧洲国家"。我尤其注意到，普京在谈到基督教的时候，所使用的是俄文中的"Христианство"（基督教），而不是一般会用到的"Православие"（东正教）。十分明显，普京延续着俄罗斯作为一个欧洲国家的文明认同，强调的是东正教还是作为基督教传统的一支。多少个世纪来，俄罗斯作为一个欧洲大国在国际政治舞台上活动，不言而喻地成为欧洲文明的一个重要组成部分。

---

[1]　冯绍雷：《普京对中国的真情》，环球网，2013 年 3 月 25 日，http://world.huanqiu.com/ interview/2013-03/3763891.html。

但是，出于种种复杂原因，俄罗斯难以被欧洲国家所接纳的事实，一直困扰着俄罗斯与欧洲国家间的相互关系。当俄罗斯又一次面临历史大变局之下的重新选择，当俄罗斯一再表示并已经切实启动面向东方的一系列重大战略举措之际，如何处置既要面向东方，同时又要保持欧洲国家一员的角色，显然，还面临着一系列考验。

俄罗斯有着自己独特的经济基础、文化传统、社会阶层结构、社会发展目标。与此相关，在俄罗斯的叙事构建过程中，并不是简单地重复欧洲政治文化中的左、中、右，或者欧洲式的自由主义、保守主义、民族主义这样一类政治思想的谱段分野，而是既有广谱的汲取，也有批判性的建树。俄罗斯要构建的是基于自己历史特性和当下现实需求的文明接合部大国的叙事系统。这也是我们关注俄罗斯的叙事构建的努力之时，需要思考借鉴和认真考量的一个方面。①

第二节　中俄关系的当代意义

当俄罗斯做出"面向东方"和关键选择之际，毫无疑问，发展和提升与中国的战略伙伴关系乃是其中的首要内容。中国和俄罗斯（苏联）建交 70 年以来，伴随着第二次世界大战后世界风云

---

①　本节内容曾以以下题目发表：《大历史中的新定位——俄罗斯在叙事—话语建构领域的进展与问题》，《俄罗斯研究》2017 年第 4 期，第 3—33 页。经修改补充载入本书。

变幻，经历了冷战结束后国际国内政治经济转型的重大考验，尤其是 21 世纪国际局势的剧变，中俄（中苏）关系已成为当今国际舞台上最具有影响力的大国关系之一，并且势将成为推动未来国际局势的稳定发展的关键角色。但是，中俄关系越是显示其重要影响，越是受到前所未有的重视，就越是需要对这一组双边关系的含义进行深入的阐发和体认。只有这样，才能在意见和舆论高度多样化的当今世界，使中俄关系真正起到既稳定和谐又革故更新的作用。

一、为何中俄关系对全球转型事关重大？

当今中俄关系之所以对于全球转型的历史进程而言事关重大，有着多重含义。中俄之间立足于"和而不同"的伙伴关系认知，以及自觉发掘的内生动力引领之下坚实的双边、区域、全球合作、高层紧密互动下的互信构建，都为当代国际政治提供着重要启示。

第一，近百年来中俄（苏）有着共同和相似的历史经历。无论是中国以"俄"为师的革命和建设时期，还是反法西斯战争中的并肩战斗，都为中俄两国和两国人民的交流与合作打下了无比深厚的基础。冷战终结之后的改革转型以及世纪之交中俄两国共同经历的一系列重大事件，都成为两国内外发展的共同背景。但是，中俄两国毕竟都是历史悠久且各具独特风貌的文明古国，即使近百年来是在为共同理想而奋斗，也都有基于自身国情的重大选择；在纷繁复杂的国际事务中，作为大国的中俄有着共同的原则立场，但是毕竟两国所面临的内外环境各有所异，具体的处理方式也不尽相同。所以，中俄关系事关重大的理由，一方面在于两国基于共同背景和经历形成的共同原则立场，而另一方面则在于更为可贵的高度互相尊重、和而不同、紧密合作和互通有无。这是70年来中俄双方对于相互关系不平凡发展历程的经验和教训的深刻总结。中俄从相互关系成长中深刻体悟到：在当前高度多样化的国际社会，对于多样性的尊重乃是国际社会和睦相处的基本准则。[1]在尊重多样性基础上所形成的国家间关系，比之仅仅强调共同而排他性理念，以及自认为永远高于、优于他人社会制度基础上形成的国家间关系，显然更具普遍性，也因此更具典型意义。

第二，正是在这样的认知基础上，中俄关系在双边层面和全球和地区事务层面都取得了重大进展。正如2018年6月《中华人民共和国和俄罗斯联邦联合声明》所指出的那样：中俄关系具有巨大的内生动力，双方不光着眼于当前事务，而且着眼于两国现代化长远目标，发展全面战略协作伙伴关系，在政治、经济、科技、文化等各领域合作都取得了历史性的突破。[2]同时，中俄通过在地区层面创建上海合作组织，在全球层面推进金砖合作，坚定不移地捍卫以联合国为核心、以世界贸易组织等一系列多边机制为标志的现行国际秩序。相比美国特朗普政府一边以领导自居，一边又大范围退出多边合作进程，处处以美国利益为先和欧盟国家遭逢"脱欧"与"民粹"风潮而难以自拔，中俄两国立场顺应大势、富

---

① 对于多样性的尊重具体表现为对于各国文明传统、社会制度选择、独立自主主权的尊重。

② 中华人民共和国外交部：《中华人民共和国和俄罗斯联邦联合声明（全文）》，2018年6月8日，https://www.fmprc.gov.cn/web/zyxw/t1567243.shtml。

于远见、公正合理且兼顾各方利益，明显为稳定时局、寻求共识提供了新选择。不言而喻，这将是今后国际发展的新范例。

第三，中俄关系之所以成功发展，还在于中俄政治高层之间的全面而密切、坦诚而有效的直接交往，为中俄全面战略协作伙伴关系发展做了非常重要的引领和铺垫。特别是，每逢重要时刻的高层互访，不仅为推动双边关系，也为当今条件下如何着手推动构建人类命运共同体提供了范例。2014 年索契冬季奥运会开幕，正当欧美国家以抵制参与打压俄罗斯之际，习近平主席以"邻里有喜事，理当去访贺"的中国习俗，毅然前往祝贺，表达了对俄罗斯追求大国复兴抱负的高度尊重。而普京总统于 2017 年和 2019 年连续参加在北京举行的第一届和第二届"一带一路"国际合作高峰论坛，也显示出他对于对接中俄国家发展战略的高度关切。同时，在两国高层的推动之下，中俄双方的制度化沟通与交往富有成效地实现了求同存异和合作共赢。伦敦国际战略研究所曾发表一份题为《中俄关系：大国关系的新模式》的研究报告指出："中俄两国以高超的政治能力，付出巨大努力去经营双边关系。他们采取务实的、内部协调的方式去解决彼此之间的分歧，并且在公开声明中侧重于强调双边关系的正面进展。"[1]2019 年10 月索契瓦尔代论坛举行之时，正值中共十九次全国代表大会在北京召开，当笔者向普京询问他对中共十九大和当前中俄关系的看法时，普京在对中共十九大和中俄关系成就给予高度评价之后，非常坦率地承认："中俄之间不是没有问题，但是当我们发现问题

---

① Samuel Charp, John Drennan, Pierre Noel, "Russia and China: A New Model of Great-Power Relations", *Survival: Global Politics and Strategy*, 2017. pp.2—3.

后，我们非常及时、非常坦诚地进行了沟通。有时也会有争议，但是由于我们非常设身处地相互谅解、相互支持。所以，我们能够顺利地解决这样的问题。"

二、中俄关系与世界历史的统一性和多样性

中俄关系 70 年所走过的道路，尤其是中俄关系的当前态势，与人们正热议之中的世界历史发展进程中的统一性与多样性、普遍性和特殊性问题有着紧密的关系。这里至少包含着三个问题。

第一，近代世界历史进程，究竟仅仅以西欧为中心，还是相当长时间中存在着西欧的、东亚的及西欧与东亚之间的欧亚地区的不同的历史发展模式。至少欧亚大陆上存在着以市民社会为基础、以民主和法制为导向的欧洲历史模式，西欧与东亚板块之间的蒙古帝国扩张及其后续俄罗斯帝国模式，以及以中国为主导的东亚模式这样三种历史体系。近二三十年来关于内亚史①、蒙元史、欧亚史的研究方兴未艾。尽管其中争议纷呈，但主要凸显的是对于西方垄断的线性式世界历史话语体系的不满。笔者以为：在充分认识欧洲迄今为止在历史上居主导地位这一客观事实的同时，还须强调西欧话语体系是否需要通过其他历史模式——比如东亚模式、欧亚文明接合部的俄罗斯帝国模式——的丰富和补充，才能真正地体现世界历史进程中客观存在的统一性和多样性之间

---

① 内亚史研究是当代历史学界的一个专业研究门类。"内亚"的具体指向众说纷纭，比如分别被理解为"中部亚洲""中央亚洲""中央欧亚""北部欧亚"等地域。当代史学争议中，较多被用来指称坐落于欧亚大陆西部的欧洲和东亚之间的广大区域。1940 年拉铁摩尔的《中国的亚洲内陆边疆》一书是以"内亚"作为关键范畴而得以较广泛传播的早期著作。

的丰富复杂的辩证关系。不言而喻，这场关于世界历史进程问题的争论，将会深刻影响人们对当下和未来国际进程的话语和认知。

第二，以什么样的态度来看待东西方曾存在过的不同区域国际模式？16—17 世纪西欧构建的民族国家体系——威斯特伐利亚体系，毋庸置疑开启了一个带有普遍历史意义的世界进程。但近年来学者们提出：建立民族国家体系的确是历史进步，但是伴随着群雄崛起，欧洲各国间的战争连绵不断且遗患无穷，甚至最后未能避免 20 世纪两次世界大战的浩劫。①如果单从国家间关系的战争与和平这一面来看，相比之下亚洲的民族国家化的进程虽然晚了近四百年，但一直到 19 世纪晚期都很少发生大规模的全面战争，国家间关系相对比较稳定。因此，不能简单地以排他式、歧视式、厚此薄彼的态度来看待东西方曾存在过的不同区域国际模式。

第三，以什么样的态度来看待非西欧的国家治理模式？四五百年前的中国与俄国还不是西欧式的民族国家，但 1689 年中俄两大帝国之间由康熙皇帝和彼得大帝签订的《尼布楚条约》在欧洲一片战乱局面之下，反而使得中俄接壤的欧亚大片土地保持了将近两个世纪的、来之不易的和平，并且一直延续到 19 世纪后期清廷衰败、沙俄大举东扩之前。这证明西欧模式尚未主导欧亚大陆核心地带和东亚地区之时，非西欧的治理模式曾经在一段长时期中发挥着重要的稳定作用。由此观之，中俄建交 70 年的成就并非偶然，而是有着相当深厚的历史底蕴铺垫。

从世界历史多样性和统一性视角来观察中俄关系，所获得的

---

① Peter H. Wilson, *The Thirty Years War*: *Europe's Tragedy*, Cambridge, The Belknap Press of Harvard University Press, 2009, p.751.

启示在于：在肯定世界历史一般进程意义的前提之下，中俄在世界历史进程中的独特性、主体性及中俄相互关系的历史地位，是个需要大力发掘其内涵与意义的话题。以多样性来丰富普遍性，而不是以普遍性否定多样性；反之，不能简单地以地域独特性来否认世界历史进程的统一性，这是中俄关系乃至两国生存、发展的思想根基所在。

三、中俄关系折射东西方关系的百年范式巨变

当前有关中俄关系的讨论中，部分舆论依然停留在 20 世纪 80—90 年代"韬光养晦"和"有所作为"的命题，忽略了东西方关系百年巨变的实质乃是一个包含经济、政治、安全与文化关系全面沿革的深刻转折。

两次世界大战和此前 1904—1905 年日俄战争说明：20 世纪的亚洲始终没有逃脱西方强加的战争厄运。①甚至第二次世界大战在结束后、西方各国彼此息兵止战休养生息后，在亚洲范围内仍然连续出现了几场大战：1950—1953 年朝鲜战争以及 20 世纪 50—60 年代以后的两场印度支那战争。②有学者尖锐地指出：西方列强之间的和平，是要靠在东方战场上的搏杀才能得以维持。③

---

①　日俄战争可悲地发生在中国国土上，又有美国等列强干预，史称第 0 次世界大战。

②　两场印支战争：第一场是指 1946—1954 年在越南、老挝、柬埔寨，特别是以越南为主的反法战争。第二次是指 1961—1973 年在越南的抗美援越战争。

③　日内瓦高等国际研究院相蓝欣教授于 2002—2005 年在华东师范大学的有关国际政治的历次讲演中，多次讲到了西方列强通过在亚洲竞争来维持在欧洲的和平的思想。

　　冷战后期，历史轨迹出现倒转：欧洲冷战对抗还在紧张持续，但 1971 年中美关系破冰，此后，中国与日本和很多西方国家恢复关系，大大提前了冷战在亚洲终结的进程。如果说 20 世纪 50—60 年代列强在欧洲的和平要靠在亚洲的博杀来维持，那么，这一时期西方世界的秩序则需要靠在亚洲的缓和来维持。换言之，冷战真正结束，在欧洲一直要到 1989—1991 年东欧剧变与苏联解体才出现。但在亚洲，冷战终结的开始提前了整整 20 年。

　　此后，新自由主义主导下的政治经济转型曾席卷全球。亚洲地区中国等国的政治经济转型，与更多受西方影响、被称为"休克疗法"式改革的苏联地区转型，出现了很不一样的结果。前者相对稳健、关注改革与传统的衔接，而后者比较激进，出现了颠覆性的革命。这两场转型的进程与结果差异，引发了对西方所倡导转型模式的全面反思。这一反思也成为 21 世纪以来亚洲强调在政治稳定的前提下促进社会经济发展的强劲而持续的思想动力。

　　2008 年国际金融危机后，东西方发展轨迹的分殊更加清晰：西方世界面临重大的内部动荡。几百年来曾经一直是推动西方发展、进步的基本结构性因素出现逆转：民主，遭遇了民粹的挑战；开放，受到了难民潮的冲击；西方赖以发展的实证主义传统，出现了"后真相""后事实"的令人哭笑不得的捣乱，乃至于"以撒谎、造谣、欺骗为荣耀"的无耻之谈。①不争的事实是，亚洲始终维持较高速度增长，基本社会制度在渐进性改革的同时，没发

————————

①《于人谈"契约"，于己忙"弃约"——看清美国某些政客"合则用、不合则弃"的真面目》，人民网，2019 年 6 月 10 日，http://usa.people.com.cn/n1/2019/0610/c241376-31127880.html。

生类似"脱欧"、难民潮这样的跨区域社会动荡，也没有发生像乌克兰战争这样的重大地缘政治冲突。可以预见，在中俄合作继续保持稳固的前提下，这样的发展势头还能维持相当长的时间。

可见，东西方关系在经济、政治、安全、文化领域均发生巨变，并以中国崛起、俄罗斯反思和西方相对受挫为标志。中俄关系的发展，在历史大潮浩浩荡荡的流变中具有重要的标杆意义，有着深刻逻辑含义，这不以任何人的意志，也不以任何人的疑虑为转移。

四、从海陆地缘政治看中俄长期合作的必要性

作为一种思想理论方法和认知工具的地缘政治，其主要内容指的是国家间政治与战略缘起于各国政治在不同地理空间背景下的相互关系及其配置运作。马克思在《十八世纪外交史内幕》这部经典著作中曾经深刻揭示了作为海洋帝国代表的英国的地缘政治战略的实质。[1]20世纪晚期以来，国际史学界最为受人关注的"年鉴学派"也曾以强调地理、文明等长时段因素而著称于世。令笔者印象深刻的是：普京曾多次言说，地缘政治要比意识形态来得更为深刻。[2]这是俄罗斯在抛弃意识形态立场后依然遭西方无情打压，痛定思痛之后的切肤之感。

第一，目前东西方不同的地缘政治格局，既源自俄罗斯对自身与西方关系的反思，也受益于中俄关系的定力，预设着未来中

---

① ［德］马克思：《十八世纪外交史内幕》，人民出版社1979年版，第87页。
② 冯绍雷：《"能级非对称"下，中美俄三国如何"演义"》，2019-01-09，https://wenhui.whb.cn/third/yidian/201901/09/235134.html?yidian_docid=0L2mtkLK。

俄的基本发展路径。北约东扩、欧盟东扩，曾使原本想接近西方的俄罗斯不堪承受压力，俄与西方在欧洲出现了一系列重大地缘冲突与对抗。亚洲也曾借鉴欧洲进程，推进地区合作，但没有搞欧盟式超越民族国家主权界限的一体化。因此，亚洲虽有诸多复杂矛盾和纠纷，但始终没出现北约东扩本身和俄罗斯对其反弹的大规模地缘政治界限的变动。这是中国和俄罗斯的友好合作发挥稳定作用，同时也仰仗本地域文明传统的坚韧顽强，刻苦耐劳是亚洲取得发展机遇的极其重要的地缘文明与政治背景。

第二，还必须非常清醒地看到，欧洲冷战全面终结后，包括作为冷战标志的德国实现统一，但在亚洲的朝鲜半岛却始终残留着朝鲜和韩国这两个因冷战分裂而没有实现统一的国家。这一事态表明：大陆地缘政治与海洋地缘政治之间的对峙几乎是一个永恒话题。海洋地缘政治的空间不连续性特征，不但使其可免于像大陆各政治单位之间那样的相互扰动的弊端，而且会始终利用这一弊端力图打破大陆空间连续性基础上形成的合作，以避免大陆政治合作对海洋霸权的潜在威胁；当然，海洋霸权也会在大陆各方的统一与合作之中打进楔子以图分化。在相当长的时期内，这样的海陆地缘政治惯性不会自动退出历史舞台。

第三，中国不会重蹈列强争霸的地缘政治模式。中国客观上作为介于海洋地缘政治与大陆地缘政治之间的大国，有必要反制两种地缘政治逻辑对抗所带来的灾难性后果，以介乎大陆和海洋文明之间的空间优势，包容务实与意识形态超越性，连接东西两端，寻求合作机遇，弛缓和消弭冲突与对峙。"一带一路"就是这样的空间逻辑的一种反映。所以，在这样客观的地缘政治逻辑之下，中俄两国间不光有巨大的合作空间，而且还有以中俄合作为基础进一步寻求更大空间范围的大国合作的逻辑可能。

五、尚未最终解决的"现代性"争议

中俄关系70年的发展，不光在国际政治领域，而且在现代性问题研究领域也是一个带有普遍性含义的话题。

20世纪60—70年代以后，有关现代性问题的谈论和争议乃是思想学术界影响最为广泛且直接作用于国内国际思想发展的重要命题。当时的一个基本取向是把欧美视为"现代"的标杆，把尚未达获欧美标准的地区和国家的进程视为向欧美为标志的现代性的过渡，或干脆处于"前现代"状态。一切非西方国家必须经过德国思想家马克斯·韦伯所称的"祛巫"过程才能进入"现代"状态。实事求是地说，这一学说对于推动非西方国家的现代化进程曾起到过重要作用，但它并非认知的终端。

冷战终结之后，西方意识形态强劲引领之下一个更大规模的"祛巫"过程在苏联等前社会主义国家，及众多发展中、转型中国家加以推广。然而，事与愿违，以"休克疗法"推广新自由主义转型模式的企图，遭遇了并不具备欧美文明历史条件的国家地区的现实和传统的不同程度的反弹，在俄罗斯等传统大国则出现全面逆转。于是，以"现代"取代"前现代"的线性的进步主义模式，迅速地被"多元现代性"的范式所取代。大约在20世纪90年代一直到21世纪的初期，世界历史进程的"多样性""多元性"甚至"多极性"话题受到了前所未有的重视。这一潮流也因此成为推动沿革的巨大动力。但是，这同样也不是"现代性"问

题辩论的终点。

当下的挑战在于，虽然简单地以西化的"现代"取代发展中、转型中地区的"前现代"的线性思维的弊端明显，但如果仅仅是以"多样性""多元性"甚至"多极性"来取代"现代—前现代"范式，而忽略了必要的革故更新，一个缺乏现代性支撑的"多样性"进程是否也存在问题？在东西方力量对比还没有发生根本性逆转、在西方还具有相当雄厚优势的情况下，是否也有可能导致误判和不必要的对抗？

所以，关于"现代性"问题的思考，实际上已经进入一个新的阶段：西方"现代性"思考中曾被大大忽略的广义的"安全"问题登堂入室——在人类自身生存问题都遭受到严重威胁的局面下，"安全"无疑成为当今国际关切中最重要的内容之一，这也是中俄合作的深层次的且非常现实的背景。可见，如何将"现代—前现代""多元现代性"推进到当下的构建"安全、多元、可持续的现代性"的新高度，已成为推进中俄关系的一个非常重要的思想和理论前提。①

当前，东西方力量对比虽发生重大转折，但是依然处于长期胶着状态，甚至传统的西方不光依然具有强劲的生存与创新能力；当世界历史进程中有关普遍性和特殊性两者之间何者更为重要的争论也尚未得出最终结论的时刻，对于中俄关系发展路径的把握，乃是一个将理论与实践相互紧密连接的十分重要的问题领域：从"现代性"问题高度反观中俄关系发展的意义，发掘其内在的思想

---

① 童世骏：《中国发展的最新主题是为人类作较大的贡献》，观察者网，2016-10-06，https://www.guancha.cn/TongShiJun/2016_10_06_376251.shtml。

动力，坚决地推进和深化中俄关系；同时从战略和政策运作的实施过程中，恰如其分地把握分寸，使之成为中国自身发展和国际社会稳定进步的一块难以撼动的基石。

总之，中俄关系的发展需要得到思想理论界坚定不移地支持，思想理论界本身也能够从中俄关系实践中取得灵感和启示。在当前的中俄关系取得进步与成就的同时，思考曾经有过的挫折与教训，将中俄关系的世界性历史与思想含义进行深入阐发，这与中国的大国地位相称，也合乎当下诠释国际事务之所需。①

第三节　挑战中前行的上海合作组织

上海合作组织（本节简称为上合组织）是一个不光包括中国、俄罗斯、中亚各国，还包括印、巴在内 8 个正式成员国的重要地区组织，而且，上合组织的内部和对外发展显然对急速转型中的国际社会，正在产生重要影响。因此，对上合组织的系统深入的研究，显得十分必要。

一、新时代国际视野下的上合组织

上合组织成立已 20 年。对于这一区域组织的观察与评价不能

---

① 本文曾以以下题目发表：《中俄关系 70 年的当代意义》，《当代世界》2019 年第 8 期，第 4—9 页；《普京执政 20 年与俄罗斯对外战略新动向》，《当代世界》2020 年第 9 期，第 4—10 页。经修改补充载入本书。

离开时代发展的脉络与趋势，也不能离开地缘政治经济格局的复杂变迁，更不能离开上合组织所在区域发展与变动的新格局。

国际格局经历着百年巨变。而这一百年巨变，是以几百年来一直主导着世界事务的西方社会本身所发生的深刻裂变和随之而来的动荡为背景。与此同时，诸多新兴国家则越来越成为推动世界政治经济发展的积极力量。这两种趋势以时而更多地互相竞争、互相制约，时而更多地互补互利、寻求合作的方式展现于世。从长趋势看，一个愈益多元化、多样化、多极化发展，而不是一个霸权主宰一切的新世界，正在形成之中。转型中的国际格局并不是所有各方之间完全无序的冲突，而是依然有着寻求维护和改革既有秩序的强劲意愿和努力。在这样的关键历史时刻，弘扬上合组织所倡导的上海精神、尊重多元文明、共同繁荣发展、加强协商合作、坚持不对抗、不针对第三者等立场，对于在一个急剧转型的态势之下，维护合作与稳定、避免对抗和冲突、推动国际秩序的优化和改革，有着十分重大的意义。

实事求是地说，与几年之前相比，当今国际局势所面临的不光是高度的不确定性，同时，也显现出若干清晰的走势。2017年年底以来，美国国防战略报告和总统国情咨文明确地把中国和俄罗斯一起列为主要的"战略竞争对手"，传递出一个非常清晰的讯号。2018年3月22日，美国总统特朗普在白宫签署对从中国进口的商品大规模征收关税的总统备忘录，拉开了中美贸易冲突的大幕。同时，美国与欧盟延续自乌克兰危机以来对俄罗斯实施的严厉制裁。针对这一局面，王岐山副主席在2018年6月初的圣彼得堡世界经济论坛上，以"肩并肩、背靠背"来描摹中俄两大国合作抗压的决心。

从区域局势来看，上合组织所处的欧亚大陆东部正在发生重要的变化。

第一，亚洲愈益成为世界经济的推动器，因此，围绕着亚洲态势的合作与竞争展现出前所未见的局面。一方面，包括东亚、东南亚、南亚、澳新等各方成员国的《区域全面经济伙伴关系协定》（RCEP）已经在 2020 年末正式签署。另一方面，经过几年多方筹措和推进，美国于 2019 年 6 月正式推出《印太战略报告》，明确提出将日本、韩国、澳大利亚、菲律宾、泰国视为"盟友"。将新加坡、新西兰、蒙古、印度、斯里兰卡、马尔代夫、尼泊尔、越南、印度尼西亚、马来西亚等视为"伙伴"，并提出加强与文莱、老挝和柬埔寨的合作。该报告声称，将打造彼此联通的印太地区，凸显亚洲内部安全关系成为美国的新聚焦。事实表明，把西太平洋地区、印度洋亚洲地区和其他各方的相互连接和稳定作为重要议程来加以考量，这已经是不可避免的趋势。显然，这一变动在上合组织最新一轮的扩员进程中，已经得到了体现。

第二，处于亚洲东部地区和西欧之间的欧亚地区，也正在出现若干重要发展趋势。

首先，乌克兰危机后，虽然俄经济发展态势依然低迷，但是，俄罗斯不光没有在西方制裁的重压下塌陷，相反，顽强地重整国力、改善经济、活跃外交、恢复大国威望。从 2018 年圣彼得堡经济论坛来看，不光马克龙、安倍出场，表达了多年未见的对俄经济合作意向；居然连美国也派出了一个拥有 550 名成员的庞大代表团，令人大跌眼镜。俄罗斯在中东、亚洲、拉美、非洲的外交努力接连不断地赢得世人关注。普京总统在 2018—2019 年连续两年出席北京的"一带一路"峰会，而习近平主席则首次出席远东经济论坛和圣彼得堡经济论坛，并发表讲演。这一事态彰显中俄合作乃是俄罗斯复苏进程的强劲背景。

其次，在中亚继土库曼斯坦、乌兹别克斯坦政治更替后，哈萨克斯坦也成功实施了高层政治的交接，多年来一直为外界关注的中亚政治领导阶层的更新换代问题，已经出现了令人刮目相看的发展态势。在政治更替之后，中亚地区所出现的活跃态势，尤其值得瞩目。不光是中亚各国多年存在的邻国竞争关系正在出现由各方主动协调的可能，而且中亚各国之间的相互聚合也表现出积极姿态。不光是2018年没有外来大国参与的中亚国家峰会成为这一动向的标志，而且2020年哈萨克斯坦重新主导亚洲相互协作与信任措施会议的动议，也表现出中亚国家期待引领亚洲安全对话的巨大抱负。

同时，中国"一带一路"倡议正在广泛地区内一步一步地推进。有别于任何带有排他性的意识形态，也有别于任何单边区域体制构建的意图，"一带一路"倡议以项目导向式的务实路线，以基础设施建设为龙头的有针对性的合作推进，以国家强大经济实力为后盾的稳健实施，取得了深刻而广泛的影响。

近年来值得关注的一个新趋势，在美国同时打压中国、俄罗斯甚至传统盟友欧洲的背景之下，西欧、欧亚、中亚、东亚各个板块之间相互连接和寻求合作的努力成为跨欧亚大陆的崭新景观。大规模的跨国能源管道建设，从中欧班列开始的欧亚之间铁路、公路、航路等基础设施的相互贯通，尤其是在"一带一路"倡议推动下的遍布欧亚大陆各个板块的务实合作项目的推动，包括来自西欧、欧亚、东亚各方智库对于它们相互之间加强连接与合作所表现出来的巨大兴趣，这些变化使人们看到了欧亚大陆各个政治实体之间前所未见的互动、相互连接的意向，以及富于想象力的构想。

毫无疑问，上合组织所处地区正在成为所有这些趋势相互交织之下的一个令人关注的聚合之点，也将会是未来合作与竞争的一个新空间，但更为意味深长的是，这可能会是一个长时段中，一个更为多元兼容的国际体制的雏形。

二、安全领域合作的新发展

安全事务，乃是上合组织诞生之日起就受到高度关注的一个重要领域。与20世纪90年代扑朔迷离、动荡不已的局面相比，曾经被布热津斯基称为冷战后地缘政治"黑洞"的区域，在上合组织成员国的共同努力下，实现了虽然是初步的，但也是非常难得的稳定、合作和进步。

反对恐怖主义，历来是上合组织所关注和合作的一个持续而紧迫的工作领域。2019年6月的比什凯克峰会上，各国元首通过联合声明所表达的一个重要信息，乃是明确了当前全球，尤其是本地区的主要安全威胁："恐怖主义和极端主义思想通过互联网等方式传播，境外恐怖分子回流，大规模杀伤性武器扩散，军备竞赛风险，破坏国际安全体系的地区和局部冲突持续，非法贩运麻醉药品，有组织犯罪，贩卖人口，信息通信领域犯罪，发展不均衡，粮食市场波动，气候变化，饮用水短缺和疫病蔓延等安全挑战和威胁日益加剧并跨越国界。"各成员国在作为当务之急的反恐

问题上的共同立场，体现了上合组织各方对于当前安全态势的
准确把握。

在全球安全领域发生的一个重要变化是：在退出《限制反弹
道导弹系统条约》多年之后，美国于 2018 年又退出了《中导条
约》，企图重新放手核竞赛，推卸战略大国在核不扩散领域应承担
的责任；并以此转移矛盾，胁迫中国参与原有的美俄超级核大国
战略武器谈判。事实上，中国对此早已有了自己的原则立场：第
一，中国反对美国退出《中导条约》，更反对美国以此为机会在亚
洲部署中导。第二，中国历来主张"拥有最大核武库的国家对核
裁军负有特殊和优先责任，应继续以可核查、不可逆及具有法律
约束力的方式，大幅削减其核武库。条件成熟时，其他核武器国
家也应加入多边核裁军谈判进程"。第三，中国谴责美国以退出
《限制反弹道导弹系统条约》说事，嫁祸中国。中国参与类似于中
导谈判一类多边进程的前提，正是美国本身应将其核武库降低到
我方的水平。在反导问题上，中国立场鲜明，与俄罗斯站在一起，
揭露了美国混淆视听的用意；俄罗斯也坚决反对美国在亚洲部署
中导，而且，最近普京公开宣布的俄罗斯协助中国建立导弹预警
系统，体现了中俄在面临战略武器领域重大挑战面前的高度接近
和一致。这一共同立场与 2019 年 6 月比什凯克峰会上成员国所确
认的"将继续在裁军、军控、核不扩散、和平利用核能方面开展
合作，通过政治外交手段应对核不扩散体系面临的地区挑战"完
全吻合。这次峰会文件所鲜明表达的立场——"个别国家或国家
集团不考虑其他国家利益，单方面不受限制地加强反导系统将危
害国际安全和世界局势稳定……作为《不扩散核武器条约》缔约

国的上合组织成员国，一贯主张恪守条约规定，全面均衡推动落实条约各项宗旨和原则，巩固全球核不扩散体系，在综合考虑影响国际稳定的各项因素基础上推进核裁军进程"——这一表述完全符合中国在核不扩散问题上的原则和利益。

作为上合组织维护地区安全的重要举措，成员国重申，将继续定期举行"和平使命"联合反恐演习和主管机关联合反恐演习。成员国肯定上合组织成员国主管机关边防部门 2018 年 7 月 20 日至 10 月 20 日举行的"团结—2018"联合边防行动成果。成员国还确认，将进一步扩大防务和安全、大型活动安保和人员培训领域合作，加强各国武装力量和主管部门能力建设。

阿富汗问题的早日解决，是维护和巩固上合组织地区安全与稳定的重要因素之一。上合组织成员国"支持阿富汗伊斯兰共和国政府和人民为重建和平，促进经济发展，打击恐怖主义、极端主义、毒品犯罪所作努力。成员国强调，政治对话和'阿人主导，阿人所有'的包容性和解进程是解决阿富汗问题的唯一出路，呼吁有关方和国际组织在联合国发挥中心协调作用下加强合作，实现该国稳定与发展"。近年来，阿富汗问题上出现的新形势是：美国难以继续维持在阿富汗长期驻军，但美国与塔利班之间的谈判始终处于胶着状态，长期延续的"谈谈打打"使得阿富汗重建和平、恢复经济的目标难以实现。在这一背景下，"上合组织—阿富汗联络组"、阿富汗问题莫斯科模式等各类上合组织成员国参与的沟通和谈判非常重要，上合组织同阿方签署《"上合组织—阿富汗联络组"下一步行动路线图》得到多方肯定。尤其值得关注的是，不光是上合组织成员国，包括欧洲各方也都对阿富汗局势表现了极大的关注。非常可能的是，阿富汗和平进程将在更加开放的国际环境中被加速推进。①

毒品泛滥和传播问题，是上合组织成员国在安全领域所面临的一项尖锐挑战。2006—2007 年间，欧盟老资格外交家、驻中亚事务特别代表皮埃尔·莫雷尔（Pierre Morel）曾经提议，欧盟与上合组织就禁毒问题展开合作，但是，因当时各方条件所限，协调难以推进而告中止。在此后各方努力的基础上，2019 年比什凯克元首峰会再次明确强调："非法种植、生产、贩运、扩散麻醉药品、精神药物及其前体对地区国家安全与稳定、人民健康和福祉构成严重威胁。"上合组织的新举措是：第一，大大加强与联合国相关部门的合作；第二，筹备建立在杜尚别的上合组织禁毒中心；第三，制定 2018—2023 年反毒行动计划，推动相关部门的紧密国际合作。国际联手禁毒反毒有望在可见时段内取得实质性的进展。

根据上述安全形势变化，上合组织安全领域的工作机制也相应发生了变化。俄罗斯外交部长拉夫罗夫在 2014 年杜尚别上合峰会上，曾经提出过有关改革上合组织地区反恐中心的建议。后来，俄国防部长绍伊古又提出建议，建立负责保障本区域安全防务的上合组织成员国国家军事顾问的专门机构，参与本机构工作的军事顾问是以成员国国家领导人的专任协调员出面。2019 年 4 月 29 日，比什凯克举行了上合组织成员国国防部长会议；5 月 14 日至 15 日在比什凯克举行了上合组织成员国安全会议秘书会议。元首峰会的联合声明，肯定这些会议取得了积极成果。

———————————

① 2020 年 11 月 18 日，在艾伯特基金会主办的 "Afghanistan 2021 through the lens of Europe and China" 线上研讨会上，欧洲专家多次提及该问题。

三、努力推进中的务实经济合作

犹如上合组织秘书长弗拉基米尔·诺罗夫（Vladimir Norov）所言："上合组织拥有极大的市场，丰富的自然资源，先进的生产力，地区相对稳定，蓬勃发展，新机遇不断涌现。例如，2018 年上合组织 GDP 平均增幅达 4.76%，GDP 总量达 15.4 万亿美元，占全球总 GDP 的 18.26%。"

（一）新版《上海合作组织成员国多边经贸合作纲要》和多边合作的推进

作为一个区域性的多边合作组织。不言而喻，经济合作乃是该组织发展壮大的基础。2018 年以来，上合组织多边经济合作取得了引人关注的进展。2019 年 9 月下旬，上合组织商务部门负责人汇聚于塔什干，通过了新版《上海合作组织成员国多边经贸合作纲要》草案，拟作为 2020—2035 年推动区域经济合作在新时代取得新发展的重要纲领性指导文件。会议还通过了《上海合作组织成员国在数字化时代发展偏远和农村地区的合作构想》草案和《上海合作组织经济智库联盟章程》草案。各方重视这一新版的多边合作文件，决心携手采取切实行动，为区域经济合作开辟新的领域；同时各方表示，在世贸组织进行必要改革的前提下，坚定地维护多边贸易体制。上述文件将提交上海合作组织成员国第十八次总理会议批准。

仅就 2018 年中国与上合组织成员国的经贸而言，贸易总额达到了 2 550 亿美元。这一数量规模已接近于中国与法德两国同期的贸易之和（2 593 亿美元）。至 2019 年 4 月底，中国对上合组织成员国投资总额超过 870 亿美元，多个大型能源、矿产和工业制造项目落地推进。在当地工程承包累计合同额达到 2 378 亿美元，一大批公路、电网和油气管道工程成为区域带动性项目。其中，中、俄、哈三国能源运输管道的跨国合作，中、蒙、俄三国能源资源与交通运输走廊互联互通的推进，已成为上合组织内部多边合作的先行者而受人关注。包括上合组织多边合作框架积极推动之下的中欧班列，也取得显著进展。2019 年 1—8 月，中欧班列开行数量和质量进一步提升。据统计，去程开行 2 845 列，运送 25 万标箱，重箱率达 99%；回程开行 2 421 列，运送 21 万标箱，重箱率达 85%。目前中欧班列以三分之一的海运时间、五分之一的空运价格，吸引了大量适合铁路运输的跨国货物。中欧班列的进展离不开上合组织成员国多年来坚忍不拔的持续努力。

值得注意的是，近年来上合组织的多边合作较多体现于交通运输领域。作为最近进展的一个例证，2017 年 5 月，乌兹别克斯坦总统米尔济约耶夫访华，中乌两国元首见证了两国国际公路运输协议的签署。当年 10 月 30 日，中吉乌三国公路正式通车。这是中吉乌三国首次实现国际道路全程运输，也是中国货车首次驶入非接壤国家。新线路使原来 8—10 天的过境运输周期压缩至 2 天左右。一些对时间有特别要求的货物，甚至可在一昼夜间运达。根据乌官方测算，新线路的开通，一年运费支出就可节省 250 万美元左右。同时，新线路可给沿线带来 100 多万个就业岗位。中吉乌公路还在继续延伸。中国中铁五局中标参建中亚公路改造项目，即是中吉乌公路的延伸段，将建至塔吉克斯坦首都杜尚别。该路段建成后，将为最终建成东起中国，横贯中亚，西抵高加索、伊朗、阿富汗等地的货运道路打下基础。

在上合组织交通运输多边合作领域中，乌兹别克斯坦的努力值得关注。除了上述中吉乌公路开通，最近，乌交通部宣布，首条乌兹别克斯坦—塔吉克斯坦—中国运输走廊开通，全长 1 422 公里。2019 年 8 月 10 日，作为测试阶段的安排，乌、塔、中各有 2 辆客车从乌兹别克斯坦铁尔梅兹出发，沿运输走廊途经塔吉克斯坦，最终抵达中国喀什。乌交通部表示，运输走廊目前尚处在测试阶段，三国将采取具体措施，为运输走廊正式运行制定相关法律框架。除此之外，国际文传电讯社努尔苏丹 4 月 4 日电，据哈国家铁路公司消息，乌兹别克斯坦已正式加入中国—哈萨克斯坦—土库曼斯坦—伊朗铁路运输走廊。2018 年，通过中哈土伊铁路运输走廊运送的集装箱达到 1 000 个。中哈土伊铁路运输走廊总长度约 1 万公里，全程开行时间约 2 周，比海运时间节省近一半。该运输走廊是连接中国东部沿海—波斯湾地区的首条跨境物流快速通道。尤其值得关注的是人们期待多年的中、吉、乌铁路合作事项，传来了令人感到乐观的信息。上合组织秘书长诺罗夫在 2020 年底在上海召开的学术会议上透露：普京总统认为乌兹别克斯坦总统米尔济约耶夫为此所做的努力值得赞赏。普京表示：在这个问题上"应当帮助和支持米尔济约耶夫总统"①。

根据比什凯克峰会决定，上合组织将继续深化交通运输领域多边合作，"新建和改造现有国际公路和铁路交通线路及多式联运

---

① 2020 年 12 月，上海政法学院举行上合组织研讨会，上合组织秘书长诺罗夫在交流中向笔者传达了这一信息。

走廊，建立国际多式联运、物流、贸易、旅游中心，采用创新和节能技术，按照先进的国际标准优化通关手续，共同实施旨在有效利用成员国过境运输潜力的其他基础设施合作项目"，并"继续进行《上合组织成员国政府间建立和运行交通运输一体化系统协定》和《上合组织成员国铁路部门领导人会议构想》草案商谈工作"。可以期待，交通运输合作率先的推进可以为今后的上合组织多边合作打下重要的铺垫。

（二）中国与欧亚经济联盟签署合作协定

上合组织经济合作的一个关键结构，乃是欧亚经济联盟——同时作为上合组织内部的部分欧亚国家的集群——与中国相互间的经济合作关系。在原苏联地区原有的经济联系与人文纽带基础上建立起来的欧亚经济联盟，近十余年来尽管困难重重，但大体上表现出了该地区同质经济与社会结构基础上显现的内在关联性。俄罗斯接续了哈萨克斯坦在苏联解体后初期提出的关于欧亚经济联盟这一构想后，推动区域经济一体化，取得了初步成果。最近，一向独立特行的乌兹别克斯坦表达出希望加入欧亚经济联盟的意向，反映了在依然充满挑战的背景之下，这一经济共同体对于当地国家的吸引力。一个非常重要的背景在于，俄罗斯、哈萨克斯坦、吉尔吉斯斯坦等上合组织正式成员，以及白俄罗斯等上合组织观察员国家，都是欧亚经济联盟的创始成员国。而准备加入的乌兹别克斯坦也是上合组织的正式成员国。可见，发展与欧亚经济联盟的这一部分成员国之间的关系，与上合组织内部加强合作有着相当密切的关联性。如何通过探索中国与欧亚经济联盟合作

表 14.1　2018 年中国与欧亚地区 12 国贸易数据

国　家	进出口		出　口		进　口		差　额
	金额（亿美元）	同比（%）	金额（亿美元）	同比（%）	金额（亿美元）	同比（%）	当年（亿美元）
欧亚 12 国	1 628.61	23.92	806.69	12.25	821.92	38.01	−15.23
俄罗斯	1 070.57	27.10	479.75	12.80	590.82	42.70	−111.07
哈萨克斯坦	198.85	10.47	113.5	−2.52	85.35	34.26	28.15
乌兹别克斯坦	62.68	48.37	39.44	43.24	23.24	57.97	16.2
吉尔吉斯斯坦	56.11	3.00	55.57	3.66	0.54	−37.60	55.03
土库曼斯坦	84.36	21.50	3.17	−13.94	81.19	23.49	−78.02
塔吉克斯坦	15.05	9.78	14.28	7.85	0.77	64.53	13.51
阿塞拜疆	8.98	−6.88	5.16	33.22	3.82	−33.78	1.34
亚美尼亚	5.21	19.50	2.13	48.24	3.08	5.35	−0.95
格鲁吉亚	11.5	17.03	10.96	19.79	0.54	−20.33	10.42
乌克兰	96.67	31.05	70.19	39.24	26.48	13.40	43.71
白俄罗斯	17.16	18.41	11.45	22.61	5.71	10.80	5.74
摩尔多瓦	1.47	11.22	1.09	10.60	0.38	13.02	0.71

数据来源：商务部，http://www.mofcom.gov.cn/article/i/jyjl/e/201903/20190302843933.shtml。

的各种途径，从而进一步强化和稳固上合组织内部的合作，这是一个势在必行的方向。此外，2017 年中国与欧亚经济联盟成员国贸易额达 1 094 亿美元，说明了中国与该联盟深化合作关系有着现实基础和深厚潜能。

2011 年欧亚经济联盟成立之后，2013 年中国提出"一带一路"倡议，2015 年 5 月，习近平主席与普京总统在莫斯科签署《中华人民共和国与俄罗斯联邦关于丝绸之路经济带建设和欧亚经济联盟建设对接合作的联合声明》，宣布启动中国与欧亚经济联盟经贸合作方面的协定谈判。自 2016 年 10 月首轮谈判以来，双方通过五轮谈判、三次工作组会和两次部长级磋商，于 2017 年 10 月 1 日顺利实质性结束谈判。2018 年 5 月 17 日哈萨克斯坦阿斯塔纳经济论坛期间，中国商务部国际贸易谈判代表兼副部长傅自应与欧亚经济委员会执委会主席萨尔基相及欧亚经济联盟各成员国代表共同签署了《中华人民共和国与欧亚经济联盟经贸合作协定》。《协定》范围涵盖海关合作和贸易便利化、知识产权、部门合作以及政府采购等 13 个章节，包含了电子商务和竞争等新议题。双方同意通过加强合作、信息交换、经验交流等方式，进一步简化通关手续，降低货物贸易成本。《协定》旨在进一步减少非关税贸易壁垒，提高贸易便利化水平，为产业发展营造良好的环境，促进中国与联盟及其成员国经贸关系深入发展，为双方企业和人民带来实惠，为双边经贸合作提供制度性保障。中国商务部认为："《协定》是我国与欧亚经济联盟首次达成的经贸方面重要制度性安排，标志着中国与欧亚经济联盟及其成员国经贸合作从项目带动进入制度引领的新阶段，对于推动'一带一路'建设与欧亚经济联盟建设对接合作具有里程碑意义。"①《协定》正式签署后，目前，欧亚经济联盟各成员国正在履行国内程序，抓紧签署这一文件，力争早日生效实施。

四、上合组织成员国双边合作的进展

上合组织成员国之间的经济合作，目前主要还是体现在双边合作的领域。

从中国与上合组织成员国经济关系结构状况来看，中国已经是连续第 6 年成为俄罗斯第一大贸易伙伴国。有专家认为："尽管 1 071 亿美元的贸易额从绝对量上少于中国与一些主要大国的贸易额，……俄罗斯把更大的产出卖到了中国市场，把更多的购买力用在了中国市场。从相对量来看，在中国的前 10 大贸易伙伴中，中俄贸易紧密程度可以排进前三。"截至 2018 年，中国已成为对哈萨克斯坦投资最多以及最重要的经贸伙伴之一。中哈产能合作稳步推进，55 个项目被列入两国产能合作清单，合同总金额超过 270 亿美元。②多年来，能源合作一直是中哈合作的重点。近年来中哈互联互通合作成效显著。目前，中哈已开通 5 对常年对开口岸、5 条油气跨境运输管道、2 条跨境铁路干线和 1 个国际边境合作中心。此外，中哈连云港物流合作基地的建成，让哈方首次获得直达太平洋的出海口。随着"西欧—中国西部"公路投入使用

---

① 《中国与欧亚经济联盟正式签署经贸合作协定》，商务部，2018 年 5 月 17 日，http://www.mofcom.gov.cn/article/ae/ai/201805/20180502745041.shtml。

② 周良综述：《中哈两国务实合作深入发展》，新华网，2019-05-14，http://www.xinhuanet.com/world/2019-05/14/c_1124493762.htm。

以及一系列过境哈方的中欧班列相继开通，哈萨克斯坦正逐渐变成亚欧大陆上重要的交通枢纽。此外，中国为乌克兰第一大贸易伙伴和第一大出口目的地国，并且首次超越俄罗斯，成为乌第一大进口来源国。中国是吉尔吉斯斯坦第一大贸易伙伴（占比26.9%）、第一大进口来源国（占比34.9%）。2017年，中国是塔吉克斯坦第一大投资来源国和第三大贸易伙伴。中国已连续四年成为巴基斯坦最大的贸易伙伴，是巴基斯坦第一大进口来源国和第三大出口目的国。而印度则是中国在南亚的第一大贸易伙伴。

从投资结构来看，根据《2018年中国对外投资报告》：2017年中国对欧洲投资流量的排位，中国对俄罗斯投资为15.5亿美元，仅次于瑞士、德国、英国，超过瑞典、卢森堡、法国等。而以同年中国对欧洲投资存量计，俄罗斯仅次于英国、荷兰、卢森堡，为138.7亿美元。至于中国对于哈萨克斯坦的投资，在亚洲排行榜当中，居于中国香港、新加坡、印度、中国澳门之后，占有75.6亿美元。而在2017年"一带一路"对外投资存量享用最多的十个国家中，上合组织成员国就占去了三席：俄罗斯、哈萨克斯坦、巴基斯坦。

如果，从中俄两国体量和长远趋势的变化来看中国与上合组织成员国的经济关系的话，中俄双边经济合作，毫无疑问是推动上合组织经济发展的最为重要的方面。

2018年12月上海文汇论坛上，京沪两地学者曾经深入讨论过关于中俄两国关系具有强劲的"内生性"的观点，也在国内媒体进行了广泛的报道。事隔半年，2019年6月中俄元首的联合声明当中，开头部分显著地位突出强调了要发掘中俄合作的"内生动力"的表述。这说明决策界和学界在有关中俄关系发展的认知问题上，有着密切的互动；也说明近 20 年来，两国政治家、学者，乃至于普通老百姓对于发展中俄关系的意义——特别是两国基于长时段现代化发展的内在要求——的理解，更是有了长足的进展。

既然，中俄关系具有巨大的"内生动力"，那么，自然而然地可以理解，何以在困难和挑战面前，中俄关系还是会百折不挠地向前推进。2018—2019 年度中俄双边经济合作有了重要的进展：除了中俄双边贸易超过 1 000 亿美元大关，东部能源管线建设以及跨黑龙江大桥联通等已经被实现的目标，2019 年 6 月两国元首会见又进一步达成了一系列重要协议。第一，中俄达成协议 2020 年开始接受 5G 系统在俄落地，说明俄罗斯不光敢于在当前国际争端的风口浪尖上，表明自己的立场，而且确实基于两国合作的坚实基础，为进一步的合作带来新的动力；第二，习近平主席到达俄罗斯后所参加的长城汽车生产基地揭牌仪式，表明中俄在一个尚存产业竞争的领域也开始较大规模的深化合作；第三，中俄将在北极航道开始的合作也是以往几年能源领域，特别是在亚马尔能源原产地合作基础上所启动的新一轮大规模合作，这一项目所容纳的多种产业领域，及长远影响都是现在很难预料的；第四，中俄在青岛共建农业合作基地，俄方最大的农业集团曾宣布将投资 50 亿美元在青岛修建饲料、养殖、加工的大型联合企业，这可以说是中俄在产能、市场相互开放过程中明显的新意向；第五，中国化工集团与俄天然气开采股份有限公司，敲定全球最大的乙烯一体化项目，也是目前全球石化领域单个合同额最大的项目，合同金额约 120 亿欧元；第六，俄直投基金、阿里巴巴集团、俄移动运营商 MegaFon、俄互联网巨头 Mail.Ru 集团完成了在俄罗斯成立合资企业——阿里速卖通俄罗斯公司（AliExpress Russia）的合资交易。四家股东持股比例分别为：阿里巴巴集团 47.8%、MegaFon 24.3%、俄直投基金 12.9%、Mail.Ru 15%。阿里巴巴集团首席执行官张勇表示，阿里速卖通俄罗斯公司是阿里巴巴全球化战略的重要组成部分，也是迈向帮助 100 万家中小企业盈利、服务全球 20 亿消费者这个长期目标的重要一步。[①]以上项目最新进展说明，在"对接"之下中俄双方、中国与中亚各国、以及"一带一路"与欧亚经济联盟之间有巨大合作空间。

五、上合组织的新挑战与新前景

上合组织是在世纪之交国际秩序刚刚开始发生深刻转型的关键时刻问世的。将近 20 年的发展进程证明了它存在的必要，但是也表明了前路遥遥，上合组织必定将经受更加错综复杂的挑战考验。

首先，上合组织既不同于北约、欧盟这样一类具有排他性意识形态观念，以西方文明、法制规范构建起来的区域组织，也不同于欧亚经济联盟，或者东盟这样的大体上是非传统西方国家的联合体。上合组织乃是一个由来自不同文明历史传统、具有不同发展的规模和水平、带有各自社会制度和意识形态特色的国家所聚合而成的联合体。因此，上合组织很难做到像欧盟、北约一样以西方式意识形态和市场民主作为体现政治正确的工具。甚至也

---

① 中华人民共和国商务部：《阿里巴巴集团在俄罗斯成立合资公司》，2019-10-10，http://www.mofcom.gov.cn/article/i/jyjl/e/201910/20191002903221.shtml。

很难像东盟、欧亚经济联盟那样，基于次区域的地方共同特性之上，能在一个较短的时期内完全形成自己的治理模式构架。作为一个新兴的主权国家联合体，上合组织一方面要形成一定程度利益共享和安全共保的合作体，但是，另一方面又不可能在有限时间内大规模推进主权让渡，完全在观念和体制上构建起一个高度一体化的区域组织。上合组织的完整治理模式的全面形成和稳固，需要一个相当长的时间。

上合组织所在地区的多重地缘政治经济板块互相交织而并存的特性，也深刻影响着上合组织本身组织构架的形成。俄罗斯引领的欧亚经济联盟内部体制建设的步伐，看来要大大快于上合组织。无论是统一关税、统一基础设施建设技术标准等方面，欧亚经济联盟是走在前面了。近来中亚各国之间所推进的"无外来大国参与"的中亚峰会进程，也表达出一定程度上中亚各国更为明显的自主性。包括南亚的印度和巴基斯坦加入上合组织之后，要融合到上合组织原有决策框架中，也需要一个较长的过程。这说明，不能急于求成，或者完全用一个其他地区建设模式的标准来看待上合组织。欧亚大陆上的西欧和东亚之间的这一辽阔空间，本来存在着原苏联时期的统一机体，但是随着科技发展和新兴经济体的崛起，这一空间的多样性发展，使得上合组织本身的认同形成，的确要比想象中来得更为艰难和复杂。

但是，强调上合组织组成情况的复杂性，并不等于说，对于上合组织内部构建问题可以放任自流、听之任之，使其沦落为一个清谈式的区域论坛。2019年第十八次上合组织总理峰会审议的《上合组织成员国多边经贸合作纲要》就是这样一个在现有基础上，通过互联互通、贸易便利化等举措提升上合组织治理水平的重要文件。同时，中国与欧亚经济联盟经济合作协定，也将原有的多边合作，从项目提升到规制的程度，具有重大意义。这两个文件对于上合组织的内部建设，非常可能会提供一个推动未来发展的极其重要的基础。但是可以设想，上合组织各方利益和意愿的协调，也一定不会是一个轻而易举的过程。

其次，区域合作水平的提升或者下降，有着来自多方的动因。观念形态的接近、地缘政治经济利益的契合、技术发明创造发展的推动，诸如此类。从目前来看，上合组织凝聚力的提升有着各种不同的途径。比如，"一带一路"所推动的基础设施建设是一个重要途径。但是，基础设施建设往往涉及主权单位的安全和重大经济利益，不可能不经历一番艰难的磨合乃至博弈。比如，在上合组织内部的未来基础设施建设，今后是把更多的资源放在南北走向、还是东西走向的管道建设？就前者而言，无疑更为俄罗斯、中亚、印度各方所关注，就后者而言，显然与中国所推动的欧亚大陆东西两侧的贯通更为关联。此外，在中美贸易摩擦中受到高度关注的现代技术究竟在何等程度上影响区域进程的问题，在上合组织内部也并非不起波澜。比如，俄罗斯已经决定从 2020 年开始启动 5G 系统的建设，华为与俄罗斯最大电信公司已经在 2019 年 6 月签署合作协议。5G 系统的部署究竟在多大程度上能够影响区域合作进程？须知，俄罗斯、哈萨克斯坦在此前也曾经和其他西方电信公司签订过关于 5G 的合作协议。5G 技术本身将会是垄断、主导，抑或是兼容于这一地区的各种电信设施的技术指标？显然，技术与区域政治进程正在发生着紧密的互动。

此外，上合组织所提倡的"上海精神"为当代国际秩序的完善和改革，提供了重要的思路：协同大小国家、弥合分歧差距、坚持开放进步；反对任何单边主义和霸权主义的倒退；反对文明冲突、力主多样文明的互相尊重和合作共赢。这些原则立场可大大丰富人们在未来改革国际秩序进程中的想象力。中国在上合组织的首任秘书长张德广大使曾经这样说过："为什么'上海精神'不能够成为一种普适价值呢？"上合组织从一开始抓住"安全"这一区域和全球事务的关键范畴，发展到经济、政治与安全合作同步并进，从原来 6 个发展到今天 8 个成员国，并且有一批以"观察员国""对话伙伴国"身份的铁杆支持者的强大阵容。这不能不说是顺应时代潮流的一个巨大推进。但是，"上海精神"要真正演化成为一个具有普遍意义的价值观念体系，需要建立起更为完备系统的逻辑演绎和经验证明的体系，这也是需要相当长时间的艰苦努力才能造就。

值得注意的是，上合组织发展的同时，其成员国都经历了非同寻常的内部政治经济发展过程。中国、俄罗斯在探讨符合各自国情的治理模式上互学互鉴。特别是中亚国家近年来的国内政治更替进程——从土库曼斯坦开始，经由乌兹别克斯坦，一直到今天的哈萨克斯坦——既十分艰难然而又能稳妥地得以推进，显示出当地政治精英的智慧和民众追求稳定进步的广泛意愿，并不像此前舆论所宣称的那么令人担忧。并且中亚各国相互之间自主自助、协调合作的进程也十分令人瞩目。这说明了中亚国家谋求发展和稳定进步的很大潜能。在这样的背景下，中国与俄罗斯、中亚各国之间在上合组织框架内的合作有望进一步加强。

从目前来看，不光是中国与俄罗斯、中亚各国的能源合作进展顺利，为当地发展带来动力，比如，只要近年到过新疆的朋友，无不为城市环境大幅度改善而感到振奋。其中的重要原因当然是来自中亚的天然气大大改善了我们的能源结构。同时，中国与中亚国家之间的交通基础设施也在大大改善，中吉乌公路的开通是一件大事；而中亚各国在中欧班列的迅速发展中，起着重要作用。另外，制造业、电网建设、农业领域的合作也有积极进展。近年来，中国与俄罗斯、中亚之间的产业合作，比如，在塔吉克斯坦中方援建的热电厂大大地改善了当地人民过冬的困难处境，当地老百姓的感谢溢于言表。这一类例子实际上是大量存在的。现有基础上，如何提升合作水平，包括在金融、服务等领域的酝酿和探索，也一步一步地在推进。如何全面提振和深入中国与上合组织的相互关系，是一篇大文章。新时期的中国改革开放，需要过好如何建设和发展上合组织这一关。

一直有一种担忧，认为上合组织扩员，特别是印度、巴基斯坦的加入，使得上合组织内部协调受到影响。首先，印度、巴基斯坦都是文明古国，有着奉行独立自主和睦邻外交的传统。其次，中印、印巴之间确实存在边界争端问题，但是，每一个加入上合组织的成员国必须首先签署上合组织睦邻友好原则的协议，并且按此协议处事。这意味着制约了复杂双边问题影响上合组织发展的可能性。同时，上合组织的集体平台提供了和谐共处的环境与氛围。2019年上合峰会期间印巴两国首脑的会见，是一个证明。包括中印两国元首在2019年的会晤高度评价2018年武汉会见的意义，以及习近平主席2019年对印度非正式访问期间两国元首所强调的合作互利大大高于竞争冲突的立场，说明中印两国合作进程不光有着共同的利益基础，而且，有着来自最高层的政治推动。更不用说，在美国十分愚蠢地同时打压中、俄、印的背景之下，莫迪主动提出要在二十国集团大阪峰会上举行中、俄、印三边峰会乃是其中一例。尽管近年来中印边境争端发生后，印度积极参与美国主导的印太进程，充分显示美国分化新兴大国关系的图谋。但从更加长远的视角来看，中、俄、印三方合作不光是一个地区进程，而且可以大大影响全球事务和战略总体形势的稳定。作为大国间合作，特别是文明古国之间，在合作大幅度加速的背景下，不可能没有任何问题，也不可能一蹴而就地解决所有这类复杂问题。关键在于，以何种理念和视角去观察和处理。总之，事在人为。如果说，2018 年的扩员是一个与时俱进的政治决定，为欧亚、亚太、全球各大国的交流与合作开启了一个重要平台。那么，就有理由和信心，在上合组织平台上推进成员国的信任友好关系，并在此基础上探索走向新格局的方法与路径。

第四节　俄罗斯全球外交的新取向

普京执政已 20 年，究竟如何看待 20 年来俄罗斯外交的成就与挑战？近 10 年"东向"背景下如何估量俄罗斯对外战略与政策的最新发展？中国究竟如何看待中俄关系的当前进程与未来前景？对所有这些问题，不光引起国际舆论热议，首先也是中俄两国精英与民众高度关注的话题。

一、对俄罗斯 20 年外交的总体评价

与 20 世纪 90 年代苏联解体之后一个衰败混乱的俄罗斯相比较，今天即使是一个没有到过俄罗斯的人，也能够深深感受到俄罗斯所出现的变化：独立自主地处理内外事务，历经重大考验而努力捍卫自身国际地位与内部稳定，力图为国际新秩序的构建提供俄罗斯方案。有人说，俄罗斯 2008 年所处的"黄金时代"，凸现了俄罗斯的大国地位。但笔者以为，恰恰在此之后所经历的一系列西方打压，俄罗斯依然不折不挠地应对困难挑战，这才更能显现出俄罗斯的担当和大国抱负。2022 年之前一直被视为并非俄官方"主流"的卡内基莫斯科中心主任、老资格专家特列宁曾对此评价：虽然可以采取不同依据与标准，"但自 1999 年起，普京致力于达成两项重要目标：捍卫俄罗斯国家统一，重振莫斯科在全球舞台上的荣光。他已经得偿所愿"①。一直被视为俄罗斯自由派的精神领袖式人物，90 年代叶利钦时期的经济发展部部长、总统分析中心主任叶甫盖尼·雅辛，尽管在诸多问题上持独立主张，但克里米亚危机后，他在与友人交谈中坦言道：在俄罗斯面临严重危机的年代，"是普京拯救了俄罗斯"②。

俄罗斯外交成就不仅在于保护自身，而且，无论是叙利亚冲

---

① Dmitry Trenin："20 Years of Vladimir Putin：How Russian Foreign Policy Has Changed"，*The Moscow Times*，Aug.27，2019，https://www.themoscowtimes.com/2019/08/27/20-years-of-vladimir-putin-how-russian-foreign-policy-has-changed-a67043.

② 最近几年来，笔者访俄期间，学者友人们多次向笔者证实了雅辛博士的这一评价。

突中的果敢出手和获得国际舆论普遍称赞的"化武换和平"的建议，还是委内瑞拉危机中施展援手而不惧美国的压力，给人留下的印象是，普京在国际风云变幻中的审时度势、敢作敢为。不仅"战斗民族"勇于挺身而出，而且具有丰厚文明积淀的俄罗斯，颇多创意，善于就国际议程提出建设性的构想。新冠肺炎疫情暴发后，俄罗斯所提出的发挥联合国作用、维护国际稳定的建议得到了诸方首肯。2020 年春，卡拉加诺夫领衔莫斯科高等经济大学团队撰写了《俄罗斯外交政策新思想》的长文，进一步评价俄外交成就，认为：在全球和地区层面，俄罗斯已成为世界安全的维护者、各国自主选择发展模式的保护人，以及矛盾冲突的平衡与协调者。①

　　毋庸置疑，总体上说，俄罗斯多年外交努力首先得到包括军事战略实力在内的综合国力、政治与技术精英团队及政府动员能力等多种因素的支撑。从 21 世纪第 1 个 10 年稍晚开始，普京旨在复兴的强军路线得以全面地部署。不光维持着第二军事大国地位，而且若干先进武器领域，具有一定领先的优势。历经 20 年风雨考验，俄罗斯人民对普京执政表现出持续的支持。在一个相当大的程度上已经开放的社会，除个别阶段，多年对普京 60%—70% 以上支持率，甚至在一个相当长时期中保持在 80%。这在西方不可想象。除了普京个人的作用，各个部门与地方政府的一批精英辅佐，以及人数虽然不多、但具有广泛国际影响力的各领域学者的勤奋工作，带动了俄罗斯应对内外事务的效能。

----

　　①　［俄］谢尔盖·卡拉加诺夫、德米特里·苏斯洛夫、叶夫根尼·普里马科夫、伊戈尔·马卡罗夫、拉里莎·波波维奇等：《俄罗斯外交政策新思想》，郭小丽、王旭译，《俄罗斯研究》2020 年第 4 期，第 89—117 页。

尤其值得一提的是，20 年来普京与中国一起，身体力行，大力推动中俄关系的发展，不光使得两国在政治、经济、安全、文化等各领域合作有了巨大进步，也使得新兴国家在当今国际事务中发挥了越来越大的作用。包括中美关系急剧下滑，特朗普当局在华为事件、南海问题、国际疫情等一系列重大问题上百般挑衅的严峻形势下，俄罗斯是仅有的在这些问题上明确表态批评美国、支持中国的大国。中俄之间久经考验的合作共担，为提升新兴大国的国际影响力，为未来国际秩序的完善和改革，都提供了探索新路径的尝试。

同时必须看到，2022 年之前，俄罗斯就外交面临的问题与挑战，曾有认真的辩论与反思。其一，从 2008 年国际金融危机，一直到乌克兰冲突，以及近年来各种名目之下的西方制裁，使本来就处于艰难转型中的俄罗斯经济长期受到压抑，再加上疫情之后的经济低迷局面，这样的经济状态究竟在多大程度上能够支撑俄罗斯大国外交多方面的长期需求？其二，俄罗斯外交所面临的一些基本问题，比如特列宁在肯定普京外交成就之后，提出："90 年代以来俄罗斯外交的失误在于过多纠结于北约东扩"，是否如此？其三，包括对于乌克兰冲突以来的俄外交总体如何评价，卡拉加诺夫认为，"俄罗斯做得都对"[1]；而卢基扬诺夫则公开提出了对此还值得反思的批评意见[2]。对此，究竟如何看待？其四，早在

---

① ［俄］谢尔盖·卡拉加诺夫、德米特里·苏斯洛夫、叶夫根尼·普里马科夫、伊戈尔·马卡罗夫、拉里莎·波波维奇等：《俄罗斯外交政策新思想》，第 89—117 页。

② Фёдор Лукьянов. Украинский вопрос для будущего россии. 2018.04.24. https://globalaffairs.ru/articles/ukrainskij-vopros-dlya-budushhego-rossii/.

2016 年，中国前外交部副部长、前人大外委会主任、清华大学国际安全研究中心主任傅莹曾公开著文高度评价俄罗斯外交的同时，也指出过俄外交有时"略显生硬"①。据笔者在瓦尔代论坛的体验，此后俄罗斯同行不光邀请傅莹参会演讲，而且对这位坦诚直言的中国女外交家始终保持着十分的尊重。总体上说，俄罗斯正在通过这样的公开辩论来寻求改进与提升外交的途径。

二、俄罗斯外交战略的新发展

国际疫情与中美关系激变之下，俄罗斯的举手投足引起世界关注。特别是普京于年初发表 2020 年度国情咨文，此后俄通过宪法修正案，颁布《7 月法令》②，瓦尔代论坛和国立高等经济大学这两个俄罗斯核心智库相继推出重要报告，这意味着俄罗斯的未来取向正在逐渐地显现其大体轮廓。

总体上看，"新思想"所展示的当代俄罗斯对外政策的取向，其一，既不会重演倒向西方，更不会重回苏联；其二，在保守主义政治导引之下，尊重传统、关注稳定和人民福利；其三，维护主权与既定的势力范围，节制并有选择地对外伸展，抵抗任何形式的霸权，但不搞革命；其四，在面向东方的总背景下，一再强调中俄合作的重要性，但不在中美之间选边。总之，保守中立、灵活多样、扬长避短、最大限度地发掘优势，这是未来俄罗斯政治选择的大体原则。②

实际上，早在 3 年前，特列宁就专门撰文指出过，俄罗斯正在

---

① 傅莹：《看世界》，中信出版社 2018 年版，第 178 页。
② ［俄］谢尔盖·卡拉加诺夫等：《俄罗斯外交政策新思想》，第 89—117 页。

酝酿新的国际战略。虽然，究竟什么才是俄罗斯的"新国际战略"？始终语焉不详。但是人们可以从俄罗斯对变化中国际社会的看法与心态的逐步形成中，从俄罗斯对外政策一步一步的微妙调适中，包括结合上述 2020 年上半年一系列重要文件所传递的信息当中，体悟这一战略调整所蕴含的深意和具体举措。大体而言，俄罗斯的"新国际战略"包含有这样几方面的内容：从"大欧洲"转向"大欧亚"；在向东转向背景下转向探索中、俄、美的新定位；从全方位的伸展布局寻觅新机会；包括，从追求欧亚地区的新构建以求稳固周边；最后，从自身多样性文明积淀，探求未来秩序。

（一）从"大欧洲"转向"大欧亚"

从"大欧洲"到"大欧亚"的对外关系重点转换，指的是当代俄罗斯从传统上侧重于西方，开始又一次向东方的历史性转移。按照卡拉加诺夫的最新说法，"西方（对俄）强化对抗，大大推动了俄罗斯的东进步伐。早在 21 世纪第 1 个 10 年的后半段，这一进程就已经开始了"[1]。这一说法，比笔者直接感受到的俄罗斯精英阶层开始热议"转向东方"的话题，要早得多。俄罗斯瓦尔代论坛，直到 2010 年的会议主题之一，仍然是"俄罗斯：与欧洲结盟"。但是，转眼到了 2011 年瓦尔代论坛迅速变成了以"转向亚洲"为大会主题。这一转变背景何在呢？2012 年总统大选关键时刻，普京发表文章，明确提出"借中国之风、扬俄罗斯经济之帆"应是较早的呼吁。

---

[1] Сергей Карагановсергей караганов. будущее большого треугольника. 2020.06.18. https://globalaffairs.ru/articles/budushhee-bolshogo-treugolnika/.

2013 年 9 月习近平主席提出"一带一路"倡议。俄罗斯精英阶层一度有所疑虑，经过激烈的辩论和思考，2014 年 2 月 6 日索契冬奥会前的习普峰会上，普京做出了积极的反应。正当遭遇乌克兰冲突和自身经济危机双重困难时，中俄经济合作取得一系列突破性进展。这预示着俄罗斯"转向东方"所蕴含的巨大契机。

2015 年欧亚经济联盟建立后，其一，旨在推动地区发展、合作和稳定；其二，开始探索欧亚经济联盟与"丝绸之路经济带"的战略合作；其三，俄罗斯在整体地"转向东方"的背景下，提出加速远东西伯利亚经济的开放发展；其四，俄罗斯"转向东方"不仅只是转向中国，而且，也同时转向日本、韩国、东盟等一系列亚太地区的合作伙伴。当然，俄罗斯"转向东方"的同时并不放弃与欧洲的合作。①

此后两三年中，"大欧亚伙伴关系"范畴在俄罗斯学者的演绎中逐渐地凸显出它的不光是地缘经济，而且是地缘政治的作用。"大欧亚伙伴关系"体现为"将囊括东亚、东南亚、南亚、欧亚大陆中心的国家、俄罗斯，以及欧洲次大陆国家及其地区组织的欧亚大陆变成全球经济和政治中心"。同时，俄方学者强调"世界从多极走向两极的趋势开始形成。一极以美国为中心，另一极在欧亚"，"在其中扮演领导角色的应是俄罗斯—中国的组合"。在俄方学者解读中，上合组织也应该从单纯的地区组织，变为更具活力、更开放的多边与多层次平台；而"大欧亚伙伴关系"的路线图是：经济上，以贯通南北的大欧亚交通运输网络、多边金融、贸易、

---

① ［俄］谢尔盖·卡拉加诺夫等：《俄罗斯外交政策新思想》，第 89—117 页。

技术、网络合作等为基础；安全上，构建欧亚大陆的安全体系，取代过时的欧安组织，推动国际主要角色（首先是俄罗斯、中国和美国）的不结盟和中立。在这一背景下，俄罗斯学者认为，俄罗斯客观上成为地区和全球安全的最大供应者。①可明显感觉到，俄罗斯对于"大欧亚伙伴关系"所寄予的极高期待。

实事求是地说，俄罗斯东向战略表现出罕见的决心，取得了一定进展，突出的成就乃是中俄合作有了显著的推进。但俄罗斯内部关于俄究竟属于西方，还是属于东方，抑或既不属于东方又不属于西方的争议依然在延续中。从 2019 年的统计来看，俄罗斯与亚洲国家贸易总额为 2 621 亿美元，而与欧洲国家贸易总额为 3 327 亿美元②。虽两者规模比较接近，但欧洲作为俄罗斯传统经贸重点的态势不会在短时间被改变。当欧美关系有所松弛、欧洲本身——尤其是德法和南部欧洲表现出对俄合作的倾向之时，俄欧开始互相接近，也还是维持欧俄交往的重要背景。但是，很难重复多年前的欧俄"共同家园"的美好计划。同时，与面对整体欧盟相比，俄罗斯更乐意寻求与单个欧洲国家发展双边关系。

总之，引导作为世界性大国——俄罗斯外向发展的重点转移，包括其中宏大的地缘政治抱负，绝对不可能是一个轻而易举的过程，而是需要一个相当长时间的运筹与调适。

---

① Сергей Караганов. От поворота на Восток к Большой Евразии// Международная жизнь. 2017. №.5. С.6—18.

② 数据来源于贸易地图（TRADE MAP），根据国家所在大洲分类求和分别得到 2019 年俄罗斯与亚洲、欧洲国家贸易总额。https://www.trademap.org/Bilateral_TS.aspx?nvpm = 1% 7c643% 7c% 7c946% 7c% 7cTOTAL% 7c% 7c% 7c2% 7c1% 7c1% 7c3% 7c2% 7c1% 7c1% 7c1% 7c1% 7c1.

（二）"东向"背景下探索中、俄、美关系的新定位

2017 年特朗普就任美国总统后，有关中、美、俄三方关系前景的猜测和议论成为国际舆论的热门。其核心问题是，在中美关系急速下滑的背景下，俄方究竟如何看待自身在这一组最重要的三边关系中的定位。

从瓦尔代论坛 2020 年度报告与莫斯科高等经济大学这两份重要报告来看，第一，俄方高度关切并且担忧中美持续竞争对世界事务的影响；第二，认为美国对华发起"新冷战"为时已晚，因全球力量对比已彻底改变，"俄罗斯让西方失去无力强加自己条件的可能性"是其中原因之一；第三，俄罗斯不会"出卖中国"，但将探索改善与部分欧洲、亚洲国家关系的机会，同时也不会"陷入对中国战略依赖的重大风险"；第四，发挥联合国作用以避免中美对抗的前景。①

俄方上述立场应被视为多年周期性经历和结构性状态下的一个自然结果。20 世纪 80 年代以来，每次俄美新领导上任，总是先求亲善与西化改革，终因意识形态与地缘政治对峙冲突而告终。普京所经历的三次所谓"重启"的周期性循环，不过是以往几十年中几次更大周期循环的缩小版而已。在这样的历史经验与教训之下，无论是俄罗斯的精英还是民众，很难再重蹈覆辙。

最近以来，从大量俄罗斯官方与学者的声明中，不光可以看到俄方对于美国企图挑起"新冷战"、无端打压中国的一系列严肃批评，而且俄方一再严正表示，不会成为美国打压中国的工具。

---

① ［俄］谢尔盖·卡拉加诺夫等：《俄罗斯外交政策新思想》，第 89—117 页；Колонка издателя. Будущее большого треугольника. Россия в глобальной политике. 2020.6.18. https://globalaffairs.ru/articles/budushhee-bolshogo-treugolnika/。

同时，值得注意俄方在表述中关于两极抗衡局面下不愿选边站队、甘愿协调均衡的立场——这几乎也是大量中间国家所持的相似立场——事实上，独立自主、主权优先、选择以协调和均衡的态度应对复杂关系、寻求以稳健与超越的立场确保环境稳定，对此，不应感到意外。对俄方这一意向与趋势的因势利导，有可能成为避免对抗、摆脱危机的一个新的因素。

（三）从全方位的伸展布局中寻求新机遇

最近若干年来，俄罗斯外交的一个新趋势，是俄罗斯重新开始在全球的布局伸展，无论是中东、亚太、拉美、乃至遥远的非洲，都可看到俄罗斯外交的痕迹。需要理解的是这一部署的作用与含义。

俄罗斯拓展全球影响力的谋划，早在 21 世纪的第 1 个 10 年后半期已经萌生。2008 年国际金融危机既提供了机会，但又因全球经济与能源需求下降，使俄罗斯的抱负深受掣肘。叙利亚战争的爆发，将俄罗斯半推半就地卷入世界漩涡中心。当 2015 年俄罗斯介入时，叙利亚政府军只控制全国 8% 的领土，其余全部落入反对派和恐怖主义势力手中。但短短三年，叙政府军在俄罗斯的支持下，已经控制了全国 95% 以上领土。很难说，俄罗斯在中东的成功仅出于侥幸。中东革命爆发之前，普里马科夫培养出来的一代俄罗斯专家早就对中东事务有着系统而精准的研断。当中东地缘政治和经济格局出现深刻变化——前者指阿以矛盾下降，伊朗问题权重上升；后者指中东能源依附性经济开始转向"后石油时代"的背景之下，俄罗斯紧紧抓住美国撤离中东出现战略真空的机会，成了能与每一方都展开对话的玩家。俄罗斯能在沙特与伊朗，叙利亚与土耳其，包括巴勒斯坦与以色列这样的对手间左右逢源，展示了其娴熟的外交技巧。目前的争论是，俄罗斯究竟是打算成为中东事务的调停者，还是各方纷争之间的获利者。在美国退出但依然具有搅动事态反转的巨大能量的情况下——比如最近的阿联酋与以色列建交；在俄罗斯虽有斩获，但与土耳其、伊朗的合作基础依然远非坚固的背景下，力量有限的俄罗斯中东战略，还是会相当谨慎。

与亚太地区国家的广泛合作，是俄罗斯多年追求的目标。但总体上看，目前的"东向"还处于夯实基础的阶段。亚太地区一个突出特点，乃是政治、经济、文化、安全领域呈现高度多样化，同时，上述各方面又处于越益紧密的交织之中。该地区的另一个突出特点，是经济发展又成为当今世界最活跃的区域。所有这些特点，都吸引着俄罗斯，不能甘当局外人，而且也不能够仅仅是一个"欧根·奥涅金式的边缘角色"，俄罗斯力求在亚太地区成为一个经济上走向互补、政治上发挥均衡作用、安全上具有影响力的活跃大国。俄罗斯在亚太几乎所有的次区域都在施展身手。在东北亚，俄罗斯通过与中国共同发布对朝核问题的"三阶段解决方案"，以及与朝鲜领导人互访，积极介入半岛安全事务。经济上，朝鲜大量劳工在俄工作，俄罗斯还期待着朝鲜半岛南北铁路与能源管道合作给俄带来的机会。俄罗斯迫切需要日韩资金，但是，俄方坚持以 1956 年方案处理北方四岛悬案，即仅归还两岛，同时缔结和平条约的原则。而日方期望过高，背后有美国牵制，因此在俄罗斯始终把安全利益置于第一的背景下，日俄破冰尚需时日。俄与东盟关系的进展令人瞩目。俄罗斯虽非《区域全面经济伙伴关系协定》（RCEP）和东盟 10+3 等重要区域进程的成员，但俄与东盟对话已有 23 年历史。自中国推动俄罗斯加入东盟峰会后，俄与东盟峰会已举办四届，双方已经有相当系统的经贸、科技、能源、农业、军售等领域的合作规划。2018 年俄与东盟贸易增长 7%，接近 200 亿美元，占俄贸易总额的 3%。俄罗斯与越南、新加坡等国经贸合作更为活跃，旨在借助他们在 RCEP 签约后的区域框架中发挥作用。据瑞典斯德哥尔摩国际和平所信息：2010—2017 年东盟国家向俄罗斯购买了 66 亿美元的武器，在整个武器销售比例中超过 12%。在南亚，俄罗斯推动中印俄三边机制，着力于参与阿富汗和平进程。值得关注的是，俄方一再强调，反对"第三者"从外部干预南海事务；批评美国印太战略对地区的威胁；不在中印等双边关系中选边；但力争通过各种多边与双边管道，在亚太发挥自己的独特影响力。

在其他敏感地带，围绕着北极地带的大国激烈竞争已经开始全面排兵布阵。从港口和通道的基础设施建设到法律权限，从尖端战略武器研制到智库建设，对俄罗斯来说，北极乃是能够在最短距离内对美国实施战略打击的地域。但迄今为止，俄罗斯一方面努力争取与中国合作，同时，也没有放弃与美国为数不多、但定期有序的合作，这成为俄罗斯经营北极的一个特点。在 2019 年底，当美国传出将从西非大举撤军消息的同时，普京已经在当年 10 月在索契举行了俄罗斯—非洲峰会。①虽然，2018 年俄罗斯与非洲贸易规模只有 170 亿美元，远比不上非洲与欧盟的 2 750 亿美元、非洲与中国的 2 000 亿美元的规模，但是，俄罗斯在采矿、能源、基础设施、军工、农业等领域与非洲的互补性已经引起了普

---

① Nancy A. Youssef and Gordon Lubold, "Pentagon Considering a Troop Reduction in West Africa", *The Well Street Journal*, 2019-12-24, https://www.wsj.com/articles/pentagon-considering-a-troop-reduction-in-west-africa-11577211731.

遍关注。对于俄罗斯这样一个在非洲有着传统积累与广泛人脉的大国来说，到非洲去交朋友，已成外交新方向。①2019 年初，在美国后院——拉丁美洲的委内瑞拉爆发的一场冲突，令全世界感到震撼。而俄罗斯的大胆干预更是大大吸引了国际舆论的眼球。早在 2018 年底，俄罗斯战略轰炸机由委内瑞拉战机伴飞，完成了在加勒比海的空中演练。次年委内瑞拉国内局势发展的关键时刻，拉夫罗夫亲自飞往委内瑞拉，力挺马杜罗。但是观察家注意到，俄罗斯并未在金融与军事领域大幅提升对委内瑞拉的援助，"以谨慎避免在莫斯科实力远远不及美国的一个地区过分施加影响"②。

正当俄罗斯在全球层面广泛伸展自己影响力的同时，一个不容忽视的现象是，俄罗斯周边近邻地区反而出现了来自外部的分化加强，而围绕着俄罗斯的聚合力有所下降的局面。③近两年来，美国与中亚创设 5+1 机制，欧盟对欧亚国家加大投入，集体安全条约组织对抗北约的功能呈现弱化④，欧亚经济联盟在疫情暴发前虽然维持增长，但同年对外贸易下降 2.7%，说明经济竞争力有所衰减。同时，中亚国家自主协调内部事务的意向抬升；而作为标

①　Henry Foy and Nastassia Astrasheuskaya，"Russia：Vladimir Putin's pivot to Africa"，*Financial Times*，2019-01-22，https://www.ft.com/content/a5648efa-1a4e-11e9-9e64-d150b3105d21.

②　Thomas Grove，"Russia Firms Up Support for Venezuela's Crisis-Hit Government"，*The Wall Street Journal*，2019-03-01，https://www.wsj.com/articles/russia-firms-up-support-for-venezuelas-crisis-hit-government-11551450326.

③　Dmitry Trenin，"20 Years of Vladimir Putin：How Russian Foreign Policy Has Changed"，*The Moscow Times*，Aug.27，2019，https://www.themoscowtimes.com/2019/08/27/20-years-of-vladimir-putin-how-russian-foreign-policy-has-changed-a67043.

④　杨恕：《独联体集体安全条约组织对外功能弱化的原因分析》，《俄罗斯东欧中亚研究》2018 年第 2 期，第 21—33 页。

杆的俄白国家联盟谈判无进展，如亚美尼亚与阿塞拜疆之间的纳卡冲突、摩尔多瓦的波动，再到白俄罗斯等国出现因大选而引起内部动荡。卢基扬诺夫对此的解释，是因领导人交替而引起的内部波动，不属于"颜色革命"。但从白俄罗斯事态看，俄、白官方近日所宣布的外部势力介入，并非空穴来风。俄罗斯不会甘愿听任近邻的离散。近年来对乌克兰事件的公开辩论，表明俄罗斯在认真反思，如何避免原有方式处理近邻事务的弊端。可以预见的是，俄罗斯还是会在周边事务中文武兼修，软硬兼施。但从长远来看，在现有实力与资源条件下，在不排除强硬反击的前提下，尝试以较有所节制而可协调的方式处理周边事务，仍是应有选项。

俄罗斯有声有色的全球伸展，尽显大国姿态。但俄罗斯的意图并非要和对手展开一场冷战式全球规模竞赛，不过是在未来国际局势高度不确定的背景下，通过在全球的有限伸展、有选择的目标、有节制的投入，发掘传统潜能，切中关键领域，以少胜多地展示影响力，为今后的长远博弈打下楔子。

俄罗斯不像中国，居于东方古文明中心发祥地，承袭数千年一脉相承的传统，持续地支撑着自身政治建构。俄罗斯作为世界上最广大的东西方文明接合部大国，既有开阔眼界和交往空间；但也使其习惯于在多方向的宽广选择中来经营自己的外交发展，包括也面临着来自四面八方的严峻挑战。这种挑战虽不始终具有颠覆性，但影响深刻且直接。普京主政 20 年，俄外交相对稳定与活跃，中俄合作成为难以撼动的基石。但在此同时，俄经济面临严重挑战，2020 年美国大选后美俄出现更多难以调停的争斗和磨难，而中俄还需要发掘"内生动力"，深化合作，增加互信，迎接当下高度不确定性下的考验与挑战。

第十五章

自由国际秩序、多极化与未来世界秩序

对于近年来学界和媒体有关世界秩序问题的争议,本书并不打算做面面俱到的引介,而是选择最具代表性的关键性范畴,包括其中的争议和反思,进行介绍、分析,以寻求走向共识的路径。本章拟侧重介绍伊肯伯里的"自由国际秩序"理论、普里马科夫的多极世界思想,以及基辛格对国际秩序演变历史的系统总结。在这三位中,伊肯伯里作为一位自由主义思想家,他所阐述的"自由国际秩序"理论,是对已有百年实践积累的美国与西方主导下的世界秩序的成败得失及前景,所做的系统分析。这一模式现在虽然遭受巨大争议,但若想对此作正本清源式的解读,伊肯伯里的理论还是可以作为对话的思想资源。普里马科夫的多极化思想,并非独创,但显然是针对西方主导的世界秩序表现出的衰落,而提出的因应改进之道。多极化思想虽暂不具备那种具有全面替代性的结构模式,但已局部地转化为当今国际秩序实际运作中的一个重要组成部分。而基辛格作为当今政学两界最有资格对世界秩序问题进行评说的战略大家,反倒显得立场超脱,似乎并未特别力挺任何一种类型的世界秩序主张。但他通过总结历史,对于国际秩序延续和转化的机理、原则和方法等问题的见解,特别是对于"合法性与权力的平衡"这一关键点的强调,依然给人们带来启发。①

---

① [美]亨利·基辛格:《世界秩序》,胡利平、林华、曹爱菊译,中信出版社2015年版,序言。

　　因为这三种理论具有各不相同的内容与功能，而且有着各不相同的思想文化背景，更不用说它们背后还有迥然相异的政治立场，所以，我们期待这种叙事角度的反差能打破既定范式，或是超越就事论事式的惯性，有助于对这一问题作进一步的理解和感悟。本章试图在有限的篇幅内，将世界秩序之争和俄罗斯"2024 议程"①这两个看似并不直接关联的过程，放置在一起加以观察分析，希望能找出这两者之间客观存在着的，同时也是内在互相深刻关联的动态演进逻辑，为理解未来世界构建与俄罗斯的互动的可能取向，提供哪怕是非常初步的思考。为此，笔者较倾向于使用"全球转型"这种新的表述，来描述世纪之交以来、特别是 2008 年国际金融危机和世界在 21 世纪第 2 个 10 年中发生一系列重大变化以来的整体性改变。②这种改变不仅是全球性的、地区层面的、发生在各国相互之间的，而且特别不可避免地发生在

　　① 俄罗斯的"2024 议程"这一提法，乃是笔者对于 2020 年初以来围绕着普京总统提出的俄罗斯宪法修改草案，将 2024 年以后俄罗斯国内的宪政安排、经济复兴计划（包括巧妙地将这一安排与当前改善经济的短期措施相结合），以及俄罗斯外交战略的调整，这几件大事的长远规划和统筹部署的统称。笔者认为，这是在当前全球转型的背景下，俄罗斯内政外交与之互动的一个非常值得观察的重要进程。

　　② Andrei Tsygankov,"From Global Order to Global Transition", *Russia in Global Affairs*, 2019, No.1.

主要大国内部。

　　总体来说，由力量结构改变所导致的这种内部和外部关系的重组和制度规则的变迁，以及因现代信息科技这样的外部条件的变更，所促使的观念、心理、行为范式的变化，正以或是激进式的突变，或是累积式的演进，推动着全球意义上的转型。俄罗斯作为当今世界一个传统大国，无论人们对其现有影响力和未来可能的潜能，及其内外政策的实施，有多少不同的评价，但多少都能感受到，这个被众说纷纭的大国正在竭尽努力以因应上述全球转型的深刻过程。

第一节　自由主义世界秩序一去不复返？

　　"自由国际体系"这一范畴是美国的官方意识形态，很多年来是美国两党共识的重要组成部分，又受到新老自由主义者的多年辩护，与美国霸权地位的盛衰息息相关。毫无疑问，这是讨论未来国际秩序问题时最核心的范畴之一。即使在既有的国际秩序风雨飘摇之际，这一范畴还是会受到强劲的辩护。

一、伊肯伯里的"自由国际秩序"

　　约翰·伊肯伯里（John Ikenberry）是在国际秩序研究方面最具影响力的美国学者之一。2006 年，由他领衔撰写、并成为民主党竞选纲领的"普林斯顿报告"发表后，伊肯伯里率高级学术代表团在中国各地访问交流，当时曾参与京沪一系列学术活动的中国国际问题学者可能对此还记忆犹新。[①]2009 年，伊肯伯里发表《3.0 版自由国际主义：美国和关于自由主义世界秩序的争论》的长篇报告。该报告阐述了自由主义国际秩序的历史沿革，全面勾画了其内容框架，深入分析了国际秩序演进的各种愿景。虽然此报告是 2008 年国际金融危机刚刚发生过后作者的思考和表述，带有深重的理想主义色彩，经过十多年来各种前所未见的国际冲突和激进演变之后，该文写作时的背景也已时过境迁，但仍不失一定的可借鉴之处。在未来国际秩序构建这一问题上，无论怀有怎样的意愿和构想，也无论形势变化如何令人眼花缭乱，都有必要回到国际秩序构建——既是一个现实的国际政治议题，同时也是一个智识领域——的原则和设计构架本身，进行有根有据的全面系统的思辨和讨论。伊肯伯里的报告可以作为讨论这一问题一个基础性文本。[②]

（一）"自由国际秩序"的历史性沿革

伊肯伯里的研究从两个方面展开：一方面是"自由国际秩序"的历史性沿革，另一方面则是这种历史性变化逻辑所包含的各种维度。

伊肯伯里提出，历史地看，"自由国际秩序"有 1.0、2.0、

[①]　冯绍雷：《普林斯顿报告的背景、内容与评估》，《中国战略观察》2007 年第 3 期。

[②]　John Ikenberry，"Liberal Internationalism 3.0：American and the Dilemmas of Liberal World Order"，*Perspectives on Politics*，Vol.7，No.1，2009，pp.71—87.

3.0 等各种版本。所谓 1.0 版"自由国际秩序"，乃借助于伍德罗·威尔逊的思想而产生。威尔逊主义起源于民族国家涌现、民族主义兴盛的年代。虽威尔逊主义主张国家主权和民族自治原则，但在 20 世纪 20—30 年代的复杂国际背景之下，"自由国际秩序"并未被真正实施。美国自己也不想执行有关和平与战争的协定，而是回到 19 世纪早期运用国际仲裁方式来解决争端的状态。因此，当时的国际秩序只能算是一个 0.5 版的"自由国际秩序"。

伊肯伯里认为，2.0 版"自由国际秩序"大体上是冷战时期的国际体制。20 世纪 40 年代，罗斯福像威尔逊一样，希望建立大国合作与强制下实现和平的体制。美国通过重建欧洲、对战败国的德国和日本实现一体化、确认承诺、开放市场、提供安全保障、遏制苏联，奠定了国际秩序的基础。在冷战阴影之下，美国领导的自由主义霸权的国际秩序逻辑也宣告形成。

战后第 1 个 10 年，"自由国际秩序"原是由西方主导、多层次、有多种机制加以保障的。但是，局势的变化逐渐使得美国开始行使直接的政治和经济管理。此后 10 年，欧洲孱弱、苏联抗争，建立秩序的各种复杂需求，使美国主导的市场、美元、冷战同盟等机制，成为战后国际体制的关键所在。美国不仅觉得自己是国际秩序的领导者和支持者，而且是一个所有者和行动者。于是，自由主义的、但同时是霸权式的国际体制出现了。

伊肯伯里认为，以下因素大大推进了 3.0 版"自由国际秩序"的问世：

第一，冷战的终结，对手一度消失，同时也使美国式的霸权逻辑客观上趋于终结；

第二，支配式的等级制关系，逐渐变成了讨价还价；

第三，究竟是美国式的单边行动还是联合国更具权威，日益成为问题；

第四，国际主体大幅度增加，尤其是新兴经济体的崛起。

伊肯伯里认为，3.0 版的"自由国际秩序"，也即后霸权式的"自由国际秩序"，目前还只是部分地出现，其完整的面貌和逻辑还处于远不确定的状态。

（二）"自由国际秩序"阶段性演进的特点与路径①

伊肯伯里认为，"自由国际秩序"的三种版本各有其特点。就 1.0 版本而言，按照国际法的秩序，威斯特伐利亚式的主权观念被确认，国家独立和互不干涉内政的原则也得到尊重。该体系的政治层级较为均等。该体系按照国际法来执行规则和规范。同时，当时仅有很少的政策空间，可以用来限制各国间的开放性贸易和

① 为使读者确切理解"自由国际秩序"演进中的结构性要素，也避免正文过于冗长，兹将伊肯伯里提出的有关国际秩序转型的五个关键向度置于注释中，便于查阅：（1）可供参与的范围：这里指的是，国际体制参与者仅允许是西方民主国家的排他性集团，还是对全球所有国家开放。（2）主权独立程度：亦即，国家可以在多大程度上在领土范围内宣示其权威，在多大程度上可以在国际承认的范围内显示其统辖国内事务和执行职责的合法权利，包括可以在多大程度上向超国家体制割舍主权，或者通过协议降低自主决策的程度。（3）主权平等水平：是指在国际秩序内等级制的实现水平。自由体制主张平等，但自由体制也可以在具有等级的情况下被组织起来。（4）法制规范性：指秩序运行中，在多大程度上按照法制原则办事。"自由国际秩序"的法制状况呈多样性：国家间互动可以严格恪守法律条文，但也可以讨价还价。（5）政策实施的宽度和深度：国际秩序可以在多大程度上在国家间推行共同政策，包括社会、经济、人权、安全政策。能够实施更多共同政策，显然也具有更多功能，包括在国家间实行干预、监督、规制、保护等举措。

建立集体安全体系。在 2.0 版本当中，出现了以西方为主导性取向的安全和经济体系，对威斯特伐利亚主权观念也出现了修正。该体系中的新型等级体制的特征表现为：美国霸权提供公共产品，以美国式规则为导向，在美国和其他国家之间确立起了保护人和委托人式的关系，但各自仍具有相互作用、讨价还价、表达意愿的机会。该体系强调经济规制、保护人权等领域的政策运作，政策空间也获得扩展。在未来的 3.0 版本中，非西方国家前所未有地可以被扩展成为核心治理机制的成员，该秩序覆盖全球范围。后威斯特伐利亚式的主权观念成为主流，同时，伴有干涉性、相互依赖性的经济与安全体制。出现后霸权式的等级制度，各种不同的具有领导地位的国家组成了不同的集团，占据着国际治理体制中的各种岗位。以规则为基础的体系得到扩展，与诸多网络型合作的新领域相互匹配。该体系的政策运作空间进一步得到扩展。

那么，当下有哪几种国际秩序演进的路径呢？伊肯伯里认为，至少有三种与前一阶段"自由国际秩序"2.0 版本不同的路径。而每一种路径都包含着主权、规则、机制、权威等要素的不同组合。

第一种路径，就是"自由国际秩序"3.0 版本。这种理想中的模式与以往美国霸权式的自由国际秩序相去甚远。美国将会在这一体制中丢失不少支配性和监控性的规则和机制。以往由美国通过北约等组织所提供的西方一家在多边机构中的主导性，将让位于"公共的"治理规则和机制。在 3.0 版本里，国际治理中的权威岗位将转向吸收整个国际社会的成员。同时，威斯特伐利亚式的主权也将受到进一步的侵蚀。后霸权时代的等级制度将由若干主导国家所组成的群体来奠定基础。他们将会在联合国安理会、布雷顿森林体系等各国际治理机构取得关键岗位，提供以前由美国所提供的公共产品，并确保市场开放和提供安全保障。美国将会把自己的传统霸权让位于加强合作，将会在非正式和网络式的协议中得到自己的份额。这是一个与美国和西方霸权较少联系的秩序，但是，将会更依赖共同规则和强化集体行动。

第二种路径，将会是"自由国际秩序"的 2.5 版本。联合国将会和先前 10 年那样，保持与各方之间的协调与讨价还价，但是将作为霸权体制的领导者。在 2.5 版本里，美国将会让出部分特权，但会保留其余部分。美国将与伙伴共享布雷顿森林体系的权威，但是美国无论如何会保持在军事战略领域的霸权。美国可能不参加国际法院。

第三种路径，如果"自由国际秩序"变得封闭和法制消失，那么该秩序将会被打破。"自由国际秩序" 2.0 版本中的政治、经济、军事战略等各种因素将会变得碎片化，转化成为竞争性的地缘政治集团。这样的全球秩序的崩溃不一定是指原有秩序的完全瓦解，然而，只要停止开放贸易，终止以法治为规范，否定以多边决策为基础，那么既有的国际秩序就告结束了。这时的国际秩序就会演变成一个较少合作、地区层面更加分裂、各方更加互不往来的竞争性地缘政治环境。

（三）美国可能的几种选择及其条件

伊肯伯里提出，究竟选择这三种路径中的哪一种，取决于在国际秩序沿革过程中主要参与者的意愿及其能力，这里还存在着几种可能的选择。

第一种可能，美国主动放弃垄断特权，让渡给国际共同体。即使是国际权力分配出现急转弯，美国在未来几十年当中依然还是世界舞台上最强大的国家。同时，世界上还是有不少国家希望美国发挥领导作用。美国可能也会认为，这样一种协商式的"自由国际秩序"，比起任何别的选择要来得更好。问题是，美国是否愿意做出这样的选择？如美国转向 2.5 版本尚且困难，那就更不用说转向 3.0 版本了。如果出现更加分散化的趋势，那么，很可能只是留下少数几个关键伙伴国家与美国保持着安全领域的联系。

第二种可能，美国的安全能力可以转化成为广泛的经济和政治协议。美国具有极其强大的军事力量，美国一国的军事开支甚至远超过其他所有国家军费的总和。问题在于，美国的军事力量可以在多大程度上转化为构建全球规则和体制的谈判能力？如其他国家指望进行安全对峙，那就正好给予美国一个机会，重新返回霸权体系。

第三种可能，选择未来国际秩序的多种可能性。如果若干个领导国家在全球治理问题上各奔东西，欧洲将会继续乐意削弱威斯特伐利亚主权。但是，如果非西方国家，像中国和印度，一旦倾向于寻求完全不同的国际秩序，他们未必一定倾向于"自由国际秩序"的开放和法制。但是，另一种可能是，他们确实认为：他们的利益可以在"自由国际秩序"之内得到关照。如果第二种可能成为现实，那么从"自由国际秩序"2.0 引申出来的路向，应该是侧重于"自由国际秩序"内的参与和分享权威，而不是"自由国际秩序"原有的实质性特征被改造。

在上述不同方向的选择中，伊肯伯里提出了对"自由国际秩序"未来演进的两个判断：

第一，在没有战争和经济灾难的情况下，"自由国际秩序"看来不会被彻底打破或者消失。就像过去一样，"自由国际秩序"将会不断地演进。国际治理的特征将会随着各国共享并实践权力与威权而得到改变。重要的是，领导国家和新兴国家并没有想推翻"自由国际秩序"的基本逻辑和法制秩序。压力和动机来自治理方式和处于该系统中的责任承担状况的改变。

第二，美国是"自由国际秩序"的主要倡导者和支持者，今天的问题在于，这一体制如何演进？美国在主导性不如以往的情况之下，如何继续支持这一体制的发展？在多大程度上，美国还要继续成为稳定并且发挥"自由国际秩序"作用的领导者？美国如何在较少特权的前提下支持这一体制？美国正处在深刻的动摇和犹豫当中——美国的力量可能提升，也可能衰落。但美国必须适应这样的新局面，即，扩大和深化"自由国际秩序"，乃是当今的现实。①

伊肯伯里的基本立场无疑是力求维持"自由国际秩序"的生存与发展。值得关注的是，伊肯伯里的构想生动反映了在2008年国际金融危机背景之下，以美国为首的西方难以自保，期待通过对原有秩序的修正和转型，包括国际决策机制中领导权的有限重组，来适应国际格局急剧变化的立场。问题在于，伊肯伯里完成

---

① 冯绍雷：《普林斯顿报告的背景、内容与评估》。

报告之后所发生一系列重要变化，包括乌克兰危机、叙利亚战争、特朗普当选、英国脱欧、中国崛起等现象的出现，究竟是否意味着原有考量的基础不复存在？这需要从进一步拓宽视野的思辨中去寻找答案。

二、"自由国际秩序"的全球性争议

伊肯伯里发表这篇长篇报告之后，有关国际秩序的争论有增无减，特别是近三四年，关于这个问题的争论成为国际学界最热门的话题之一。为便于把握从伊肯伯里报告直到最近这一领域争议的发展，笔者提供以下关于国际秩序辩论中诸多观点的一些不同的分类，至少可以划分为以下四种类型。

第一类，中国旅美学者、美国威滕伯格大学（Wittenberg University）资深教授于滨在《俄罗斯研究》撰文提出，目前的辩论主要发生在自由主义和现实主义立场之间。其一是自由主义派别内部的乐观主义和悲观主义之争。悲观主义者认为，因出现中俄等现体制的"修正主义者"，或因西方内部反建制势力的打击，"自由国际秩序"已经"寿终正寝"；乐观主义者则认为，西方主导的国际体制依然有回天之力。其二是现实主义质疑派批评"自由国际秩序""既不自由、又非一统天下、鲜有秩序井然"。[①]尤其是主张国际社会是"无政府社会"、提出大国争霸必有一战的"超现实主义者"米尔斯海默，称"自由霸权体系注定失败——一个基本事实是，大多数美国人难以接受（自由主义的）政策——它的外

[①]　于滨：《中俄与"自由国际秩序"之兴衰》，《俄罗斯研究》2019 年第 1 期，第 21—55 页。

交政策精英总是生来就仇视民族主义和现实主义。但是这一想法只会给国家外交带来麻烦。美国决策者应该理智地抛弃对自由霸权的追求"。①其三，注重东西方历史差异的学者，批评现实主义派别错误地认为，任何新兴力量的崛起似乎都是在破坏现有秩序，他们尖锐地指出，对现行国际秩序进行最大修正的不是别人，而正是美国自己。经过综合比较，于滨教授的意见是：尽管"'自由国际秩序'困难重重，这需要国际社会的集体努力来修复、修改和完善。在没有全球性危机的情况下，如果把'婴儿'（自由国际秩序）和脏了的'洗澡水'一起倒掉，没有人会从中受益"②。

　　第二种分类，由英国肯特大学国际与欧亚问题教授理查德·萨科瓦（Richard Sakwa）在《全球事务中的俄罗斯》上所发表的文章中提出。③在他看来，有四种类型的争夺霸权模式。第一种是"自由主义的国际秩序"：但冷战后西方主导的"民主国际主义"激进扩张正在引起普遍反对。第二种是变革性（革命性）国际主义：冷战时苏联阵营革命性对抗已是过去，但当下面临着以气候变暖、恐怖主义、分裂主义、种族主义等期望国际秩序发生质变的左右激进社会运动。第三种是美国式重商主义的民族主义：以美国第一、民粹主义、保护主义、民族主义来否定国际秩序效能。第四种是保守的（或主权的）国际主义：以中俄为代表，伸张主权与新区域建构、坚持在无霸权的国际主义基础上改革而不是颠

---

① J. Mearshieimer, *The Great Delusion: Liberal Dreams and International Relations*, 2018, New Haven and London: Yale University Press, Preface.

② 于滨：《中俄与"自由国际秩序"之兴衰》。

③ Richard Sakwa, "The International System and Models of Global Order", *Russia in Global Affairs*, 2019, No.3.

覆现有国际秩序。萨科瓦的分类，显然受到了英国国际问题研究学派的影响，强调社会向度；同时把中俄列为国际秩序演进中的一大主题，凸显当今国际社会多样化、多极化、多元化的现实。萨科瓦的结论是，比起霸权主义，一个在多个模型之间进行竞争的国际体系可能更加平衡、有序和创新，并可更加协调地应对人类面临的共同挑战。①

　　第三种分类，旅美俄罗斯学者、加利福尼亚大学教授安德烈·齐甘科夫（Andrei Tsygankov）侧重于对在国际秩序的转型问题上所出现的各类观点进行归纳和划分。按照他的划分：其一是"警世危言派"，比如，瓦尔代论坛 2018 年度报告强调，美国改变力量平衡的企图正引起不可估量的后果，"一系列的国际机制和次结构正在加速走向解体和衰朽的全球趋势"，"该趋势不可逆转，也不可能在全球规制的基础上得以重新恢复"；此外，俄罗斯的卡拉加诺夫（Сергей Караганов）、美国的科恩（Stephen Cohen）、莱格沃尔德（Robert Legvold）等著名学者也都持类似观点。其二是"支持稳定派"，如美国外交关系委员会主席理查德·哈斯（Richard Haass），包括伊肯伯里在内，这派观点不仅认为国际秩序的危机被夸大了，"现行国际秩序在后冷战时期出现被改变后的留存，不但可能而且应该"；"现行国际秩序的问题只是执行中的问题，而不是其生存原则出现了问题"。俄罗斯国际事务理事会主任科尔图诺夫（Андрей Кортунов）提出："虽然美国和西方急剧削弱，但依然是政治、科技、经济各领域的世界领袖，它们能够在

---

① Richard Sakwa, "The International System and Models of Global Order", *Russia in Global Affairs*, 2019, No.3.

不远的将来恢复力量，现有国际秩序不需要根本改造，而只是需要改善。即使美国不如预期，俄罗斯也会寄希望于欧洲，视之为与其一体化的国际秩序的一部分"。其三是"双重趋势派"，齐甘科夫本人认为："'警世危言派'忽略了现有国际秩序同时存在着建构和解构两种过程，而'支持稳定派'过于悲观地看待非西方力量克服技术差距、创建稳定国际政治机制的能力。"在他看来，当今始终同时存在着破坏性和创造性进程两种态势，因此，大体上也属于支持国际秩序稳健转型的一派。①

　　第四种分类，"西方缺失"主题下"自由国际秩序"的问题与挑战。这是 2020 年慕尼黑安全政策会议报告就国际秩序争议提供的另一种不同分类方式。作为影响力广泛的世界级国际论坛，该报告基于欧洲立场，每年选择一系列重要问题进行针对性的分析，探究大变局之下如何维护自由国际秩序。《慕尼黑安全报告》醒目地提出了"西方缺失"这一范畴，认为对西方内部分裂的焦虑是慕尼黑安全政策会议关注的重点。报告提出，"西方"作为一个相对紧密的地缘政治体走向衰败和"西方精神分裂"的局面，原因首先在于西方本身"出现了一个非自由主义的民族主义阵营"。该阵营中的人认为："西方不是一个对所有持自由民主价值的人都开放的共同体。相反，它是一个由种族、文化或宗教标准组成的社区。"该派别认为"（白人基督教）的西方受到具有不同宗教信仰或文化背景的'外来者'的威胁"。其中较温和者主张拒绝难民、封闭边界、反对"政治正确"；较激烈者将伊斯兰世界视为敌人；

---

① Andrei Tsygankov, "From Global Order to Global Transition".

其中最极端的白人种族主义者则诉诸袭击、谋杀不同信仰的公民和政治家。《报告》点名批评作为执政者的特朗普和欧尔班·维克托"反对自由国际主义、主张新的民族主义的立场"；称"西方内部的非自由主义势力可能成为外国非自由主义势力在西方的'特洛伊木马'"；并直指，"北约最大的危险，既不是其他大国的崛起，也不是其周边地区的不稳定，而是内部非自由主义的崛起和西方集体身份的不稳定"。《报告》自我批评道，西方盲目自信，对中俄终将采取自由价值观过于乐观，听任危机对自由国际秩序的损害，承认对此"还无法找到应对挑战的答案"。《报告》还提出"西方领导的联盟"任意发动"军事干预"和"在国际冲突中的军事优势"已不复存在；西方主要国家对自由国际秩序的核心机构的支持在减少，中国等对国际机构的关键影响力在增长；作为"自由国际秩序"支持者的北约与欧盟"苦苦挣扎"，"面临巨大挑战"。《报告》指出，美国收缩产生的政治效应、过度使用经济武器导致盟友与伙伴疏离，以及国内的分裂，将会使美国进入一个"战略停滞"时代；而欧盟在全球定位、内部政治与战略上的分歧，包括在5G等问题上既与美国脱钩、又无法达成内部一致，都"阻碍了欧盟全球竞争力的提升"。《报告》称，法国总统马克龙最近关于缓和与俄罗斯关系的提议，"招致了几乎全欧洲的批评"；美欧之间、欧洲内部围绕"北溪-2"管道的激烈争论；大多数欧洲国家在美俄、美中之间发生冲突时不会选边站，而会采取中立态度。《报告》认为，在此背景下，西方需要应对大国战略的"双轨战略"是："在符合其最佳利益的情况下与专制国家合作，同时加强西方的凝聚力。"《报告》最后得出的结论是：自由主义的吸引力、民主国家占世界 GDP 总量的 57%，这些原因使"西方应该能够捍卫自由国际秩序，同时承认全球权力转移将带来自由秩序必须与之共存的竞争模式"。①

通过对当前关于"自由国际秩序"的辩论的简要介绍，人们不仅看到了各种相关观点，同时也感悟到了这些观点背后纷繁复杂的思想谱系的激烈博弈。尽管这场前所未有的大辩论不会在一个短时间内落幕，但是，第一，总体而言，来自各方的多数专家倾向于认为：与"自由国际秩序"密切相关的当前国际体制需要经过改革才能留存。而其关键问题，正如美国对外关系委员会主席哈斯所言，"不是一个国家、两个国家来统治全球，而是由占有行使各种各样权力的多重主体来实施统治"②。第二，鉴于"解构"与"创新"两种趋势同时存在，西方与非西方国家的博弈一时还难分高下。比较多的意见倾向于，在相当长的时期内，有关国际秩序构建的合作还势必与竞争互相交织而同时存在。第三，与此同时，在关于对"自由国际秩序"的挑战究竟来自内部还是外部的争议中，至少在《慕尼黑安全报告》发表之后，认为西方内部分裂，包括美国自身与多边体制"脱钩"才是削弱"自由国际秩序"的主要原因的观点，看来一时占了上风。

---

① "Munich Security Report 2020—Westlessness"，Feb.16，2020，https://security-conference.org/assets/user_upload/MunichSecurityReport2020.pdf.

② 柯贵福、陶庆梅：《新型全球化与人类命运共同体》，载汪晖、王湘穗、曹锦清等著：《新周期：逆全球化、智能浪潮与大流动时代》，辽宁人民出版社2017年版。

第二节　"多极世界"构想的演进

世纪之交，国际新兴力量崛起，传统西方大国出现衰落趋势。要求维持第二次世界大战以来的基本国际秩序，主张维护国际社会的稳定，反对霸权，支持多极化发展和多边主义，同时也要求改革现有国际体制不合理方面的立场，这些可被归为"多极世界"与追求多极化的思想流派。换言之，多极、多元、多样化乃是其基本发展趋势，而支持现有国际秩序在稳定运作前提下的改革，是其基本的战略路线。这一流派反映了当今新兴经济体、转型国家、重要的发展中国家的基本立场。中国与俄罗斯被认为在这一流派中最具代表性。

一、普里马科夫的"多极世界"思想

"多极世界"的思想乃是该阵营的主要理论渊源。普里马科夫（Евгений Примаков）是这一理论立场的主要发起人。普里马科夫是一位长期从事国际和地区问题研究的高级专家，同时又是一位多年来担任大国总理和外长、有着丰富从政经验的世界级政治家，这样的背景使得他在推动"多极世界"观念发展的进程中发挥了特殊作用。虽然"多极世界"并没有像"自由国际秩序"的叙事那样，有着以西方政治理论为背景的完整系统的学理阐述，但这是基于冷战后国际政治经济发展的现实逻辑的自然产物，有着以

新兴力量崛起为背景的国际变局的强劲支持。普里马科夫对"多极世界"理论要点的归纳大致如下：

第一，在普里马科夫的阐述中，多极世界始终有一个重要的对立面，那就是美国所追求的单极化的趋势。他认为："从历史上看，已经表现出的世界秩序有两种类型：多极化和两极化。理论上讲，我们还可以补充另外一种类型，叫作单极化。然而，单极世界秩序从来就没有出现过。不过，这种幻觉还是有过的。况且，建立单极世界的目的又成为一些意识形态学说的基础。许多战略设想、政治和军事行动均从属于这个目的。总而言之，我们可以这样说：某些人追求单极世界的欲望一直没有泯灭，不过客观上的先决条件却不曾存在，因此这种欲望压根就没有转化为历史现实。""冷战后美国极力推动的单极化不仅与可能导致人类自我毁灭的两极化对立起来，而且还与'井喷式出现的'多极化对立起来。"①

第二，普里马科夫认为，"多极世界"的基础，在于世界以市场经济原则的"同质化"为基础和意识形态不再占主导地位的趋势。他说："冷战刚一结束，世界上便出现构建单极世界的倾向。不过，此时在国际关系构成中意识形态因素已不再具有决定性意义。在形式上，世界变得同质了，因为市场机制成为全球共同的发展模式。"②

第三，普里马科夫说：追求单极世界秩序是出于对苏联解体

---

① ［俄］普里马科夫：《没有俄罗斯，世界会怎样？》，李成滋译，中央编译出版社 2015 年版，第 1—2 页。

② 同上书，第 2 页。

这一重大问题的偏颇认识。他直言：以为"美国赢得了冷战而苏联输掉了冷战"，是一种"不符实际的认识"；"苏联解体不能归结于其在冷战中败北"；美苏共同努力才结束了对抗；因此，美俄仍应该具有平等权利。虽然普里马科夫的这一认知远远没有被美国精英普遍接受，但他坚持认为："2008 年爆发的全球经济危机给'单极世界'致命一击。正是这场危机，使美国'单极'金融中心的作用荡然无存。"①

第四，普里马科夫强调，在政治经济发展不平衡之下，世界形成若干中心是客观事实。现阶段世界多极化的特性是，美国在各极之间排名独特，依然是经济和军事上最强大的国家，但这不等于单极世界的存在。在世界各力量中心发展不均衡的前提下，多极化体系本身相当稳定。多极化世界是建立在全球化某一阶段基础上的，不仅建立在强化了的各力量中心相互依存的关系之上，而且还建立在这些中心在经济与科技相互隔绝的条件下无法生存的基础之上。②

二、西方语境下的"多极世界"

与"自由国际秩序"的理论所发挥的实际功能和历史地位相比较，"多极世界"并没有像前者那样已有了从理论构想的提出、实施、修正，包括受到严峻挑战这样百多年时间的经久积累。在第二次世界大战之后，尤其是冷战结束后的相当一段时间里，"自由国际秩序"成为西方和美国主导世界事务的制度基础。而到

---

① ［俄］普里马科夫：《没有俄罗斯，世界会怎样？》，第 7 页。
② 同上书，第 3—12 页。

20 世纪 60 年代的后期，基辛格以多极化的趋势为依据，调整大国关系；到冷战后的 90 年代中期，普里马科夫不仅重提，而且推动"多极世界"的构建，"多极世界"的实践有了长足的进步。但无论如何，"自由国际秩序"是一种实际运行了多年、其影响力遍及全球的基本制度。而"多极世界"目前还只是一种可供未来选择的方向，以及一种相对局部和补充性的制度构建的尝试。这两者有着基本的区别。问题在于，正当"自由国际秩序"面临严峻挑战的关键时刻，西方对于"多极世界"作何反响。

鉴于"多极世界"这一范畴所具有的高度现实政治含义，毫不奇怪，首先会有来自竞争对手的批评。2003 年，美国当时基于"单极世界"理念，大力推行单边主义战略。时任美国总统国家安全事务助理的康多莉扎·赖斯（Condoleezza Rice）曾声明道："多极化——这是一种竞争对抗的理论，用最糟糕的表述是，这是一种价值竞争。"换言之，按照赖斯的说法，多极化会导致大国间新一轮类似于冷战的、包含意识形态竞争的对抗。[1]然而，同样来自保守派阵营，但经验更为丰富的、被普里马科夫称为"才华横溢"的老资格战略家基辛格，在世纪之初所撰写的著作《美国需要外交政策吗?》一书中，就这样写道："美国应该意识到自己的优势在哪里，但与此同时，推行政策的时候应该意识到：世界上似乎还存在其他一些力量中心。"用普里马科夫的话来说，基辛格根本无法忽视现存的多极世界秩序这个事实。[2]

---

① ［俄］普里马科夫：《没有俄罗斯，世界会怎样?》，第 2—3 页。
② 同上书，第 10 页。

三、"新两极世界"的争议

随着国际局势的迅速变化和"多极世界"的实践推进，人们开始对这一理论进行进一步的思考，俄罗斯核心层精英对此也做出了自己的反应。

其中的一个重要方面，就是出现了笔者称之为"新两极世界"的辩论。本书认为，没有必要对一部分极端鼓吹重回对抗、漫无节制地挑动东西方对立、过于意识形态化、也缺乏理论深度的舆论再去作详细介绍。尽管这部分言论甚嚣尘上，但实际上，学术界和媒体界还是有很多学者认为，时过境迁，无论从国际环境、国际力量结构，还是国际主体的意愿来看，冷战时代的那种全面结盟、军事对抗、被高度意识形态化的局面并不那么容易被重复。

但是无论在东方还是西方，的确还是有不少非常资深的学者，倾向于"新两极世界"正在来临的观点。2008 年金融危机前，老资格战略家布热津斯基提出过"G2"的观点。知名历史学家尼尔·弗格森也提出过"中美国"的新词，以此描摹即将来临的中美共同发挥重要作用的新阶段。而近年来，比如来自俄罗斯的权威国际问题学者谢尔盖·卡拉加诺夫提出："世界从多极走向两极的趋势开始形成，一极以美国为中心，另一极在欧亚。中国看起来是后者的经济中心。然而只有在中国不谋求霸权的情况下，欧亚中心才能形成。"①卡拉加诺夫在这里指的是一个基于中俄合作的

①　转引自冯绍雷：《大历史中的新定位——俄罗斯在叙事—话语建构领域的进展与问题》，《俄罗斯研究》2017 年第 4 期，第 29 页。原文参见 Сергей Караганов. От поворота на Восток к Большой Евразии// Международная жизнь. 2017. №.5. С.6—18。

新力量中心正在出现。另一位美国资深专家、欧亚集团主席克利福德·库普乾（Clifford Kupchan）最近在北京举行的专业会议上还论证道："世界正在走向以中国和美国为核心的两极化。其中一个经得起实证检验的依据是，中美两家与排在后面的其他比较重要的政治经济大国间，在实力规模方面存在着巨大差距，凸显出中美两国地位的遥遥领先。"①尽管各国学界还有很多人并不认为所谓"新两极世界"就是当今的现实，但不容否认的事实是，认为世界正在走向两极化的观点和舆论，一直在激起人们的思考和辩论。

四、以"多边主义"取代"多极世界"？

与上述观点有类似之处的另一种主张来自俄罗斯。但该主张一方面强调要克服两极思维的惯性，同时又强调，应由多边主义来取代"多极世界"。这方面已经较为系统公开表达意见的，是俄罗斯国际事务理事会主任安德烈·科尔图诺夫。2018 年 6 月 26 日，这位俄罗斯资深学者在《全球事务中的俄罗斯》网站发表了题为《为何世界不会多极化》的长文。随后，该杂志 2019 年第一期以首篇的位置全文刊登了科尔图诺夫撰写的题为《在多中心和两极之间》的文章，再次表达了对普里马科夫"多极世界"构想的不同视角的阐述。

科尔图诺夫认为："至少在俄罗斯，多极化的概念依然是一种用来表达总体性的政治声明和对全球发展趋势所作判断时的折中性混合物。"他认为：在后苏联时期，俄罗斯关于世界秩序演变的

---

① 参见克利福德·库普乾 2020 年 1 月 11—12 日在清华大学国际安全研究中心所举行的高端国际研讨会上所做的发言。

叙事，是从两极（冷战时期）逐步过渡到"单极时刻"（20世纪90年代中期），并进一步向多极或多中心世界过渡。国际体系向多极化演变，在俄罗斯是被普遍公认的事实。从科尔图诺夫一直到普里马科夫，"'多极'和'多中心'这两个词在俄罗斯的官方和专家辞令中最常被交替使用，前者比后者更常见。含义上有细微差别，但这两个术语都强调现代世界的'权力中心'（两极和中心），而不是它们之间的沟通（如'多边主义'）"。①

　　科尔图诺夫的认识是：其一，在过去的20年中，多极化的概念未能成为一种具有组织和总结知识、聚焦、解释、观察、启发、交流、规范等成熟功能的科学理论②；也没有可靠衡量国际体系向多极化过渡的进展（或者倒退）的指标体系；更没有何时能完成从单极世界向多极世界过渡的可靠预测。其二，因社会历史条件和政治意识形态的深刻差异，以往多极体系（主要是1814—1913年欧洲大国关系体系）的历史经验，已经完全不能作为现代多极理论的基础。科尔图诺夫认为，一个关键的区别是：当年维也纳会议之所以达成妥协，主政者都是专制君主，而近百年来民意波动对政治家决策的影响越来越大。200年前亚历山大一世的宽容和梅特涅的远见，已经不大可能再被今人仿效。③其三，多极系

---

①　A. Kortunov, "Between Polycentrism and Bipolarity: On Russia's World Evolution Narratives", *Russia in Global Affairs*, 2019, No.1, pp.10—11.

②　S.W. Littlejohn, *Theories of human communication*, Belmont, Calif.: Wudthworth Publishing Company, 1994, pp.28—29.

③　Andrey Kortunov, "Why the World is Not Becoming Multipolar", *Russia in Global Affairs*, 29 June 2018, https://eng. globalaffairs. ru/book/Why-the-World-is-Not-Becoming-Multipolar-19642.

统内"极"的聚合驱动力，并没有得到经验性的证明。在科尔图诺夫看来，设想中的以地区大国为力量中心的国际架构，实际上并不成功。相反，地区大国的周边中小国家有着太多的离异、寻租、博弈，或者干脆是以邻为壑。其四，科尔图诺夫甚至自问："我们是否真有足够理由相信，世界的确在向多极化方向发展？能否断定，欧盟与十年前相比变得更加接近独立的一'极'？十年来非洲、中东或拉美更接近全球一'极'了吗？……我们无法断言世界正稳步向多极化方向迈进。"[1]其五，科尔图诺夫明确表示，倘若我们赞同国际体系中各国平等的原则，就应当放弃多极化构想的基础概念，从"多边化"寻找出路，以"多边"取代"多级"。"多极化世界由势均力敌的多个集团组成且寻求平衡，而多边化的世界则由兼容互补的多种制度组成。"[2]

　　科尔图诺夫的意见，可能并不仅代表他个人偏于"自由主义"立场的看法。另一位代表更为主流意见的学者、俄罗斯瓦尔代论坛学术委员会主席，同时也是俄罗斯外交与国防委员会主席的费奥多尔·卢基扬诺夫（Фёдор Лукьянов）认为："我们翘首以待的多极化模式虽然给俄罗斯带来了机遇，却未提供任何可靠保障，不确定性倒是成倍增长。换言之，我们需要从头再来，首先是要明确，将谋求何种地位，在这场竞争中究竟需要采取哪些不可或缺的方式（军事、政治、外交、信息）。我们是否具备上述所有工具。与此同时，在冷战期间为我们带来成功的方式，如今已具有

---

[1][2]　Andrey Kortunov, "Why the World is Not Becoming Multipolar".

明显的局限性。毕竟如今的世界已经迥异。"①

五、"单极世界"向"多极世界"的过渡将是一个很长的历史阶段

　　当今俄罗斯学界出现了关于多极化问题的另一种方式的修正。这一种意见认为，多极化进程还会延续，但这是一个延宕时间相当长的历史阶段。需要指出的是，这一表述并非一般学者。有人甚至引用普京的表述来强调这一修正，认为虽然普京一直强调"多极世界"的重要性，但在 2016 年瓦尔代论坛上，普京曾说："美国是一个超级大国，今天它可能是唯一的超级大国。我们承认这一点。"②科尔图诺夫对此的解读是，这意味着尽管多极世界是俄罗斯所设想的一种未来秩序模式，但是现在要说"单极时刻"已经被完全消除，还为时过早。2017 年，俄罗斯外交部长谢尔盖·拉夫罗夫谈到向多极化过渡时，也预计这种过渡将长期地持续下去。③遵循普里马科夫 20 年前的总体逻辑，拉夫罗夫提出："……时代的变化总是需要很长的时间，而且会持续很长时间。"在最近一次讲话中，拉夫罗夫再次强调，向多极世界的过渡将需要"几十年"，而且，其最终结果并不能被预先确定。④有关俄罗斯外交政

　　① Федор Лукьянов. Дом, который построил кто? // Огонёк. 24 декабря 2018. C.22.

　　② Путин В. В. Выступление на Заседании Международный дискуссионного клуба Валдай. 27 Октября 2019. http://kremlin.ru/events/president/news/53151.

　　③ Лавров: многие политики являются сторонниками теории управляемого хаоса. 11 августа 2017. https://tass.ru/politika/4477015.

　　④ "Lavrov Notes Polycentric World will Take Decades to Establish", *TASS*, 25 Feb.2019, https://tass.com/politics/1046245.

策和国家安全的若干官方文件都指出，经单极性从两极向多中心过渡是一个漫长的过程，并不是一个既成事实。例如，2016 年颁布的《俄罗斯外交政策构想》指出："现代世界正经历一个重大变革时期，其实质归结为多中心国际体系的形成……但是，向多极化的普遍运动并不排除旧的、主要是单极体系所具有的'暂时稳定'的时期。"①

普里马科夫本人曾具体地预言，到 21 世纪的第 2 个 10 年末或者在第 3 个 10 年之初，多极世界将普遍确立。②显然，普里马科夫对多极化前景的判断并未变成现实。对此，齐甘科夫提出的修正意见是，向多极世界的过渡将成为一个历史性的长期过程，比如，"后华盛顿体制的转型可能要延续到 2050 年"③。这一判断，与上述俄罗斯官方的表达比较相似。

值得思考的是，有关多极化进程将会持续很长历史阶段，即"多极世界"可能是若干个 10 年之后才会出现这一判断，是否仅仅是一个关于过渡阶段的持续时间问题？是否意味着对多极化现象本身有了更为深切的洞察？抑或是对未来国际体制的转型这一件事本身有了更新的理解？无论是从多极化转向"新两极世界"，还是转向另一方向的"多边主义"，似乎体现着人们对于多极化的概念与瞬息万变的现实世界的相互关系的努力探寻。不管怎么说，这至少意味着人们希望更从容地思考和应对这一重大而复杂、又

---

① Концепция Внешней Политики РФ, утверждена Указом Президента Российской Федерации от 30 ноября 2016 г. №. 640. http://www.kremlin.ru/acts/bank/41451.

② A. Kortunov, "Between Polycentrism and Bipolarity: On Russia's World Evolution Narratives".

③ Andrei Tsygankov, "From Global Order to Global Transition".

从未经历过的全球性变局。

第三节　基辛格的担忧与期待

"自由国际秩序"虽然饱受批评，但这一西方观念形态已经成为在广大范围内实际管理世界事务的基本制度和规范。"多极世界"思想虽然并未占整个国际格局的主导地位，但也已经局部地转化为新兴国家群体参与当今国际治理体系的重要组成部分。那么相比之下，基辛格对世界秩序思考的意义何在呢？从形式上看，虽然没有伊肯伯里"自由国际秩序"那样一类制度化的叙事，当年提出的"多极化"也仅是基辛格对国际发展趋势的一种描述，但问题在于，他通过对于数百年来世界秩序构建跌宕起伏的复杂历史的思辨和总结，提出了一系列有关的原则、路径、功能、取向等关键问题，其铺陈之老到、思想之深刻，恐怕当今学界难出其右。尤其是当"自由国际秩序"和"多极世界"理念都沉浸于当下的无尽争议，又折射出其后五花八门的思想谱系和利益背景而难得要领之时，有必要重新回到基辛格，从他那几乎身兼国际史专家而又是一人之下、万人之上的决策者这种独一无二的特殊积累中，从他既是一位公认的现实主义均势理论的崇尚者，又被认为是一位理想主义者的思想考量中①，从他毫无疑问是美国主导

---

① ［英］尼尔·弗格森：《基辛格：理想主义者》，陈毅平译，中信出版社2018年版。

世界这一理念的推动者，但又极力主张当今世界需要多元包容合作的超越折中的立场中，去寻求借鉴。概括地看，了解基辛格眼中的世界秩序问题，应关注以下几个方面。

一、基辛格眼中的"世界秩序"及其当今特点

在《世界秩序》一书中，基辛格提出了"三个层面的秩序问题"。首先是"世界秩序"。他认为："世界秩序反映了一个地区或一种文明对它认为放之四海而皆准的公正安排和实力分布的本质特征所持的理念。"基辛格这里所指的"世界秩序"，并不是一个已成为全球大一统规制系统的实际格局，而是西方和非西方地区各方有关国际社会未来发展模式的构想，是一种观念形态。这种观念形态来自各方，因而它是复数，而不是单数。其次，关于"国际秩序"，他认为："国际秩序是指在世界上很大一部分地区——大到足以影响全球均势——应用这些理念。"与"世界秩序"不同，基辛格这里所说的"国际秩序"，反倒是指已经形成的、未必覆盖全部，但具有全球性影响力的均势结构基础上的体制性秩序。然后是"区域秩序"，这里的"'区域秩序'指同样的原则用于某一具体的地理区域"。换言之，基辛格所指的"世界秩序"范畴，是包括西方和非西方在内的各主要权力中心所追求的理想秩序模式。而"国际秩序""地区秩序"则是上述观念和经验在全球和地区层面的实际制度与规范构建。这样一种划分至少表明，在"世界秩序"这一问题领域中，尚有主观的理想模式和客观上已经实际形成的模式之间的复杂博弈。①

---

① ［美］亨利·基辛格：《世界秩序》，序言，第Ⅷ页。

　　基辛格认为，当今国际秩序的构建与以往不同的特点在于，第一，"世界混乱无序，各国之间却又史无前例地相互依存"①。他对"种种不受任何秩序约束的势力是否将决定我们的未来？"的这一发问，表明了他对"失序"的深重担忧。②第二，基辛格敏锐地察觉，当今时代"不顾一切地追求一个世界秩序的概念"，但是又存在着"不同类型的世界秩序"的诉求③。在他看来，世界的无序，并不在于秩序的缺失，而恰恰在于追求"不同类型的世界秩序"的诉求之间的竞争。他深深质疑："具有不同文化、历史和传统秩序理论的各个地区，能够维持任何共同体系的合法性吗？"基辛格指出，"国际社会"一词使用频率之高超出以往任何时候，但从这一词语中"看不出任何清晰或一致的目标、方式或限制"④。第三，基辛格指出，越是"在一个即时通信和政治剧变的时代"，越是要"采取一种既尊重人类社会异彩纷呈的特点，又尊重人与生俱来对自由的渴望的做法"。没有自由的秩序，"最终也会制造出自己的反对派"，但另一方面，"没有一个维持和平的框架，就不会有自由，即使有也难以长久"。在基辛格眼中，秩序与自由是"人类体验的两个极端"⑤。他对于1648年威斯特伐利亚体系和1814年维也纳体系的高度肯定，正是基于这两条原则的兼顾。而他对于威尔逊主义的批评，也恰恰在于威尔逊"创立了一个仅靠呼吁遵守共同原则来维持的国际体系"，而"权力诸要素要么无人理睬，要么混乱不堪"，因而"很少有一份外交文件像《凡尔赛

---

①②③　［美］亨利·基辛格：《世界秩序》，第9页。
④　同上书，序言，第Ⅷ页。
⑤　同上书，序言，第Ⅷ页。

和约》那样在达到自己的目标上如此失败"。①他认为，第二次世界大战以来美国历任领导人对于构建世界秩序的贡献，都是"权利与合法性相平衡"的体现。②

二、合法性与权力的平衡——国际秩序延续和更替的核心

在基辛格看来，"合法性与权力之间的平衡"是一项核心原则。其中有两个问题值得关注。第一，何为"秩序"？他认为："求得秩序两方面（权力与合法性）的平衡是政治韬略之本。"基辛格强调："多元化成了世界秩序的特点。"③他指出，历史上欧洲国际秩序"催生了近代世界的智慧：避免对绝对价值做出判断，转而采取务实的态度接受多元世界，寻求通过多样性和克制渐渐地生成秩序"④。也就是说，在基辛格眼中，多元化前提下的价值包容，是形成秩序的重大原则。但在另一些地方，他也把"世界秩序的最终本质"视为由"大国间雄心碰撞所决定"的，认为"只有取得地缘政治的胜利，人类价值才能得到最好的维护"，⑤似乎把现实主义的实力原则置于突出地位。但即使在这种情况下，基辛格还是非常欣赏梅特涅的见解："秩序与其说产生于对国际利益的追求，不如说产生于把本国利益与他国利益相结合的能力。"⑥比起简单化地强调权力关系，基辛格更重视各国之间的

---

① ［美］亨利·基辛格：《世界秩序》，第97—98页。
② 同上书，第16页。
③ 同上书，第3页。
④ 同上书，第11页。
⑤ 同上书，第332页。
⑥ 同上书，第85页。

"均势"；而多元化的价值包容也需要以均衡的权力配置为基础，这才能形成秩序。

第二，基辛格一再使用的"权力与合法性"，指的究竟是什么？在基辛格的语境中，"权力"这一范畴不仅是指实力、暴力、军事力量等含义，有时还指实力的均衡和实力的多样化、多极化。"合法性"这一范畴的使用更值得关注。除了一般将"合法性"理解为被确立的意识形态原则、得到共识的制度规范这些含义之外，基辛格在描述罗斯福对国际秩序的看法时，比较明确地提到罗斯福"希望和平建立在合法性上，也即基于个人之间的信任、对国际法的尊重、人道主义目标和善意"。可见，基辛格对于"合法性"的理解，还是不同于一般人的见解。包括像国家元首间的私人信任、伙伴关系、普遍善意这样一些范畴，也被他视作"合法性"的应有内容。有时，他把"合法性与权力"，表述为"道德惩戒"与"暴力使用"两个方面，强调需要均衡二者，不可走极端。①

基辛格强调："秩序永远需要克制、力量和合法性三者的微妙平衡。"他强调，任何一种秩序离不开"原则"与"均势"："一套明确规定了允许采取行动的界限且被各国接受的原则，以及规则受破坏时强制各方自我克制的一种均势。"②

三、"合法性与权力的平衡"为何不能够轻易实现？

基于多年实践，基辛格深知"合法性与权力之间的平衡极其复杂"③。他指出，合法性和权力均衡的建立，都是有条件、而非

---

① ［美］亨利·基辛格：《世界秩序》，第 481 页。
② 同上书，第 18 页。
③ 同上书，序言，第 XIX 页。

自动形成的。他说，当今世界不会"在某一时刻自动地融入一个平衡、合作的世界，甚至融入某种秩序"。在基辛格看来，国际秩序变更或危机只能发生在两种情况之下："要么重新界定合法性，要么均势发生重大变化。"他指出："当支撑各种国际安排的价值观被根本改变时（或是被负责维护这些价值观的国家遗弃，或是被推翻，代之以全新的合法性概念），就会出现第一种倾向。""尽管这些挑战以武力为基础，针对的是资源分配的不公，但是，其核心是指向观念和心理层面的价值体系。"第二种情况，则是权力关系的重大变化。基辛格说，或是原有权力关系重要组成部分的塌陷，如苏联崩溃；或是新兴大国"不愿扮演它未曾参与设计的体系分配给它的角色，现存大国也许无力对这一体系的平衡做出调整，以包容它的崛起"。他不无担心地认为，两次世界大战的发生即由此而起；当今大国关系急剧变化也预示着这样一种权力关系的重组。[①]目睹了当代国际社会的合法性与权力关系的严重失衡，基辛格警告说："一种国际秩序的生命力，体现在它在合法性和权力之间建立的平衡，以及分别给予两者的重视程度。无论合法性还是权力，都不是为了阻止变革，两者相结合是为了确保以演进的方式，而不是通过各方赤裸裸的意志较量实现变革……一旦这一均势被打破，种种束缚随之消失，各种贪得无厌的诉求和狂人就会纷纷出笼，继而天下大乱，直到建立一个新的秩序体系。"基辛格的警示值得三思："当今世界，需要有一个全球性的世界秩序。一些历史上素不相干、没有共同的价值观（只是彼此

---

① ［美］亨利·基辛格：《世界秩序》，第481页。

保持距离而已）、只认自己实力的实体，更有可能带来冲突，而不是秩序。"①

第四节　争论中的未来世界秩序

从本章所介绍的这三种来自不同背景和立场的国际秩序理念，可以明显地看出，它们之间并非没有若干趋于接近的，或者是可以作为对话的空间。但是，又必须承认，达成共识何其艰难。这里有几个问题值得探讨。

一、西方和新兴国家间在关键决策领域合作的可能性

伊肯伯里阐述"自由世界秩序"理念，以及普里马科夫"多极世界"思想的重要内容，就在于探讨：在秩序延续与转型过程中，关键决策领域的西方与新兴国家间能否合作共存。这一假设在当时的实践中并非没有重要反映：就在伊肯伯里写作这份美国版世界秩序报告的差不多同时，当时的美国总统奥巴马与法国总统萨科齐一起，经过与中国等新兴国家领导人的磋商，在 2008 年金融危机背景之下，将协商世界经济政治重大问题的重要国际机制，从七国集团改为二十国集团，从而完成了国际秩序转型中决策程序的一个重大演进。究其原因，一方面，基辛格说得明白：

_____

① ［美］亨利·基辛格：《世界秩序》，序言，第XIX页。

"建立具有建设性的世界秩序最根本的原因在于，现在没有哪个国家，无论是中国还是美国，能够像美国在冷战刚刚结束、在物质和心理上独步全球的时候那样，单独担负起领导世界的责任。"基辛格主张："任何一国都不可能单枪匹马地建立世界秩序。"①而在笔者看来，另一方面的客观背景在于，在全球化进程欲罢不能的背景下，与其说当今世界是一个"极化的世界"，亦即人们常说的"单极""两极""多极"，诸如此类，还不如说，在全球化时代的经济、科技和信息条件之下，你中有我，我中有你，当代世界前所未有地变成了一个"网结世界"。"极化世界"与"网结世界"的区别在于，当代世界的各个"极"，虽然依然是一个观察实力变化的重要向度，但是已远远不像四五十年前那样，各"极"之间可以互相隔离而不相往来。相反，产业、价值、信息、人文等各种各样的"链接"已使得各国、各地区、各种文明相互间的关联性，远比实际上难以真正计算的各个"极"的力量消长状态更为重要。因此，任何一个国家想轻而易举、来去自由地"脱钩"，也都不会那么简单和容易。

二、历史借鉴与现实经验可以为秩序转型提供路径

鉴于国际秩序的延续与转型高度复杂艰难的特点，基辛格说："重建国际体系是对我们这个时代政治家才能的终极挑战。"②但是，历史与现实依然是未来国际转型的最好的老师。第一，多元共存的主张，实际上是得到从 1648 年《威斯特伐利亚和约》一直

---

①② ［美］亨利·基辛格：《世界秩序》，第 486 页。

到冷战后的国际体系发展的历史所见证的重要经验。威斯特伐利亚体系乃是 17 世纪欧洲内部多元化过程的一次实现。法国大革命后所出现的 1814—1815 年维也纳体系，乃是当时欧洲拥有不同文明、不同宗教、不同社会制度和不同国力的几个大国之间的一次合作共存，实现了后来恩格斯所说的"百年和平"的长期相对稳定。①而雅尔塔体系更是第二次世界大战后不同意识形态大国之间合作的一次重要实践，尽管冷战对抗破坏了多元合作，但是多极化、多样化、多元化发展的格局一直深刻影响着国际局势。

　　第二，历史上曾经经历过的多种国际秩序，无不为我们留下关于秩序延续和转型中各种有效功能机制的历史借鉴。比如，《威斯特伐利亚和约》安身立命的一个关键，按照基辛格的提示，在于其将国际规范视为复杂利益交织中的"中立性"的体现，这几乎是一个被当代人所遗忘的重要功能。"中立性"这一原则至少能避免为所谓"互相对立的价值标准"而相互残酷搏杀。又比如，维也纳体系后的大国协调机制，虽然今天大众参与的局面大大影响了外交决策，"秘密外交"已不可能如同当年般存在，但是大国间协调的原则，特别是通过政治领导人会晤的形式进行交往沟通、密切磋商，甚至不同程度的互相承诺，仍然是转型期一项非常重要的机制。再比如，雅尔塔体系所确立的大国政治决策，安理会犹如世界警察般的作用，尽管众说纷纭，却依然实用。伊肯伯里提出的等级制留存的可能性，还是取决于整个国际体系的设计，

━━━━━━━━

①　国际关系史界对此有争论，有人认为 19 世纪 60—70 年代德国统一战争期间已经打破均势，也有人认为，早在 19 世纪 50 年代的克里米亚战争中，局势已被打破。但是，19 世纪的国际格局因维也纳体系而维持较长时期的稳定，乃是历史事实。

而不是仅仅拘泥于形式上是否平等。包括冷战后形成的国际秩序，尽管在今天面临尖锐挑战，但是，这一秩序转型是有史以来第一次产生于和平、而不是出现在大规模战争条件之下，这是人类社会发展进程中所提供的一笔宝贵遗产，迄今值得世人珍惜。在"合法性与权力的平衡"这一原则之下，有太多历史遗产依然可以供今人发掘使用。

三、文明多样性基础上可能形成秩序共识吗？

对于这一问题的回答，基辛格并非没有保留。一方面，他主张："要建立真正的世界秩序，它的各个组成部分在保持自身价值的同时，还需要有一种全球性、结构性和法理性的文化，这就是超越任何一个地区或国家视角和理想的秩序观。"①但是，他具体回答这一问题时，含蓄地提到了《威斯特伐利亚和约》的成功签署，得益于当时两百个来自欧洲各方的名不见经传的小人物的共同努力："他们之所以克服了重重障碍，是因为他们都经历了惨烈的'三十年战争'，决心不让战争重现。我们这个时代的前景更加严峻，必须应势而动，否则就会被挑战吞没。"②但是，当年欧洲在有限的范围内，而且在近似的文化基础上达成的政治妥协，能否在今天各种距离遥远，甚至经历了上千年互相敌对的历史悠久而十分辉煌的文明之间重现？今天人类能否重现当年的克制、宽容、理智和远见？基辛格在表达对当今国际秩序深切担忧之时，对此并没有给予明确的回答。

---

① ［美］亨利·基辛格：《世界秩序》，第489页。
② 同上书，第490页。

可能正是基于这种担忧，基辛格并没有忘记提醒，"美国的领导作用始终不可或缺"。他甚至强调："除了美国，没有其他大国能把改善人类境遇作为战略目标之一。"①但他在强调美国的领导作用时，还不忘发出警告：虽然美国"一直寻求保持稳定和倡导普世价值之间的平衡，但这种平衡并不总是与不干涉主权或尊重他国历史经验的原则相吻合"②。在这里，人们看到一个智者在向世界提供建议的同时，并没有忘记提醒美国会向国际社会索要的代价。然而，美国究竟能否担当这一角色？人们记忆犹新的是：冷战结束之初，当时执政的共和党提出"单极世界"的主张，明白地表露出美国想成为"同心圆式"的世界秩序的中心。而 2008 年金融危机后，民主党人奥巴马也提出了美国还要领导世界一百年的豪言壮语。但是，特朗普上台后退出国际多边合作机制，视中俄为最大的竞争对手（有时近乎"敌人"），以美国利益至上的口号取代作为领导者国家的国际责任，强调单边主义、重商主义、民粹主义，刻意淡化意识形态原则。似乎与现行国际体制"脱钩"，才是美国的选择。正如基辛格所说，"在塑造当代世界秩序方面，没有哪个国家像美国一样发挥了如此决定性的作用，也没有哪个国家参与世界秩序的态度令人如此难以参透。美国笃信自己的道路将塑造人类的命运，然而在历史上，它在世界秩序问题上却扮演了矛盾的角色"③。

面对如此矛盾的局面，既然已经不能重回历史老路听凭一个

---

① ［美］亨利·基辛格：《世界秩序》，第 430 页。
② 同上书，第 486 页。
③ 同上书，第 305 页。

互相残杀的国际无政府状态重现，也不能够相信任何救世主，抑或世界霸主会拯救人类，那么就只能相信，经由人类的良知，事在人为，去争取实现一个和谐安宁的世界。

从悲观论的、反思的立场来看，可能还应回到基辛格，即人类只是在面临灾难与毁灭的深渊面前才会悬崖勒马，去寻求共存之道。《威斯特伐利亚和约》的签订是由于可怕的三十年战争，维也纳体系的诞生是出于反对拿破仑发动的颠覆欧洲秩序、推广革命的全面战争，雅尔塔体系的确立是由于 20 世纪人类饱尝两次大战的断崖式悲剧，而晚近冷战格局的终结，则是出于人类从切尔诺贝利核电站爆炸造成巨大伤害中预感到的核恐怖时代全面对抗性冲突可能带来的灾难。换言之，几乎任何一次国际秩序的重大转型都源自当时人们对战争或灾变的恐惧。

从乐观主义的国际演进的观念来看，第一，人类命运共同体的多元共存思想是每一次国际秩序演进中所积累起来的宝贵财富。第二，在"权力与合法性的平衡"基础上构建国际秩序的一系列行之有效的非排他性规则，如规则的中立性、价值标准的非绝对性、程序的渐进性、行动规划的务实与可预见性，以及唯有人类才有能力构建的平等对话的公平性，等等，明智的政治家可以借此推进多元文明的合作与团结。历经多年冲突对峙后的美俄关系正在酝酿的对话突破，中美经过艰难谈判终于达成第一阶段贸易协议，这些都表明，即使在当前一片朦胧混沌的国际格局中，依然可以对多元并存的前景抱有谨慎乐观的期待。

2017 年，笔者在瓦尔代论坛上曾有幸请教普京总统，在经历了人类社会诸多国际秩序模式之后，如何看待未来的国际秩序模式。普京充满自信地回答说："当今世界面临着如此丰富复杂的变化，经济科技如此高速的发展，我们怎么能够想象，今后国际秩序还是以前任何一种国际体制的简单重复？我认为，今后的国际秩序一定是和以前任何一种国际秩序不一样的重新构建。"[①]笔者以为，对未来世界无限发展与变化前景的敬畏和预期，以及对人类参与构建未来秩序的丰富想象力和创造性的坚定信念，是对多样性文明能够形成秩序共识的一个难以撼动的总体理性基础。诚如鲁迅所言："这正如地上的路，其实地上本没有路，走的人多了，也便成了路。"

第五节　"全球转型"背景下的"2024 议程"

安德烈·齐甘科夫是提出"全球转型"这一问题的重要学者之一。他认为，关于大规模全球性变化的讨论虽然非常活跃，但始终没有取得共识。他从几个方面来观察已经展开的辩论过程：一些学者从现有国际秩序的延续或更新改造的角度来看待这一问题，比如，前面提到的伊肯伯里、基辛格、林德（Jennifer Lind）和沃尔福思（William Wohlforth）等。但是，这些来自不同地区与文化的不同力量之间的关系具有怎样的动态性质？他们之间的相互认知多大程度上会导致冲突，抑或反过来趋于取得共识？特别是各大国间

---

① 在 2017 年瓦尔代论坛上笔者与普京总统的对话。

很不相同的国内进程正在如何作用于"全球转型"？所有这些问题都还没有能够得出令人满意的结论。而关键在于，倘若只是从外部结构，或简单地引用历史先例来寻找未来世界秩序发生与演进的轨迹，比如就像耸人听闻的"修昔底德陷阱"这类话题那样，是否能够如愿以偿？同时，齐甘科夫在研读了关于俄罗斯和当代全球性转型进程相互关系问题的文献后说，尽管近期以来萨科瓦、卡拉加诺夫、雷丁（Andrew Radin）和里奇（Clint Reach）等所提供的文献，已经和近 30 年来国际学界的所谓"转型学者"所写的关于向自由民主体制过渡的"转型研究"作品有了很大区别；但是既有研究还是非常有局限性。特别是在西方民主体制本身已经出现一系列问题，而原有的转型研究一向以西方为楷模的背景下，显然再也不能像 30 年前那样，盲目地坚持以"逆转科学共产主义模式"为目标的所谓"转型研究"，而全然不顾当今"转型中"的国家与地区的现实已经发生的深刻改变。于是，齐甘科夫认为，应该在：（1）总体国际秩序转型；（2）秩序转型背景下的国际关系；（3）国内制度变迁与上述两者的相适应，这三者相互结合的视角下，展开对问题的讨论。在他看来，对俄罗斯而言，有赖于以下三个方面的综合：为建立新世界秩序所做的努力；为维护在这个世界上的巨大利益所做的非对称性抗衡；以及为实现上述两个目标在国内必须推进的改革。①

实事求是地说，世界上还没有一个大国可以轻松自如地应对当今世界的种种内外挑战，对俄罗斯而言如此，对美国同样如此。

---

① Andrei Tsygankov,"From Global Order to Global Transition".

2020 年初，围绕着俄罗斯政府改组和普京提出宪法修正案的一系列重要部署和广泛讨论，显然首先旨在着手解决当下社会经济的紧迫挑战；同时，又顺理成章地指向 2024 年现总统任期届满之后的中长期政治经济安排。本节将这一进程命名为"2024 议程"，不光意在说明 2024 年对于俄罗斯的重要意义，而拜登以 78 岁高龄当选美国总统之后，如何面对 2024 年的美国下一任总统大选，尤其值得高度关注。可以毫不夸张地说，像俄罗斯这样将当下困难问题的处理与未来长远发展的部署有机地加以联系，将本国内部事务的转型与未来世界发展的潮流相互衔接，的确值得加以关注。而尤其需要关注的是，在 2024 年内发生的政治领导更替进程将如何左右美俄两国和世界局势。

一、中短期的俄罗斯外交战略

由于上文已经对世界秩序问题有较多分析，笔者将简要阐述这一背景下的俄罗斯对外关系及国内政治经济进程。先来看俄罗斯对外关系发展的前景与部署。

俄罗斯外交事务委员会资深研究员伊万·季莫费耶夫（Иван Тимофеев）主编的《全球预测 2019—2024》，可能是俄罗斯方面与"2024 议程"这一话题关联最为直接的一部作品。①该作品重点研究世界秩序激变形势下的中短期预测。季莫费耶夫认为，在黑天鹅频出的如此动荡的时期，中短期预测要比长期预测困难得多。季莫费耶夫就未来四五年世界秩序的动态变化提供了以下四种前

---

① Глобальный прогноз РСМД 2019—2024：Сборник. Российский совет по международным делам（РСМД）. М.：НП РСМД6, 2019.

景分析。

第一种前景，自由世界秩序的转型：重回特朗普掌权之前的美国全球领导地位，方针是对盟友与伙伴关系中严格的实用主义、毁坏经济上不利于美国的所有体制与机制、以民族利己主义来代替国际责任。内政是这类政策的触发器，因为特朗普正在全力以赴旨在实现 2020 年总统连任。问题在于，这样的政策非常可能在政治变动中被重新替代。一旦特朗普竞选失败，将会出现以下变化：（1）大西洋关系得到巩固，与亚太盟友的防务合作会加强；（2）重启美国与亚太和欧洲的自由贸易区项目；（3）谨慎处理对华关系，在对华暂时妥协的基础上集中精力对付俄罗斯；（4）对俄罗斯施加集体的经济与防务压力；（5）在对伊朗施压的前提下有选择地参与中东事务；（6）增加对乌克兰的经济与防务支持；（7）保持单极经济优势。这样的发展趋势显然对俄罗斯不利，孤立和潜能削弱会继续，迫使俄罗斯或是大幅增加军事开支穷于应对，或是在没有任何保障的前提下与西方妥协，实际上是使俄罗斯丧失平等对话的地位，沦落到投降的境地。"集体的西方"会觉得自己有能力迫使俄罗斯就范。

第二种前景，新多极世界：这一前景发生在美国转向务实单边主义路线难以被逆转的情况之下。俄罗斯与中国相互独立地发挥作用，印度偏于传统的自治方针，欧盟对美国单边政策的不满导致其独立倾向增长，企图恢复前特朗普时期的自由国际秩序的努力失败。于是新多极世界表现出以下态势：（1）在欧盟自治趋势抬升之下，北约仍得保持对俄罗斯实行遏制；（2）由于腐败和体制无能，乌克兰前景灰暗；（3）以美国为中心的若干地区贸易体制举步维艰，地区玩家自行其是；（4）中国的实力增长，谨慎处理与莫斯科的伙伴关系，不转向军事同盟，中美冲突受到控制；（5）伊朗适应美国制裁，在中东事务中俄罗斯发挥积极作用，中国也增加参与度。对俄罗斯来说，新多极世界的前景更容易被接受。俄罗斯有了与伙伴们周旋的更大空间，对孤立俄罗斯的企图的抵制能力增强，会有更多运作海外外交资产的可能性。但处于这种新多极世界，一点也不比与"自由世界秩序"打交道省力，玩家们各顾自己，谁也不能犯错，否则在内政上引起的后果代价巨大。

第三种前景，两极世界的恢复：这一前景发生在中美冲突激化的情况下，美国因中国科技进步和变成国际军火市场的有力竞争者而加大对华压力。中美矛盾不可逆转：贸易冲突变成了经济制裁，亚洲武器竞赛加速。中美两大国的尖锐冲突刺激着原来盟友关系的巩固，并新增盟友参与。其中：（1）美国联合亚洲盟友日本、韩国等，旨在加强安全领域的分担责任；美国还旨在与印度和越南建立"软盟友关系"；（2）俄罗斯与中国建立的针对美国的军事—政治联盟得以全面加强；（3）由于对美国的战略依附关系，欧盟丧失独立性；（4）中国在支持俄罗斯在中东、非洲、拉丁美洲等地发挥积极作用的同时，提出自己的相关发展模式。这一前景对俄罗斯的好处是，有保障地克服了被隔离孤立的状态，由于伙伴关系运作而稳固了自己的安全性。但是这些好处也带来缺点：丧失了回旋余地，成为中国的伙伴后，可能会对其出现过多的战略依赖。

第四种前景，丧失稳定并且各关键力量中心之间发生冲突：

这一冲突前景仅可能由于偶然或局部原因所导致，一旦冲突扩大会导致严重后果。特别是大国间冲突由于动用盟友关系和资源规模，会进一步刺激政治经济形势的紧张。这一前景可能的触发因素：（1）在叙利亚、黑海和波罗的海等美俄双方都有参与的敏感地区，冲突易于升级；（2）针对军事和重要基础设施的计算机系统，与军事冲突有关的数字领域；（3）中美在南海爆发摩擦与美俄间冲突相比，一般尚可控制，但不排除冲突的迅速升级；（4）对于有关行动和意愿的单方面解读（比如，对于重大军事演习），以及企图先发制人的侵略行动。

虽然所有这些前景预测都会受到具体条件的局限，但在季莫费耶夫看来，新多极世界的发展模式尽管也需要付出代价，但对于俄罗斯最为有利。因为在这一前景下，多向度政策运用、自由回旋的余地、运用外交政策来解决国内发展的任务，依然是俄罗斯外交的最高使命。① 对于中短期俄罗斯对外战略来说，季莫费耶夫的评估不无道理。第一，在中短期立足于新多极世界的立场，最大限度地基于主权国家立场，保持独立自主的外交运作，发挥俄罗斯的大国优势，服务于国内发展的需要，这是俄罗斯的基本立场。第二，前述俄罗斯学界对于"多极化"问题的含义及其延续时段的反思，可能会成为此后 4—5 年间俄罗斯外交战略的一个特点：前一阶段，对于推进俄罗斯武装部队装备现代化已经做出了极大的努力，为下阶段俄罗斯争取与美国在战略武器领域的谈判和博弈提供了基础和回旋空间。而且俄罗斯对外战略会尽可能

---

① Иван Тимофеев. «Парад планет» в международных отношениях и сценарии динамики мирового порядка// Глобальный прогноз РСМД 2019—2024. C.6—11.

显示其弹性，在坚持强硬立场的同时，也不放弃一切谈判妥协以实现国家利益的机会。第三，俄罗斯外交在近年来实际上已经展示出一个与2014年乌克兰危机时期不尽相同的面貌：除了稳固俄罗斯在周边地区以及传统的伙伴关系以外，不仅围绕乌克兰问题的俄罗斯与欧洲之间的谈判既僵持，而又具多种发展前景；而且俄罗斯居然在受到西方严厉制裁、国内经济发展受到打压的形势下，跃出外线发展，在中东、亚太、拉美、非洲都有所伸展。显然这已经不能够以苏联时期的"全球扩张"这一简单的判断来描摹，而是一个尽管暂处弱势，但是通过搞活外交，以提振信心为宗旨，通过首先在中东、然后拓展至在全球布局，以精心选择的目标、有限的投入以及灵活多样的战略战术，广泛建立伙伴关系，也不排除与美国强硬对抗，这就需要在世界各关键地区打下楔子，以备长远之用。俄罗斯在叙利亚那样异常复杂艰难的环境中，能够一步步地站稳脚跟，以实力、智慧和信誉赢得了国际社会的认可，这是俄罗斯新时期大国外交的一个缩影。第四，俄罗斯力争通过这样的全局安排，在此后四五年内排兵布阵，以维护自己的大国影响力。同时，为在一个较长时期的世界秩序转型过程中，不仅是以"战斗民族"，而且也以昔日运作大国外交的丰厚积累，来赢得自己的地位和份额。

二、"全球转型"下俄罗斯的"危机国际政治经济学"

2020年初，普京总统通过及时改组政府、大力推动解决国内经济民生问题，提出以2024年为完成期限的12项直接事关民生的国家规划；同时提出宪法修正案，把改善当前社会经济状况与

2024 年前后是否推进政治更替等问题联系起来，以期统筹解决俄罗斯所面临的政治经济挑战。在全球转型的背景之下，要打造一个能够维持长治久安的欧亚大国，使一个曾经千疮百孔的经济走向稳定发展，对俄罗斯来说并非易事。第一，从经济上看，俄罗斯在过去 30 年里以十年为一个周期发生变化：1989—1999 年，是苏联经济崩塌和俄罗斯痛苦转型的阶段；1999—2009 年，是俄罗斯经济开始复苏增长的"黄金十年"，但在 2008 年国际金融危机的打击下，2009 年俄罗斯是二十国集团中滑坡最严重的国家；2009—2019 年在乌克兰危机和遭遇西方制裁之下，俄罗斯经济表现被经常持尖锐批评态度的人称作"失去的十年"。俄罗斯学者伊诺泽姆采夫（Владислав Иноземцев）认为，与其说俄罗斯目前的经济状况是由能源为主的结构性问题所导致的，还不如说是由于过于倚重国家储备基金，指望通过以国家为后盾的储备基金来推动经济所造成的。这最终导致了消费不振、私人部门萎缩。①现在的问题在于，俄罗斯能否在一个短时期内，依然在能源主导的经济结构之下，通过削弱国家支持、发展私人部门，来赢得迅速发展呢？20 世纪 90 年代"休克疗法"式的经济改革方案，就是旨在通过类似的路径来解决问题，结果却适得其反。对于这段历史，人们是否还记忆犹新？俄罗斯作为一个超大体量的国家，在其独特的自然人文条件之下，尤其在整整 70 年厉行政治经济集权模式之后，如何来发展市场经济，是否能够在一个短时期内就取得立竿见影的效果呢？看来，这一系列问题依然令俄罗斯精英百思而难得其解。

---

①　［俄］弗拉季斯拉夫·伊诺泽姆采夫：《俄罗斯：经济停滞的帝国》，《财经》2020 年年刊，"预测与战略"。

　　于是，犹如资深政治家苏尔科夫所言，对于一个"长久国家"的需求出现了。这是从国家政治建构的角度来看待俄罗斯当前走向的第二个问题。那么如何来强化国家建构呢？欧洲现代民主国家发端于欧洲式的民族国家体系和市民社会传统。但俄罗斯并不是一个欧洲式的民族国家，也不存在欧洲式的市民阶层基础。俄罗斯是一个延续了千年生命的宏大帝国。俄罗斯学习西方四百多年，习得大量政治经济与人文成果，但并没有使自己变成一个西欧式的民族国家。十月革命使俄罗斯走上了与西方决然对立的另一条道路，这使得俄苏国家建构与欧美相去更远。冷战终结，苏联解体，似乎有机会使其变成一个类似于欧洲国家式的政治单位，但是转型失败、地缘政治抗争加剧，使得这样的期待又告落空。与此同时，一个前所未见的"全球转型"开始了，先是新兴国家（包括老牌但相对落后的俄罗斯）崛起，西方本身根基动摇，出现了数百年未见的，尤其是来自西方自身内部的挑战，包括其国家建构。在这一大变动中，俄罗斯开始按其传统轨迹，构建理想中的"长久国家"，旨在以强劲而富于动员能力的国家建构，来解决复杂而尖锐的内外挑战。这一过程中，俄罗斯没有放弃将这样的"长久国家"置于独具个性的现代民主基础之上的尝试。多年来，普京一直对于苏尔科夫的"主权民主论"持谨慎态度，他认为："主权主外，而民主主内，两者是何关系，还值得深入研究。"①并

---

①　Стенографический отчет о встрече с участниками третьего заседания Международ-ного дискуссионного клуба «Валдай». 9 сентября 2006 года. http://www.kremlin.ru/events/president/transcripts/23789.

不如流传所说，普京支持"主权民主理论"。近年来，普京曾高度关注 2024 年后的宪政体制如何作妥善安排。其一，在统一国家不被分裂、大国地位不被削弱的前提下，如何既保持稳定，又同时推进民主。其二，无论俄罗斯议会在任命国家机构领导人的问题上是否会拥有更大的权力，俄罗斯仍然会是一个强有力的总统制国家。其三，普京意在通过全民公决的方式决定是否以及如何推进宪政改革。其意图显然在于：在"全球转型"的背景下，无论就国家内部建构而言，还是对国家间关系来说，采用更为国际社会所公认的政治安排，这是"合法性与权力的平衡"的一次重要考验。

最后的问题，"2024 议程"所透露出来的不仅是挽救经济的"经济学问题"，也不仅是政治经济一揽子推进的"政治经济学问题"，而是顺应世界秩序转型的大势，以国内政治经济改革应对国际变局的"国际政治经济学"问题。进一步言之，这也是一个应对不确定背景下危机丛生、挑战纷呈的"危机国际政治经济学"问题。其一，迄今为止，欧美国家依然流行的观念是：西方与中俄间不可逾越的障碍是价值观念的对立。虽然事实上无论东方与西方，民主、自由、安全、发展、独立、互相尊重，所有这些观念都是各国普遍追求的理念，但是东西方不同历史背景之下的不同道路、不同时间和不同方式实施这些理念所引起的歧见依然隔阂深重。在这样的背景下，俄罗斯"2024 议程"既明确强调维护主权，但又力图关注公意，努力超越和克服国际歧见，这一点值得关注。其二，具体而言，俄罗斯的"国际政治经济学"依然会坚定地推进多极化进程，但是在目标定位、实现方式和时间观念方面呈现多种选择。换言之，在相对宽松有利的国际环境下，俄未必过多强调多极化目标；如若相反，俄必将以"多极化"为武器展开抗争。今后这几年中，俄罗斯是否能够超越"危机应对式"的外交战略阶段，进入一个新的面向全球排兵布阵的格局；抑或是关注全方位的"权力与合法性的平衡"——既有政治与经济的均衡，兼顾俄罗斯本身处境与大国之间的均衡；抑或是在面临巨大外部压力的情况下，冲破常规，不顾一切地进行国际抗争。2024 年前的这几年，显然是人们观看俄罗斯这一幕大戏的一个重要阶段。①

---

① 本章内容曾以《"自由国际秩序"、多极化与俄罗斯的"2024 议程"》为题发表于《俄罗斯研究》2020 年第 1 期，第 3—38 页。经修改补充载入本书。

结束语

2020 年末至 2021 年初，拜登执政，美俄《新限制战略核武器条约》续签，英国协议"脱欧"，中国签署《区域全面经济伙伴关系协定》（RCEP）、中欧投资协定，并宣布争取加入《全面与进步跨太平洋伙伴关系协定》（CPTPP）。世界局势似乎出现了一线调整与缓和的机遇。但与此同时，国际疫情仍然在延续，世界经济低迷与地区的、各国内部阶层间的差距还在持续扩大，尤其是关于大国间抗争的预言还时不时惊扰着这个多灾多难的世界。这些变化表明：自特朗普时期大国关系一度"脱轨"后，世界来到了一个究竟是会有所调整、趋于缓和，还是持续对抗、进一步趋于高度动荡的十字路口。

一、全球转型的"再转型"

伴随 20 世纪 80 年代开始的全球化，一个包蕴宏阔的全球转型进程随之降临。当代全球转型，指这样的"三位一体"：（1）各国内部体制转型；（2）国际秩序改革与重组；（3）作为内外变迁连接物的对外政策与战略。

全球转型可分为几个阶段：世纪之交之前全球转型，以欧美为导向。从世纪之交一直到 2020 年，全球转型逐渐转化为一个多元、多样、多极的新发展阶段。这两个阶段分别用了 20 年左右时间，共约 40 年。与前相比，当前全球转型的"再转型"阶段可能具有以下演进趋势。

第一，内部危机与对外竞争进一步错纵交织。世纪之交进入危机多发期后，冲突频率加快、烈度提升，且像病毒一样，从东方向西方蔓延。先是科索沃危机、"9·11"事件、伊拉克战争、2008 年金融危机，这是第一波。而后是"阿拉伯之春"、叙利亚与乌克兰危机，这是第二波。到第三波的地区危机，已向欧美延伸。欧洲难民危机、英国脱欧，直到美国大选后国会山暴乱。这表明世界霸主本身已成为危机和动荡中心。这样的局面下，美国将花巨大精力应付国内对峙的"特朗普后遗症"。拜登首次对外政策声明在宣布美国回到世界领导地位的同时，强调："我们在国外采取每一项行动时，须将每一个美国工人家庭放在心上。服务于美国中产阶级的对外政策，首先应当聚焦于我们国内的生态——经济恢复工作。"在此同时，欧盟亟须调处英国脱欧后的内部问题，而欧盟支柱德国亦面临"后默克尔时期"的内部挑战。俄罗斯将面对经济下降与实施"2024 议程"的严峻考验。然而，关注内部事务，完全不意味着放弃对外抗争。美国仍以中俄为主要对手，态度依然强硬，虽掣肘过多、力不从心，但仍可能以拉帮结派遏制中俄，以强化对外抗争来赢得国内党争中的胜出。

第二，"再转型"时期的动荡风险，意味着坚守和平选项的必要与可能。当代冲突与战争风险来源于：（1）结盟对抗；（2）意识形态偏见划分世界；（3）妖魔化和羞辱竞争对手；（4）挑拨离间破坏稳定与侵犯主权；（5）强权霸凌等等。基辛格预言，中美若无合作基础，将爆发类似于第一次世界大战的风险。但是，事实表明，以联合国为核心的国际体制基础，大国关系（特别是大国三边关系的活跃）和中国签署 RCEP、中欧投资协定等区域合作等的一系列推进，尤其是普遍不愿意选边、不结盟和奉行中立的国际意愿，包括中美元首多次沟通，探索如何划定"红线"，这些基本因素与趋势，都意味着制约战争冒险的可能性。"再转型"期的高度风险并不排除逐步积累、转危为机的和平选择的国际机遇。

第三，新兴力量赶超欧美节奏加快，总体而言，对华需求与制约并存。虽然全球化受阻、世界经济下行，但文明、地理、气候、人口等长时段因素凸显，助推东西方力量对比变化。世界重心加快向亚洲转移。新兴国家与欧美在世界事务中的权重，从犬牙交错、日益接近，已经发展到经济总量赶超可期。新冠肺炎疫情下各国对华需求激增，证明合作大势不可阻挡，同时既合作、又激烈竞争的复杂局面也势必长期并存。

第四，"再转型"阶段，无论东西，新兴经济体与欧美都面临着紧迫而艰难的国内治理体制改革的需要。其一，内政入手、解救危机的历史惯性能否重现？引人高度关注。20 世纪 30 年代的大萧条，美国从罗斯福新政入手，改革内政，才克服危机，振兴国力，然后取得第二次世界大战胜利。20 世纪 70 年代末的大危机中，英美以"私有化"改革内政，才走出危机，并掀动了全球化进程，取得引领世界潮流的先机。所以，能否从内政入手、不去过度对外挑战，2021 年后的若干年是一个重要窗口期。其二，能否由内而外，走向大国协调的前景并不确定；2008 年危机后七国集团走向二十国集团的重大结构变化也是难以再现，说到底，西方寻找外敌来弛缓内部分裂的惯性，很难根除。但是大国间争取宏观政策协调——从共同抗疫、协调经济下行期的经济，乃至相互借鉴如何处理政府间和垄断大企业之间关系这样的尖端话题等——大国互动依然有很多可寻觅的机会。

第五，"再转型"期的国际发展方向未定，但秩序演进的历史逻辑有例可循。与人类历史上的每一次国际秩序更替相比较，1648 年威斯特伐利亚体系预示着"欧洲内部多元化"的诞生。1814 年维也纳体系是英、俄、奥、普等"多文明、诸帝国共治"的确立。第二次世界大战以后的雅尔塔体系，证明了超越意识形态的"美、苏、中、英、法"大国共处阶段的来临。总之，日益走向多元化、多极化、多样化，同时始终会形成力量中心，几乎是世界秩序每一次更替的选择方向。因此，21 世纪的世界秩序转换，也依然可能最终走上这一历史轨迹。

第六，危机处理的战略战术，成为"再转型"期大国互动较量的重要方面。总结全球转型中、特别是"再转型"以来的危机处理案例，可以发现：美国的内外战略，相当程度上起自冷战终结后"单极世界"理念导引的过度扩张，突出表现为北约东扩和"9·11"事件时的"认知偏差"与相关的危机处理方式。当时新保守主义思潮推动下的小布什政府，急于借反击恐怖主义攻击之机，以意识形态为纲，实行大规模全球扩张。这才有了"颜色革命"、"阿拉伯之春"、乌克兰危机，乃至于最后欧美自己国内爆发大规模危机这样的"现世报"活剧。相比之下，面对疫情和极限施压的巨大压力，中国在坚定不移地应对外部压力之后，决心签署 RCEP、中欧投资协定，宣布中方愿意加入 CPTPP，借势发力，以这一系列的重要战略调整，彰显和平发展、改革开放的历史性选择的定力。两相对比之下，孰优孰劣，不言自明。

2024 年前后，全球转型中的"再转型"将会处于一个前所未见的重要节点。2024 年，美国、俄罗斯、印度等大国的大选，将会是深刻影响未来国际与各大国较长时段走向的关键事项。包括让世人十分关注的台湾地区选举。关键性边缘地区的政治变化，一向是影响大国关系走向的重要诱因。而在此前后的世界经济走势是否能够摆脱疫情与各类危机的阴影，走向一个相对平稳的复苏与发展阶段，依然是一个影响全局的基本因素。尤其是，无论是持续多年的地缘政治危机，还是突发性地区冲突，包括贸易争端、制裁战与高科技领域等各类抗争，将如何作用于这个危机四伏的世界，乃是最不可确定、但又非常可能伴随上述国内政治与世界经济变化，对于整个"再转型"的路径产生重大影响。

总之，未来几年的大小危机四伏，势所必然。但是，转危为机的机遇和空间，也依然存在。万般皆取决于能否事在人为。

二、以 2024 为目标的俄式应对

2020 年，在非常形势之下，俄罗斯并未局限于抗疫，而是推出一系列重大举措：以 2024 年为度，规划 12 个国家重大项目；以超越 2024 年普京第四任总统期限的宪政改革，推动构建"长久国家"的实验；瞄准 2024 年美国下一轮大选可能的政治变局，开始排兵布阵。

2020 年早春，俄宪法修正案通过。无论普京本人做出何种决定，新宪法为他可能继任总统至 2036 年做好了铺垫。普京力主全民公决，以合乎法定多数民意来决定他本人去留，并建立议会与行政间适度分权、总统权限继续加强的总统制。俄罗斯构建"长久国家"的努力得到了多数舆论的支持。纳瓦尔内发起的抗议，欧美舆论的巨大压力，难以撼动普京的政治基础。最新民调表明：对纳瓦尔内的支持率仅为 20%。普京的支持率虽稍受影响，但基本维持在 64%—65% 的高水平（根据列瓦达和全俄舆论中心两种统计）。其缘由，恰如俄罗斯自由派精神领袖叶甫盖尼·雅辛在第一次乌克兰危机之后所言："危难之中，是普京拯救了俄罗斯。"

疫情中，普京发布 7 月法令，公布 2030 年俄罗斯经济的远景规划，放弃原有进入全球经济五强的目标，不再提增长和转入服务型经济模式，不设定具体增长指标；承诺 2030 年国内生产总值高于全球平均增长、普通教育质量进世界前十、贫困水平比 2017 年降一半；提出非资源、非能源产品出口增长 70%，也即，未来 10 年内基本改变能源依附型经济模式的关键目标。能源部长诺瓦克近称："能源时代已经终结。"如果这并非戏言，那么，今后 10 年俄罗斯改革能源依附型经济模式，面临的不光是产业结构、制度模式，而且是国内利益结构的重大、且必定十分艰难的改变。因此，确保稳健的国内政治经济进程，合乎逻辑。

在对外关系上，瓦尔代论坛 2020 年度报告提出"民主—专制主义"的二元论意识形态话语已失去意义，自由主义国际秩序已终结，最不利情况下达尔文主义可能成为国际政治规范。报告强调：加强联合国的作用，力争避免中美两极对抗成为现实。而

2020 年另一份"对外政策新思想"的《卡拉加诺夫报告》认为：其一，"美+"—"中+"两个不均衡的力量中心正在形成；其二，欧洲错失了成为（与俄罗斯联合的）新世界秩序第三支柱的机会；其三，作为独立力量中心的俄罗斯应成为：和平的主要支持者、国家自由选择发展道路（主权）的担保者、反对霸权主义与"新不结盟"领导者，及地球环境的维护者这四大角色。该报告尖锐批评当代精英水准下降，大国抗衡连冷战水平都不如；坦率提出以往"多极化"概念缺乏吸引力，力主战略均衡。该报告认为，中国的"命运共同体"和俄罗斯的爱国主义和保守主义，及各种左、右倾民族主义，社会不满和"绿色"激进主义将填补意识形态真空。报告高度强调中俄合作的战略意义。①

　　拜登接任后，美俄《新削减战略核武器协定》续签五年，对于阻止两国关系下滑产生一定作用。然而，不光以往每次领导人更替后的"重启"美俄关系难以重现，而且，拜登在就任后首次外交政策演说中点名普京，就俄罗斯所谓"干预大选、网络攻击、施毒公民"等事项进行公开批评，要求"无条件立即释放纳瓦尔内"，并称美国将"不惜代价地应对俄罗斯以捍卫本国利益与人民"。因此，不能排除美俄关系再次恶化的可能性。②原因在于：（1）"太阳风"黑客事件、纳瓦尔内抗议等事件为依然延续的对俄制裁火上浇油。（2）俄罗斯 10 年来经济不如人意，但军队的武器

---

　　①　［俄］谢尔盖·卡拉加诺夫等：《俄罗斯对外政策新思想》，郭小丽等译，《俄罗斯研究》2020 年第 4 期，第 89—117 页。

　　②　Remarks by President Biden on Ameruca's Place in the World, 04, Feb., 2021, https://www.whitehouse.gov/briefing-room/speeches-remarks/2021/02/04/remarks-by-president-biden-on-americas-place-in-the-world.

装备现代化已实现 70% 的预期目标。美俄抗争难以轻易降温。美国战略司令部司令和海军将领近日甚至公开警告："冷战后与敌对核大国不可能发生直接武装冲突的舒适生活已经结束"，"美国必须做好与中、俄发生核战争的准备。"①（3）在北极等战略要地，俄美竞争势在必行；在气候问题上，作为能源大国的俄罗斯也难免与欧美发生摩擦。（4）拜登任用的负责对俄事务关键职位的官员人选中，既有历次危机中对俄态度十分强硬者，也有主张对俄沟通、反对过分倚仗武力，尤其是反对北约过度东扩者，因此，美国尔后的对俄政策势必在内部相互掣肘，难定于一尊。②（5）富于戏剧性的是，菲利普·埃利奥特在《时代》周刊撰文认为：拜登不会像特朗普，也不会是奥巴马，而更像是里根时期的对俄立场。但是，在笔者看来，拜登虽比里根有更丰富的政治经验，但他不具备撒切尔、里根这一代西方政治家所具备的时代条件。美国国内的烽烟四起，早已不是里根时代的美国可以号令天下的光景。因此，拜登对俄态度强硬、美俄关系降到历史低点，虽不意味着美俄双方已不能沟通与妥协，但犹如上述美国高官的警告，存在着重大对抗，包括核对抗的风险。

俄罗斯与欧洲关系始终具有双重特征：一方面，俄欧间有着

---

① Bill Gertz, "Nuclear War with China or Russia 'a very Real Possibility', U.S. Strategic Command Chief Warns", *Washington Times*, February 1, 2021, https://www. washingtontimes. com/news/2021/feb/1/charles-richard-us-strategic-command-chief-nuclear/.

② M.K. Bhadrakumar, "Biden's CIA Director Signals a Shift to the Left, Appointment of Veteran Envoy William Burns as New Spy Chief Speaks to Biden's Likely Policy Approach and Priority", *Asia Times*, January 19, 2021, https://asiatimes. com/2021/01/bidens-cia-director-signals-a-shift-to-the-left/.

深厚的传统渊源和密切经济联系，另一方面，俄欧间有着难以克服的意识形态与安全困境，美国也势必从中作梗，掣肘双边关系。德俄双方目前希望通过设立环保基金的方式，试图免遭制裁，以保"北溪-2"天然气管线推进，这是俄欧经济联系的命脉。但是，在这一问题上拜登以两党支持为背景，不会轻易顺从俄欧接近。最为坚定地推动这一项目的默克尔在大选后即会离去，而默克尔党内骨干，居然都还曾持反对"北溪-2"天然气管线的态度。除了波兰、波罗的海国家之外，连法国也一度追随美国对管线项目施加压力。乌克兰危机仍然水深火热。欧洲对支持反对派纳瓦尔内，甚至表现出比美国更高的政治热情。其中问题之一，欧盟对俄立场到底受到美国多大的影响？德国马歇尔基金会的巴黎办公室主任霍普·舍费尔说：在美国当前内政困境下，"欧洲国家可能会发现一个比期待中更加内向的美国政府"①。言下之意，欧洲对俄立场并非全然来自美国。问题之二，2021年德国大选、2022年法国大选，将大大限制欧洲国家的回旋余地。②但如果进一步仔细观察可以发现，欧俄关系还存有若干理性的表现：首先，与十多年前的欧俄关系颇多"欧俄共同空间""欧洲安全共同体"一类口号相比，双方已经放弃幻想，不再为建立关系而建立关系。其次，政治危机并没有太多地影响经济。比如，欧洲制裁对俄罗斯宏观经济影响有限，特别是对企业并未过多进行报

---

①② Alexandra de Hoop Scheffer, Martin Quencez, Gesine Weber, "Alexandra de Hoop Scheffer, Martin Quencez, Gesine Weber", February 01, 2021, https://www.gmfus.org/publications/seizing-bidens-pivot-europe-time-responsibility-sharing?utm_source = email&utm_medium = email&utm_campaign = policy% 20brief% 3a% 20seizing% 20biden% 27s% 20pivot% 20to% 20europe.

复。这是当时与美俄关系有所不同的地方。

就在俄罗斯向全球伸展的同时，其周边地区却前所未有地动荡不定。无论是白俄罗斯总统大选引起的风波，还是纳卡地区的争端，包括吉尔吉斯斯坦所出现的政治变动。原苏联加盟共和国出现的这些变化，究竟是"颜色革命"所致，还是"帝国崩溃"的惯性？抑或，当地正发生另外一种前所未见的变化？值得注意的是，俄罗斯瓦尔代论坛知名专家季莫费·博尔达切夫最近著文所言："即使，俄罗斯在中亚或南高加索的军事政治影响力具有决定性影响，也并不意味着俄罗斯准备为这些小伙伴要牺牲自己的利益和有限的资源。"同时，"俄罗斯的西方对手在这些地区干预能力的下降，也促使了俄罗斯的相应变化"①。这一重要表述说明："原苏联空间"的治理模式正在发生变化。这意味着，国内与周边地区稳定第一。同时，除对俄安全至关重要的白俄罗斯与哈萨克斯坦以外，俄愿意在原苏联地区其他方面的局势中表现出一定的灵活性。②

从总体看，此后几年将是决定俄罗斯长期发展态势的关键。以政治保守主义为核心的政治体制构建还在演进过程中，但其发展方向与体制韧性经得起压力。改革能源依附性经济模式势在必行，大国所拥有的空间与潜能尚能提供回旋余地。尽管对于俄罗斯的实力地位和前景还存有颇多争议，但 2020 年的《美国新闻与世界报道》大国排行榜上，俄罗斯赫然位列第二，仅次于美

①② Timofei Bordachev, "Timofei Bordachev", Valdai Discussion Club, December 28, 2020, https://valdaiclub.com/a/highlights/russia-and-its-near-abroad/.

国。2021 年 2 月 2 日的《华盛顿邮报》引用《柳叶刀》的论文：俄罗斯研制的 Sputnik V 疫苗疗效达到 91.6%（60 岁以上达 91.8%），而价格仅 10 美元，摄氏 2—8 度便可保存。①2020 年的疫苗大战真还是检验国力的一杆标尺。

三、动荡期的中俄关系

第一，若与当代欧美政治所强调意识形态的排他性相比，中俄关系注重"和而不同"，无论就其哲学境界，还是对当前国际转型中的多元趋势而言，中俄较为务实。动荡期如何具体地调处大国关系，化敌为友，转危为机，"和而不同"式构想也比意识形态的排他性更为合用。虽然在民族主义和民粹主义盛行的背景下，意识形态的排他性在一定时期内具有不可忽视的动员能力。但这就更加对中俄关系提出了铸造自己的政治定力和构建、交往、传播能力的历史性要求：从"和而不同"走向"异中求同"，成为可能之势。

第二，全球转型为中俄提供了历史机遇。中俄内外战略的立足点，不仅基于自身国家利益，而且也承担着改革完善地区与全球秩序，促使全球顺利转型的大国责任。动荡期中，欧美拟议的将七国集团扩大为"民主十国联盟"、举行全球民主峰会、修订新《大西洋宪章》、维持对印太战略的支持等针锋相对的举措。在尊

---

① Georgi Kantchev, "Russian Covid-19 Vaccine Was Highly Effective in Trial, Study Finds, Boosting Moscow's Rollout Ambitions", *Wall Street Journal*, February 2, 2021, https://www.wsj.com/articles/russian-covid-19-vaccine-was-highly-effective-in-trial-study-finds-boosting-moscows-rollout-ambitions-11612269047?page＝1.

重各国人民选择的同时，中俄提升自身的治理能力，特别是应对危机的能力，维护以联合国为核心的多边合作，乃是根本应对之道。

第三，中俄所拥有的非西方文明传统、当代制度选择、强劲地位与实力，这些因素不可避免地带来与欧美国家之间的长期博弈。动荡期中，欧美极端势力会继续使用科技封锁、网络攻击、金融控制、经济制裁等手段打压中俄。即使，东西方意识形态抗争有所弛缓，在一个相当长的时期中，地缘政治博弈仍不可避免。和平与发展，不只是一个政治宣言，也是一个需要艰苦卓绝的努力才能得以维持的宝贵国际环境。

第四，中俄都希望发展与西方合作来实现现代化的目标，同时，毫不奇怪，也一直存在对中俄的分化离间。经过多年的严峻考验，无论中国还是俄罗斯，都坚定地维护中俄合作，不愿意以牺牲中俄友好合作去换取一时一己之利。值得关注的是，多年以来，中俄政治领导人都一再强调中俄之间的不结盟立场。中俄关系所奉行的"不冲突、不对抗、不针对第三者"的原则，与挖掘战略伙伴关系潜能相辅相成。

第五，面临新形势，中俄关系正在步入一个提质增效的新阶段。需要超越较多依靠外部危机，发掘更多的内生需求支持长期发展、推动双边关系。需要以更多跨部门、跨领域的创新机制，以更多来自民间的认同，以更为丰富多样的精神产品的支撑，包括以更周全的双边与多边合作的互动，来推动合作。双边关系中加强精神层面的建设，是一个关键的提升。

第六，中、美、俄三边关系是当今最为重要的三边关系之一，但三方之间并没有任何专有的共享平台、协议、机制。需要逐步地来填补大国关系的这一真空地带，寻求更多中、美、俄三边合作机遇。冷战高峰时期，中苏、中美之间尚且在防疫领域开展过合作，当今更有必要从疫情合作开始，来探讨三边关系。比如，中、美、俄也可以经过一段沟通与铺垫，就朝核问题发挥自己无可替代的独特影响，推动和重新启动相关的双边和多边对话机制。

第七，欧亚大陆地区性冲突的症结，源于若干既是排他、又是扩张式的区域建构的抱负。"一带一路"作为非排他性的、不急于推进刚性的区域建构，侧重项目主导型的务实倡议。尤其是重点在于推进长期互利性基础设施建设，具有巨大潜能，可穿行于各种区域构建之间。俄罗斯既是"一带一路"重要伙伴，又是有自己利益需要保护的谈判对手。近年来无论中欧班列，还是金融合作、司法互助等方面，俄方重现合作热情。上海合作组织秘书长诺罗夫在最近来沪参会期间告诉笔者，对于多年期待、却未能推进的中吉乌铁路项目，普京总统表示：应该在这一问题上对吉尔吉斯斯坦米尔济约耶夫总统提供帮助。这是中俄与中亚国家推进合作的一个好兆头。

第八，中俄科技合作需加强信息交流，中俄合作园区的技术含量仍需提升。农业、物流等较易起步的科技合作可大大推进。金融是中俄合作的关键。中俄本币结算增加，俄方对两国资本市场合作兴趣增加之际，建议推进保险、审计、认证、电子商务等合作，对中资企业业务结算和信贷加大支持力度。中方金融机构更可以为创新开放态度促进合作。近来，俄方与各欧亚国家对于参与中国长三角、珠三角、海南自贸试验区等国内重点开发区域合作的呼声有所抬升。可以加强与落实对这一领域合作可能性的研究部署，组织对中俄关系各领域的全方位、跨部门的深入调研，提升政策执行绩效。

第九，2021 年是中国共产党诞生 100 周年、《中俄睦邻友好合作条约》签署 20 周年、上海合作组织成立 20 周年纪念，同时，也是苏联解体 30 周年，舆论必有热议。需更多发掘中俄交往的思想含量和民间积累，展示双边关系对现代化发展、世界历史多样化、大国外交模式以及当今和平与稳定的贡献。在这样的背景下，拓展在人文社会科学领域从规范到实务、有思想高度并有活力新意的中俄合作，共同培养政治、传媒、学术、外交等领域，尤其是具有跨领域禀赋的优秀青年精英，为长期伙伴合作关系做好铺垫。

总之，一个从 40 年前开始的全球化与全球转型进程，推动着各国交流合作、改革创新、发展经济、学习民主和法制。但是，全球化和国际转型本身是一个需要不断调整、纠偏和完善的历史进程。从当前趋势来看，注重传统与当代进程的连结，加强自主性构建，推进多极、多样、多元进程的大势不可逆转。在此基础上，通过合作与竞争重塑全球化进程。总体上看，在当前国际政治经济调整期的动荡中，沉着应对，尽一切可能，转危为机，这对于应对全球转型中的高度不确定性、稳健推进未来世界秩序的完善与更替，中国与俄罗斯理当做出自己的贡献。

后　记

　　本书成稿于 2021 年 2 月。2023 年 4 月获告，或可付梓。虽当时事务繁多，但为完整表达 2021 年之后两年多时间里的巨大变化，曾打算续写若干章节，以飨读者。也确实在忙碌中又写作了几万字的文稿，囊括了迄至 2023 年夏天与本书主题相关的内容。后经再三考虑商议，决定还是大体按照 2021 年书稿原样，奉交出版。在此文稿中，只因时差与事态变动，仅仅做若干文字表述上的修改。而原有文稿的理论分析与对国际重大进程的评述，基本上按照原样，呈现给读者。

　　经过这两三年如此天翻地覆的国际动荡变化之后，还是斗胆把这一份已与瞬息万变的当今态势有所脱节的书稿奉献于读者，只是因为本书曾竭己之所能，把二十多年来的所思、所见、所闻，结合重大事态的演进，力图表达当今变局从何而来的复杂进程，以及在此重重危机之下，如何一起来探寻未来走向秩序之路。

　　生逢变世，目睹国际事务的千态百姿，此乃人生幸事。而在乱世中的众说纷纭之际，虽不敢妄想，犹若东坡君之于穿林打叶之下，尚能吟啸徐行。但笔者于求索之中，还是竭诚地求教于识家，指点迷津。

最后，感谢上海人民出版社陈昕、范蔚文等各位领导百忙之中的鼎力相助，感谢上海社联党组书记王为松在三年前在出版社担任领导工作的时候为推动此书出版所做的努力，尤其感谢史美林等人为编辑此书所付出的极大艰辛。同时，还要感谢生活·读书·新知三联书店的冯金红、杨乐等友人为本书所提供的宝贵意见。感谢杨洁勉、秦亚青诸位学界老友对本书所提出的评价意见。需要指出的是，华东师范大学梅兵书记、钱旭红校长在本书写作过程中所给予的热诚鼓励。尤其是华东师范大学俄罗斯研究中心、周边研究中心的我的多年合作的同事们、博士研究生们协助此书出版所提供的重要帮助，包括资料查询、文稿整理等大量繁琐的工作。这是我处于十分紧张而忙碌的长期工作压力之下，要抽出时间来静心写作的时候，最为直接并有力的支持与帮助。其中特别是刘军、贝文力、曲文轶、张昕、鲁静、万青松、金仁芳、张红、崔珩、杨胜兰、张慧敏、杨雯晶、荣真等。感谢学术前辈伍贻康、资中筠、杨成绪、周尚文等诸老师，及已故陈乐民老师多年指点。感谢老同学童世骏、俄罗斯研究中心特聘教授于滨、多年帮助《俄罗斯研究》编辑部工作的陈大维、老同事范军等各位朋友。多年来，与他们的交流让我在学术上获益良多。还有外交部领导及中国国际问题研究院郭金月的热心协调，使本书稿得以减少周折，终于出版。此外，难以在此一一列举的，包括国际、国内的各类学术研究团队、所参加的各种学术平台，与他们多年的学术交往，是本人学术收获的一大源泉。

四十多年的寒暑春秋，最可贵的是家人不辞辛劳的支持与帮助。尤其是老爱人和孩子的事无巨细、又万分宝贵的襄助呵护。有时，也会与他们就一些既是学问、但又是常人所思问题进行餐边讨论，经常会有出其不意的收获与启示。多年艰难繁重、十分枯燥，甚至是难见终日、但又会忽然柳暗花明的研究过程中，他们的体贴照顾，是我依靠之所在。

　　总之，此书出版，是对我学术生涯中所得到的所有支持与帮助的一个回报。虽然，始终觉得难以对得起这样一份厚重而真挚的情谊，暂且就权表万分感怀之中的最诚挚的谢意。

冯绍雷

2023 年 7 月 27 日

图书在版编目(CIP)数据

危机与秩序:全球转型下的俄罗斯对外关系/冯绍
雷著.—上海:上海人民出版社,2024
ISBN 978 - 7 - 208 - 18729 - 0

Ⅰ.①危… Ⅱ.①冯… Ⅲ.①对外关系-研究-俄罗
斯 Ⅳ.①D851.22

中国国家版本馆 CIP 数据核字(2024)第 024854 号

责任编辑 史美林
封扉设计 人马艺术设计·储平

危机与秩序:全球转型下的俄罗斯对外关系
冯绍雷 著

出 版 上海人民出版社
　　　　(201101 上海市闵行区号景路 159 弄 C 座)
发 行 上海人民出版社发行中心
印 刷 上海盛通时代印刷有限公司
开 本 720×1000 1/16
印 张 67.5
插 页 15
字 数 701,000
版 次 2024 年 3 月第 1 版
印 次 2024 年 3 月第 1 次印刷
ISBN 978 - 7 - 208 - 18729 - 0/D·4258

定 价 338.00 元(全三册)